Döpfner • Kinnen • Halder

THOP-Elternprogramm – Manual für Gruppenleiter

Mit dem untenstehenden Download-Code erhalten Sie die PDF-Version dieses Buches inkl. der Arbeitsmaterialien.

So laden Sie Ihr E-Book inside herunter:

1. Öffnen Sie die Website: http://www.beltz.de/ebookinside
2. Geben Sie den untenstehenden Download-Code ein und füllen Sie das Formular aus
3. Mit dem Klick auf den Button am Ende des Formulars erhalten Sie Ihren persönlichen Download-Link.
4. Beachten Sie bitte, dass der Code nur einmal gültig ist. Bitte speichern Sie die Datei auf Ihrem Computer

Download-Code

CAGWD-YZHZD-MKFRH

Manfred Döpfner • Claudia Kinnen • Joya Halder

THOP-Elternprogramm – Manual für Gruppenleiter

Gruppenprogramm für Eltern von Kindern mit ADHS-Symptomen und expansivem Problemverhalten

Mit E-Book inside und Arbeitsmaterial

Anschrift der Autoren:
Prof. Dr. Manfred Döpfner
Dr. Claudia Kinnen
Dipl.-Päd. Joya Halder
Klinik und Poliklinik für Psychiatrie und Psychotherapie
des Kindes- und Jugendalters der Uniklinik Köln
Robert-Koch-Str. 10
50931 Köln

Dieses Buch ist auch als E-Book erhältlich:
ISBN 978-3-621-28370-0

Das Werk und seine Teile sind urheberrechtlich geschützt. Jede Nutzung in anderen als den gesetzlich zugelassenen Fällen bedarf der vorherigen schriftlichen Einwilligung des Verlages. Hinweis zu § 52 a UrhG: Weder das Werk noch seine Teile dürfen ohne eine solche Einwilligung eingescannt und in ein Netzwerk eingestellt werden. Dies gilt auch für Intranets von Schulen und sonstigen Bildungseinrichtungen.

Haftungshinweis: Trotz sorgfältiger inhaltlicher Kontrolle übernehmen wir keine Haftung für die Inhalte externer Links. Für den Inhalt der verlinkten Seiten sind ausschließlich deren Betreiber verantwortlich.

1. Auflage 2016

© Beltz Verlag, Weinheim, Basel 2016
Werderstraße 10, 69469 Weinheim
Programm PVU Psychologie Verlags Union
http://www.beltz.de

Lektorat: Karin Ohms
Herstellung: Lelia Rehm
Illustration: Klaus Gehrmann, Freiburg
Umschlagbild: Klaus Gehrmann, Freiburg
Satz und Bindung: Beltz Bad Langensalza GmbH, Bad Langensalza
Gesamtherstellung: Beltz Bad Langensalza GmbH, Bad Langensalza

Printed in Germany

ISBN 978-3-621-28345-8

Inhaltsübersicht

I Diagnostik und multimodale Behandlung von Kindern mit ADHS und Störungen des Sozialverhaltens — 9

1. Symptomatik — 11
2. Pathogenese — 14
3. Multimodale Diagnostik externaler Störungen — 17
4. Wirksamkeit von Elterntrainings, THOP und weiterer davon abgeleiteter Interventionen — 20
5. Das THOP-Elterngruppenprogramm im Rahmen einer multimodalen Therapie von Kindern mit ADHS und oppositionellen Verhaltensstörungen — 26

II Einführung in das THOP-Elterngruppenprogramm — 29

6. Über das THOP-Elterngruppenprogramm — 31
7. Über dieses Manual — 32
8. Häufige Schwierigkeiten — 35
9. Materialien zur Einführung in die Gruppenarbeit — 40

III Gruppenstunden des THOP-Elterngruppenprogramms — 45

10. Gruppenstunde 1: ADHS – Was ist das? — 47
11. Gruppenstunde 2: Wir nehmen die Probleme unter die Lupe — 67
12. Gruppenstunde 3: Der Teufelskreis und der erste Schritt heraus: Sich wieder mögen lernen — 80
13. Gruppenstunde 4: Sorgen Sie für klare Regeln — 95
14. Gruppenstunde 5: Sparen Sie nicht mit Lob und seien Sie konsequent! — 111
15. Gruppenstunde 6: Setzen Sie Punktepläne ein und fördern Sie die Stärken Ihres Kindes — 133
16. Gruppenstunde 7: Gut geplant ist halb entspannt — 157
17. Gruppenstunde 8: Rückblick und weitere Planung — 174

IV Anhang — 189

Inhalt

I Diagnostik und multimodale Behandlung von Kindern mit ADHS und Störungen des Sozialverhaltens — 9

1 Symptomatik — 11
- 1.1 ADHS — 11
- 1.2 Störungen des Sozialverhaltens — 13
- 1.3 Verlauf — 13

2 Pathogenese — 14
- 2.1 ADHS — 14
- 2.2 Störungen des Sozialverhaltens — 16

3 Multimodale Diagnostik externaler Störungen — 17

4 Wirksamkeit von Elterntrainings, THOP und weiterer davon abgeleiteter Interventionen — 20

5 Das THOP-Elterngruppenprogramm im Rahmen einer multimodalen Therapie von Kindern mit ADHS und oppositionellen Verhaltensstörungen — 26

II Einführung in das THOP-Elterngruppenprogramm — 29

6 Über das THOP-Elterngruppenprogramm — 31

7 Über dieses Manual — 32

8 Häufige Schwierigkeiten — 35
- 8.1 Schwierigkeiten durch divergierende Störungskonzepte — 35
- 8.2 Schwierigkeiten durch inadäquate Erwartungshaltungen der Eltern — 36
- 8.3 Schwierigkeiten durch eigene Problematiken der Eltern — 37
- 8.4 Gruppendynamische Schwierigkeiten — 37
- 8.5 Schwierigkeiten bei der Durchführung — 38

9 Materialien zur Einführung in die Gruppenarbeit — 40

III Gruppenstunden des THOP-Elterngruppenprogramms — 45

10 Gruppenstunde 1: ADHS – Was ist das? — 47
- 10.1 Übersicht über Gruppenstunde 1 — 47
- 10.2 Durchführungsanleitung zu Gruppenstunde 1 — 48

11 Gruppenstunde 2: Wir nehmen die Probleme unter die Lupe — 67
- 11.1 Übersicht über Gruppenstunde 2 — 67
- 11.2 Durchführungsanleitung zu Gruppenstunde 2 — 69

12 Gruppenstunde 3: Der Teufelskreis und der erste Schritt heraus: Sich wieder mögen lernen — 80
- 12.1 Übersicht über Gruppenstunde 3 — 80
- 12.2 Durchführungsanleitung zu Gruppenstunde 3 — 82

13 Gruppenstunde 4: Sorgen Sie für klare Regeln — 95
   13.1 Übersicht über Gruppenstunde 4 — 95
   13.2 Durchführungsanleitung zu Gruppenstunde 4 — 97

14 Gruppenstunde 5: Sparen Sie nicht mit Lob und seien Sie konsequent! — 111
   14.1 Übersicht über Gruppenstunde 5 — 111
   14.2 Durchführungsanleitung zu Gruppenstunde 5 — 112

15 Gruppenstunde 6: Setzen Sie Punktepläne ein und fördern Sie die Stärken Ihres Kindes — 133
   15.1 Übersicht über Gruppenstunde 6 — 133
   15.2 Durchführungsanleitung zu Gruppenstunde 6 — 135

16 Gruppenstunde 7: Gut geplant ist halb entspannt — 157
   16.1 Übersicht über Gruppenstunde 7 — 157
   16.2 Durchführungsanleitung zu Gruppenstunde 7 — 159

17 Gruppenstunde 8: Rückblick und weitere Planung — 174
   17.1 Übersicht über Gruppenstunde 8 — 174
   17.2 Durchführungsanleitung zu Gruppenstunde 8 — 175

IV Anhang — 189

Arbeitsblätter — 190
Literatur — 194
Weiterführende Informationen — 198
Hinweise zum Download der Arbeitsmaterialien — 199
Sachwortverzeichnis — 200

I Diagnostik und multimodale Behandlung von Kindern mit ADHS und Störungen des Sozialverhaltens

1 Symptomatik

2 Pathogenese

3 Multimodale Diagnostik externaler Störungen

4 Wirksamkeit von Elterntrainings, THOP und weiterer davon abgeleiteter Interventionen

5 Das THOP-Elterngruppenprogramm im Rahmen einer multimodalen Therapie von Kindern mit ADHS und oppositionellen Verhaltensstörungen

1 Symptomatik

Aufmerksamkeitsdefizit-/Hyperaktivitätsstörungen (ADHS) und Störungen des Sozialverhaltens (SSV) gehören zu den häufigsten psychischen Störungen im Kindesalter, sie treten oft gemeinsam auf und werden unter dem Begriff der externalen oder auch expansiven Verhaltensstörungen zusammengefasst.

1.1 ADHS

Die ADHS ist durch eine Beeinträchtigung der *Aufmerksamkeit* (Aufmerksamkeitsstörung, Ablenkbarkeit), der *Impulskontrolle* (Impulsivität) und der *Aktivität* (Hyperaktivität) gekennzeichnet. Diese Auffälligkeiten treten bei den meisten betroffenen Kindern bereits vor dem Alter von sechs Jahren auf und sind in mehreren Situationen und Lebensbereichen nachweisbar – in der Familie, im Kindergarten, in der Schule oder auch in der Untersuchungssituation (Döpfner et al., 2013a). Die genauen diagnostischen Kriterien lassen sich im DSM-5 (APA/Falkai et al., 2015) nachlesen.

Diese Symptomkriterien weichen nur unwesentlich von den Kriterien des etwas älteren ICD-10 ab (Dilling et al., 2011, 2015). Die Störungen der Aufmerksamkeit, der Aktivität und der Impulskontrolle müssen sowohl nach DSM-5 als auch nach ICD-10 über einen Zeitraum von mindestens sechs Monaten in einem Ausmaß vorhanden sein, das dem Entwicklungsstand des Kindes nicht angemessenen ist und das zu deutlichen Beeinträchtigungen des sozialen oder schulischen Funktionsniveaus führt. Die Symptome müssen zudem in mehreren Lebensbereichen auftreten. ICD-10 setzt voraus, dass die Symptomatik bereits vor dem Alter von sechs Jahren aufgetreten sein muss, während DSM-5 verlangt, dass die Symptome vor dem Alter von zwölf Jahren auftreten. In der Regel ist jedoch ein Symptombeginn bereits vor der Einschulung zu beobachten, wobei bei weniger stark ausgeprägten Fällen eine relevante Symptomatik erst in den Grundschuljahren beobachtet werden kann. Wenn die ersten Grundschuljahre jedoch völlig symptomfrei durchlaufen wurden und die Symptomatik erst im vierten oder fünften Schuljahr einsetzt, sollten differenzialdiagnostisch andere psychische Störungen in Betracht gezogen werden.

Beide Diagnosesysteme unterscheiden sich zwar nur unwesentlich in der Definition der einzelnen Kriterien, wohl aber in der Bestimmung der Anzahl und der Kombination dieser Kriterien, die für die Diagnose einer ADHS vorliegen müssen. Wie Abbildung 1.1 zeigt, fordert das ICD-10, dass sowohl Störungen der Aufmerksamkeit als auch Störungen der Impulskontrolle und Störungen der Aktivität für die Diagnose einer **einfachen Aktivitäts- und Aufmerksamkeitsstörung** (F90.0) vorhanden sein müssen. Sind zusätzlich die Kriterien einer Störung des Sozialverhaltens erfüllt, dann wird eine **Hyperkinetische Störung des Sozialverhaltens** (F90.1) diagnostiziert. Demgegenüber unterscheidet das DSM-5 zwischen:

- **dem gemischten Erscheinungsbild der Aufmerksamkeitsdefizit-/Hyperaktivitätsstörung**, bei dem wie beim ICD-10 alle Kernsymptome auftreten, wenn mindestens sechs Kriterien (ab dem Alter von 17 Jahren fünf Kriterien) für Unaufmerksamkeit und mindestens sechs (ab dem Alter von 17 Jahren fünf Kriterien) Kriterien für Hyperaktivität/Impulsivität erfüllt sind
- **dem vorwiegend unaufmerksamen Erscheinungsbild**, wenn mindestens sechs (ab 17 Jahre fünf) Kriterien für Unaufmerksamkeit, aber weniger als sechs (ab 17 Jahre fünf) Kriterien für Hyperaktivität/Impulsivität erfüllt sind
- **dem vorwiegend hyperaktiv-impulsiven Erscheinungsbild**, wenn mindestens sechs (ab 17 Jahre fünf) Kriterien für Hyperaktivität/Impulsivität, aber weniger als sechs (ab 17 Jahre fünf) Kriterien für Unaufmerksamkeit erfüllt sind

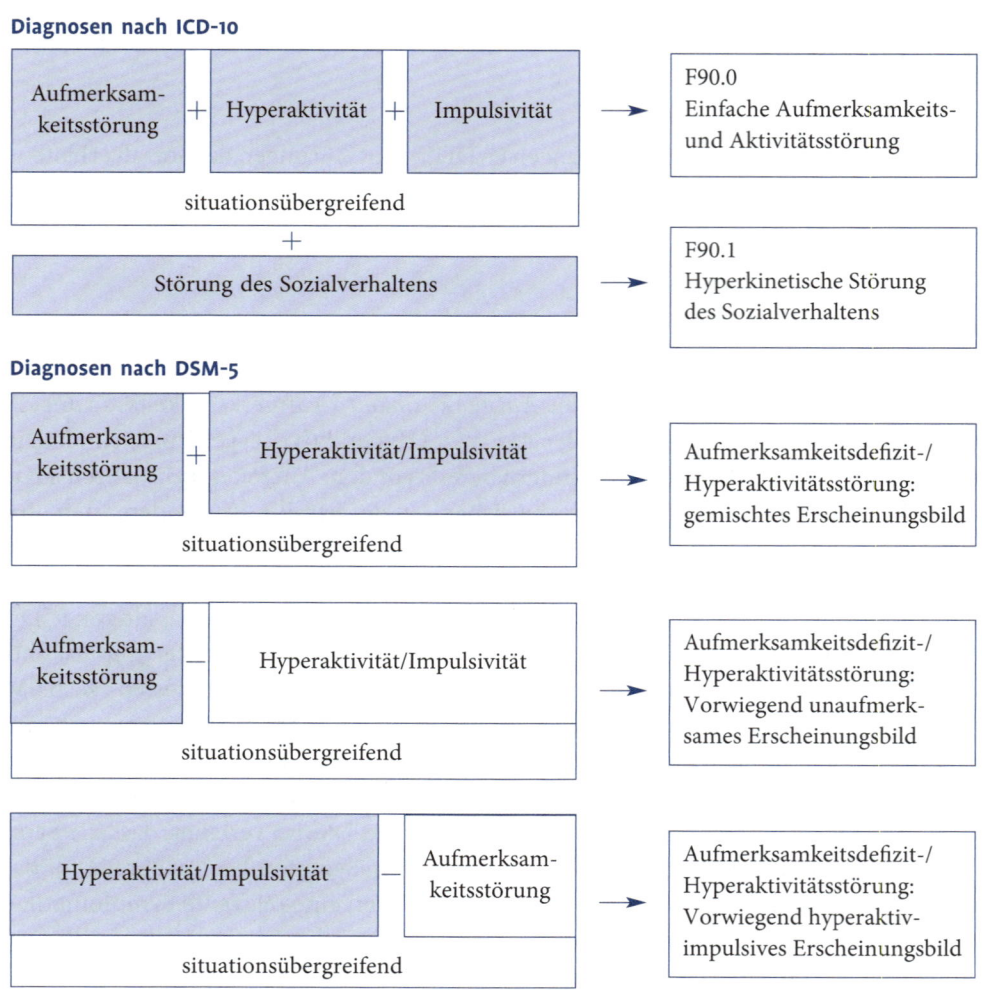

Abbildung 1.1 Diagnosen einer Hyperkinetischen Störung nach ICD-10 und einer Aufmerksamkeitsdefizit-/Hyperaktivitätsstörung (ADHS) nach DSM-5

Sowohl für die Zusammenfassung von Hyperaktivität und Impulsivität in eine Dimension, wie vom DSM-5 vorgeschlagen, als auch für ihre getrennte Betrachtung (sensu ICD-10) ließen sich empirische Belege finden (Breuer et al., 2009; Döpfner et al., 2008a; Erhart et al., 2008). Bei Jugendlichen, die nicht mehr alle für eine Diagnose notwendigen Symptome zeigen, kann nach DSM-5 die Diagnose durch den Zusatz »teilremittiert« spezifiziert werden. Vermutlich wird sich das in Vorbereitung befindliche ICD-11 der Einteilung von DSM-5 anschließen. Allerdings lassen sich auch mit dem ICD-10 Patienten mit einem vorwiegend unaufmerksamen Erscheinungsbild unter F98.8 oder auch F90.8 abbilden.

Komorbidität

Aufmerksamkeitsdefizit-/Hyperaktivitätsstörungen ohne zusätzliche – komorbide – psychische Störungen sind eher die Ausnahme (Pliszka, 1998). Bei bis zu 80 Prozent der Kinder mit ADHS werden komorbide Störungen diagnostiziert, welche die Prognose der ADHS maßgeblich negativ beeinflussen können (Biederman & Faraone, 2005; Yoshimasu et al., 2012). Am häufigsten treten oppositionelle Störungen des Sozialverhaltens (bis zu 50 %), stärker ausgeprägte Störungen des Sozialverhaltens (30-50 %), affektive, vor allem depressive Störungen (15-20 %), Angststörungen (20-25 %) und umschriebene Lernstörungen (10-25 %) auf. Darüber hinaus werden gehäuft Tic-Störungen sowie Sprech- und Sprachstörungen, aber auch Störungen der motorischen Funktionen beobachtet (vgl. Döpfner et al., 2013a). In epidemiologischen Studien werden teilweise noch höhere Komorbiditätsraten gefunden. Jensen et al. (1997) schlussfolgern nach einer Übersicht über entsprechende Studien, dass die Komorbiditätsraten in epidemiologischen Stichproben für Störungen des Sozialverhaltens einschließlich oppositioneller Verhaltensstörungen zwischen 43 und 93 Prozent liegen und für internalisierende Störungen (Angststörungen, depressive Störungen) zwischen 13 und 51 Prozent. Neben diesen komorbiden Störungen treten bei Kindern und Jugendlichen mit ADHS vermehrt zusätzliche Probleme und Belastungen auf. Die betroffenen Kinder wiederholen häufiger eine Klasse, haben schlechtere Schulnoten und erreichen geringere Leistungen in Sprach-, Lese-, Rechtschreib- und Rechentests. Die Kinder haben eine geringere soziometrische Position in der Gleichaltrigengruppe und die Eltern-Kind- sowie die Lehrer-Kind-Beziehungen sind durch ein hohes Maß an negativen, bestrafenden und kontrollierenden Interaktionen gekennzeichnet.

1.2 Störungen des Sozialverhaltens

Die Störungen des Sozialverhaltens zeichnen sich im Kindesalter vor allem durch oppositionelle Verhaltensweisen gegenüber Erwachsenen und durch aggressives Verhalten hauptsächlich gegenüber Gleichaltrigen auf (Petermann et al., 2016). Die genauen Kriterien lassen sich im DSM-5 (APA/Falkai et al., 2015) nachlesen. Diese Diagnose beschreibt ein mindestens sechs Monate lang anhaltendes Muster von ärgerlicher/gereizter Stimmung, streitsüchtigem/trotzigem Verhalten oder Rachsucht, nachgewiesen über mindestens vier der im DSM-5 aufgelisteten Symptome, die sich in der Interaktionen mit mindestens einer Person zeigt, die kein Geschwister ist.

Diese Symptomkriterien weichen nur unwesentlich von den Kriterien des ICD-10 für eine Störung des Sozialverhaltens mit oppositionellem, aufsässigem Verhalten ab (Dilling et al., 2011, 2015).

DSM-5 verlangt zudem, dass die Verhaltensstörung mit Leidensdruck für die Person selbst oder für andere Personen im unmittelbarem sozialen Umfeld (z. B. Familie, Gleichaltrigengruppe) verbunden ist oder dass sie negative Auswirkungen auf soziale, pädagogische, berufliche oder andere wichtige Funktionsbereiche hat. Im Gegensatz zu ADHS müssen die Symptome einer Störung mit Oppositionellem Trotzverhalten nicht in mehreren Lebensbereichen auftreten. Eine Generalisierung der Symptomatik über mehrere Lebensbereiche weist jedoch auf einen höheren Schweregrad hin. Störungen des Sozialverhaltens können im Kindesalter isoliert oder in Kombination mit anderen psychischen Störungen auftreten, vor allem mit ADHS und mit emotionalen Störungen (Ängsten und Depressionen).

1.3 Verlauf

Bei ADHS vermindert sich in vielen Fällen im Jugendalter die motorische Unruhe, während Impulsivität und Aufmerksamkeitsstörungen und damit meist auch Beeinträchtigungen im schulischen Bereich sich oft fortsetzen (Faraone et al., 2006). Mitunter treten koexistierende Störungen und Probleme (z. B. aggressives Verhalten) in den Vordergrund der Gesamtproblematik. Bei Betroffenen mit günstigem Verlauf der Problematik sind dagegen oft keine Unterschiede mehr zu Gleichaltrigen festzustellen. Die Symptomatik kann bei einem Teil der Betroffenen bis ins Erwachsenenalter hinein fortbestehen, bei anderen vermindern sich die Probleme in der Spätadoleszenz und mit Eintritt in das Erwachsenenalter weiter. Verlaufsuntersuchungen an klinischen Stichproben zeigen, dass bei 40 bis 80 Prozent der Kinder mit der Diagnose ADHS die Störung bis ins junge Erwachsenenalter fortbesteht (Döpfner et al., 2013a). Bei Kindern mit einer Störung des Sozialverhaltens kann ebenfalls im Laufe der weiteren Entwicklung eine Verminderung von Wutausbrüchen und impulsivem Verhalten beobachtet werden, doch können auch dissoziale Verhaltensweisen zusätzlich auftreten und sich die Symptomatik insgesamt verschärfen.

2 Pathogenese

2.1 ADHS

Bei ADHS wird generell eine Interaktion psychosozialer und biologischer Faktoren vermutet, die letztlich zum klinischen Bild der ADHS führt. Allerdings weisen die Studien eindeutig darauf hin, dass psychosoziale Faktoren eine geringere Rolle und biologischen Faktoren ein großer Stellenwert für die Entstehung von ADHS eingeräumt werden muss, wobei die ausschließliche Betrachtung biologischer Faktoren nur zu einem begrenzten Teil die Entwicklung von ADHS erklären kann.

Neurobiologische und neuropsychologische Ebene

Auf der neurobiologischen und neuropsychologischen Ebene lässt sich die Vielzahl der Untersuchungsbefunde dahingehend zusammenfassen, dass bei Patienten mit ADHS eine grundlegende Dysfunktion des kortikalen-striatalen Netzwerkes vorliegt. Hierbei scheinen erbliche Faktoren eine bedeutende Rolle zu spielen mit einer wahrscheinlich genetisch bedingten dysfunktionalen Informationsverarbeitung zwischen Frontalhirn und Basalganglien. Zwillingsstudien belegen eine hohe Heritabilität der ADHS zwischen 60 und 90 Prozent, wobei in diese sowohl genetische Einflüsse als auch Gen-Umwelt-Interaktionen einfließen. Die dysfunktionale Informationsverarbeitung kann möglicherweise auch durch Komplikationen in der Schwangerschaft, durch Exposition gegenüber toxischen Substanzen (Alkohol, Nikotin) oder durch neurologische Erkrankungen und durch Einflüsse der psychosozialen Umwelt mitverursacht oder verstärkt werden. Neurophysiologische und neuroanatomische Befunde belegen sowohl morphologische als auch funktionelle Besonderheiten. Neuropsychologische Studien weisen auf Störungen der Aufmerksamkeit, der Selbstregulation, der Flexibilität im Denken, der Reaktionshemmung, des Zeitmanagements, des Arbeitsgedächtnisses, des Planens und Organisierens von Verhalten hin. Auf motivationaler Ebene wurde eine spezifisch erhöhte Abneigung gegen Belohnungsverzögerungen identifiziert (vgl. Döpfner et al., 2013a).

Psychosoziale Ebene

Auf der psychosozialen Ebene ist eine Häufung von ADHS in Familien mit geringerem sozioökonomischem Status in mehreren Studien nachgewiesen (z. B. Döpfner et al., 2008a). Zahlreiche Befunde belegen, dass ADHS auch in einem Zusammenhang mit speziellen Eltern-Kind-Beziehungsmustern steht. Dabei spielen die sog. erzwingenden Interaktionen eine besondere Rolle. Mütter von Kindern mit ADHS stellen häufiger Aufforderungen an diese, äußern sich häufiger in negativer Weise und verhalten sich weniger responsiv gegenüber ihren Kindern (z. B. DuPaul et al., 2001; Johnston, 1996; Keown & Woodward, 2002). Diese Befunde stehen in Übereinstimmung mit dem Konzept der gegenseitig erzwingenden (coerciven) Interaktionen, das Patterson (1982) ursprünglich für Kinder mit aggressiven Verhaltensauffälligkeiten beschrieben hat.

Abbildung 2.1 gibt ein biopsychosoziales Modell zur Entstehung von ADHS wieder, das die weitgehend gesicherten Befunde zu den ätiologischen Faktoren von ADHS integriert (vgl. Döpfner et al., 2013a). Dieses Modell berücksichtigt als primär kausale Elemente *genetische Faktoren* und *epigenetische Vorgänge* bei der Hirnentwicklung, *Schädigungen des Zentralnervensystems* durch metabolische Störungen, Traumen usw. inklusive zentralnervöser Einflüsse von Toxinen bzw. Nahrungsmittelbestandteilen sowie *psychosoziale Faktoren*. Als vermittelnde Elemente werden *neurobiologische* (neuroanatomische, neurochemische und neurophysiologische) und neuropsychologische Auffälligkeiten und Prozesse angesehen, die schließlich auf der *Verhaltensebene* ADHS sowie koexistierende Störungen und Auffälligkeiten auslösen. Die neurobiologischen und neuropsychologischen Mediatoren lassen sich als sog. Endophänotypen verstehen, d. h. Brücken zwischen Genetik und Verhalten, die genetische und epigenetische Auswirkungen auf das Verhalten unmittelbar reflektieren. Insgesamt scheinen genetische Faktoren den Hauptanteil bei der Verursachung von ADHS auszumachen, während erworbene biologische Faktoren und psychosoziale Faktoren eher eine untergeordnete Rolle spielen. Dabei ist jedoch zu berücksichtigen, dass diese primären Faktoren nicht unabhängig voneinander additiv wirken, sondern dass Interaktionen zwischen ihnen vermutlich sehr bedeutsam sind.

Die primären *Ursachen* wirken sich auch auf weitere neurobiologische sowie neuropsychologische *Prozesse* aus. So sind auf der neurobiologischen Ebene bei Kindern mit ADHS zahlreiche *strukturelle und funktionelle zerebrale Auffälligkeiten* nachweisbar, wie beispielsweise eine Störung im Dopamin-Stoffwechsel. Auf der *neuropsychologischen Ebene* lassen sich Störungen der Selbstregulation in verschiedenen Funktionsbereichen finden. Die *klinische Symptomatik* von ADHS kann somit als eine Resultante dieser primär kausalen neurobiologischen Faktorenkette mit Moderation durch psychosoziale Faktoren betrachtet werden. *Psychosoziale Faktoren* können die Ausprägung der Symptomatik, die Entwicklung komorbider Störungen und den Verlauf der Symptomatik im Sinne eines Vulnerabilitäts-Stress-Modells bei neurobiologisch vulnerablen Personen beeinflussen. Der Schweregrad der ADHS-Symptomatik und der längerfristige Verlauf sowie die Komorbidität mit anderen Störungen gehen mit ungünstigen psychosozialen Bedingungen einher. Die ADHS-Symptome bewirken wiederum eine Zunahme an negativen Interaktionen zwischen dem Kind und seinen Bezugspersonen (Eltern, Erzieher, Lehrer, Geschwister, Gleichaltrige). Ungünstige Bedingungen in Familie und Schule (z. B. psychische Belastungen der Bezugspersonen, inkompetentes Erziehungsverhalten, große Klassen), aber auch in der Gleichaltrigengruppe (z. B. andere auffällige Kinder) unterstützen die weitere Entwicklung solcher ungünstigen Interaktionen. Diese bewirken ihrerseits wiederum eine Zunahme der ADHS-Symptomatik und der Störungen im Selbstregulationsprozess und sie unterstützen die Entwicklung weiterer komorbider Symptome.

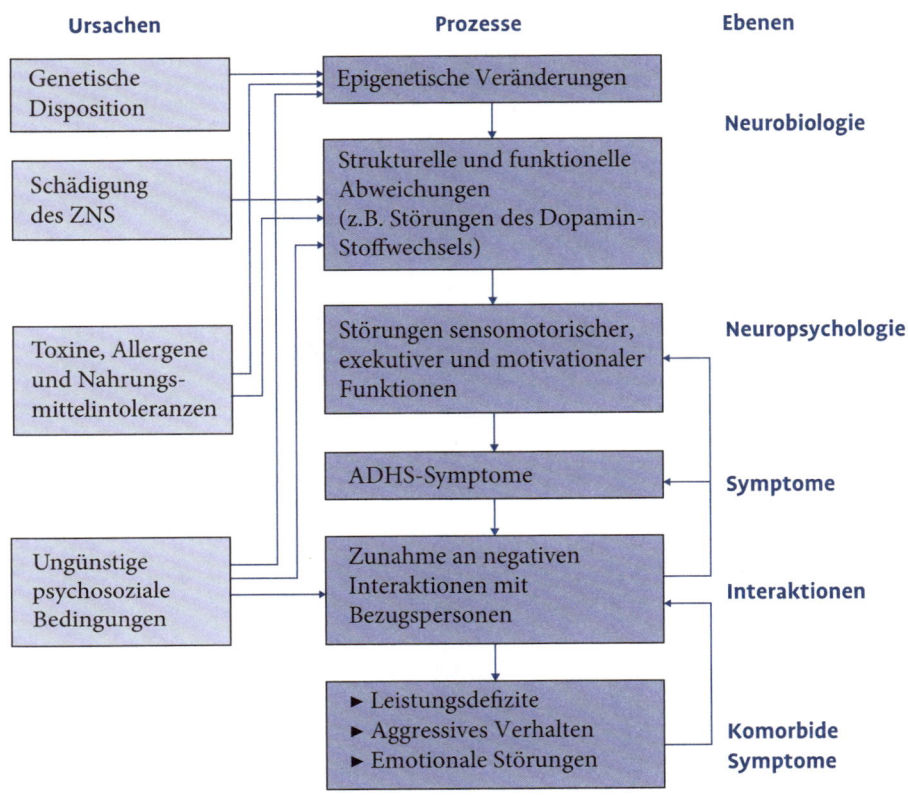

Abbildung 2.1 Biopsychosoziales Modell zur Entstehung von ADHS

2.2 Störungen des Sozialverhaltens

Bei Störungen des Sozialverhaltens spielen unabhängig von ADHS Temperamentsmerkmale, die mit Problemen in der Emotionsregulation in Zusammenhang stehen (z. B. ausgeprägte emotionale Reaktivität, niedrige Frustrationstoleranz), für die Entstehung der Störung eine Rolle. Die für ADHS beschriebenen psychosozialen Faktoren lassen sich ebenfalls und meist noch deutlicher auch für Störungen des Sozialverhaltens belegen. Sehr strenge, inkonsistente oder vernachlässigende Erziehungsmethoden sind häufig in Familien von Kindern und Jugendlichen mit einer Störung mit Oppositionellem Trotzverhalten anzutreffen und diese Erziehungspraktiken spielen in vielen Theorien zu den Ursachen der Störung eine wesentliche Rolle. Für Patterson et al. (1989) sind Hauptursachen für die Entwicklung oppositioneller und aggressiver Verhaltensweisen in der frühen Kindheit inkonsistente Erziehung und mangelnde Kontrolle, verbunden mit mangelnder Wärme und verminderter Aufmerksamkeit für angemessene prosoziale Verhaltensansätze der Kinder.

3 Multimodale Diagnostik externaler Störungen

Die spezifische Diagnostik von Aufmerksamkeitsdefizit-/Hyperaktivitätsstörungen (ADHS) sowie von Störungen des Sozialverhaltens baut auf einer allgemeinen multimodalen Diagnostik von Kindern und Jugendlichen mit psychischen Störungen auf, wie sie im Leitfaden zur Diagnostik psychischer Störungen im Kindes- und Jugendalter (Döpfner & Petermann, 2012) beschrieben ist. Ausführliche Anleitungen zur spezifischen Diagnostik von ADHS und von Störungen des Sozialverhaltens sowie eine Zusammenstellung der diagnostischen Materialien finden sich:

- im Leitfaden zur Aufmerksamkeitsdefizit-/Hyperaktivitätsstörungen (Döpfner et al., 2013a)
- im Kinder-Diagnostik-Systems KIDS zu Aufmerksamkeitsdefizit-/Hyperaktivitätsstörungen (Döpfner et al., 2006)
- im Diagnostik-System für psychische Störungen nach ICD-10 und DSM-5 für Kinder- und Jugendliche (DISYPS-III; Döpfner & Görtz-Dorten, 2016)
- in den Leitfäden zu Aufmerksamkeitsdefizit-/Hyperaktivitätsstörungen (Döpfner et al., 2013b) und zu Störungen des Sozialverhaltens (Petermann et al., 2016)

Tabelle 3.1 gibt eine Übersicht über hilfreiche Verfahren der störungsübergreifenden und der störungsspezifischen multimodalen Verhaltens- und Psychodiagnostik.

Exploration

Im Rahmen der multimodalen diagnostischen Abklärung einer ADHS und der Störung des Sozialverhaltens steht die Exploration der Eltern, des Kindes/Jugendlichen und der Erzieher/Lehrer im Zentrum der Diagnostik. Ohne Informationen sowohl von den Eltern als auch von dem Kind/Jugendlichen und von Erziehern/Lehrern ist die Diagnose einer ADHS nicht möglich und auch für die Diagnose einer Störung des Sozialverhaltens sollten die Urteile von Eltern und Lehrern einbezogen werden, da die Symptomatik in verschiedenen Lebensbereichen sehr unterschiedlich ausgeprägt sein kann. Die Exploration des Kindes/Jugendlichen bezieht auch die Verhaltensbeobachtung des Kindes/Jugendlichen während der Exploration und während anderer Untersuchungen (z. B. testpsychologische Untersuchung) sowie seine psychopathologische Beurteilung mit ein. Alle anderen diagnostischen Maßnahmen sind optional, aber häufig indiziert (vgl. Döpfner et al., 2013a):

- *Standardisierte Fragebögen* für die Eltern, für das Kind/den Jugendlichen und für den Erzieher/Lehrer können die Exploration ergänzen und erleichtern. Falls eine Exploration der Erzieher/Lehrer nicht möglich ist, können Fragebögen diese auch ersetzen. Häufig erleichtern Fragebögen die Exploration, wenn sie vor der Exploration beantwortet werden. Der Untersucher kann dann die Informationen aus den Fragebögen zur gezielten weiterführenden Exploration nutzen.
- Eine *testpsychologische Untersuchung* der Intelligenz oder des Entwicklungsstandes bzw. der schulischen Leistungsfähigkeit oder der Aufmerksamkeitsleistung und Impulsivität kann unter bestimmten Bedingungen indiziert sein. Eine grundlegende kurze Prüfung der intellektuellen Leistungsfähigkeit ist jedoch meist indiziert. Neuropsychologische Tests beispielsweise der Aufmerksamkeit, der Impulskontrolle oder des Kurzzeitgedächtnisses können ergänzend hilfreich sein.
- Eine orientierende *körperliche und neurologische Untersuchungen* mit weitergehenden somatischen Abklärungen bei Indikation ist vor allem zur differenzialdiagnostischen Abklärung und zur Erfassung komorbider somatischer Erkrankungen notwendig und sie ist auch Bestandteil der Überprüfung der Indikation für eine Pharmakotherapie.

Tabelle 3.1 Verfahren der multimodalen Verhaltens- und Psychodiagnostik von ADHS und oppositionellem Verhalten

Stufe	Klinisches Urteil	Elternurteil	Erzieher-/Lehrerurteil	Selbsturteil (ab 11 J.)
Störungsübergreifende Diagnostik	EPSKI CASCAP-D DCL-SCREEN ILF-SCREEN	3-5 J.: VBV-EL 3-5 J.: CBCL1½ -5 CBCL6-18R FBB-SCREEN	3-5 J.: VBV-ER 3-5 J.: CTRF1½ -5 TRF6-18R FBB-SCREEN	YSR11-18R SBB-SCREEN
Störungsspezifische Diagnostik	ES-HOV DCL-ADHS DCL-SSV ILF-EXTERNAL EI-PF VWU	3-5 J.: FBB-ADHS-V FBB-ADHS FBB-SSV EF-PF FAVK-F	3-5 J.: FBB-ADHS-V FBB-ADHS FBB-SSV FAVK-F	SBB-ADHS SBB-SSV FAVK-S

CASCAP-D: Psychopathologisches Befund-System bei Kindern und Jugendlichen (Döpfner et al., 1999)
CBCL 1½–5: Elternfragebogen für Klein- und Vorschulkinder (Arbeitsgruppe Deutsche Child Behavior Checklist, 2002a)
CBCL 6–18R: Elternfragebogen über das Verhalten von Kindern und Jugendlichen (Döpfner et al., 2014)
CTRF: Fragebogen für Erzieherinnen von Klein- und Vorschulkindern (Arbeitsgruppe Deutsche Child Behavior Checklist, 2002b)
DCL-ADHS: Diagnose-Checkliste für Aufmerksamkeitsdefizit-/Hyperaktivitätsstörungen (Döpfner & Görtz-Dorten, 2016)
DCL-SCREEN: Diagnose-Checkliste zum Screening psychischer Störungen (Döpfner Görtz-Dorten, 2016)
DCL-SSV: Diagnose-Checkliste für Störungen des Sozialverhaltens (Döpfner & Görtz-Dorten, 2016)
EF-PF: Elternfragebogen über Problemsituationen in der Familie (Döpfner et al., 2006, 2013b)
EI-PF: Elterninterview über Problemsituationen in der Familie (Döpfner et al., 2006, 2013b)
EPSKI: Explorationsschema für psychische Auffälligkeiten im Kindes- und Jugendalter (Döpfner & Petermann, 2012; Döpfner & Steinhausen, 2012)
ES-HOV: Explorationsschema für Hyperkinetische und Oppositionelle Verhaltensstörungen (Döpfner et al., 2006, 2013b)
FAVK: Fragebogen zum aggressiven Verhalten von Kindern (Görtz-Dorten & Döpfner, 2010).
FBB-ADHS: Fremdbeurteilungsbogen für Aufmerksamkeitsdefizit-/Hyperaktivitätsstörungen (Döpfner & Görtz-Dorten, 2016)
FBB-ADHS-V: Fremdbeurteilungsbogen für Vorschulkinder mit Aufmerksamkeitsdefizit-/Hyperaktivitätsstörungen (Döpfner & Görtz-Dorten, 2016)
FBB-SCREEN: Fremdbeurteilungsbogen zum Screening psychischer Störungen (Döpfner & Görtz-Dorten, 2016)
FBB-SSV: Fremdbeurteilungsbogen für Störungen des Sozialverhaltens (Döpfner & Görtz-Dorten, 2016)
ILF-EXTERNAL: Interview-Leitfaden für Externale Störungen (Döpfner & Görtz-Dorten, 2016)
ILF-SCREEN: Interview-Leitfaden zum Screening psychischer Störungen (Döpfner & Görtz-Dorten, 2016)
SBB-ADHS: Selbstbeurteilungsbogen für Aufmerksamkeitsdefizit-/Hyperaktivitätsstörung (Döpfner & Görtz-Dorten, 2016)
SBB-SCREEN: Selbstbeurteilungsbogen zum Screening psychischer Störungen (Döpfner & Görtz-Dorten, 2016)
SBB-SSV: Selbstbeurteilungsbogen für Störungen des Sozialverhaltens (Döpfner & Görtz-Dorten, 2016)
TRF/6-18R: Lehrerfragebogen über das Verhalten von Kindern und Jugendlichen (Döpfner et al., 2014)
VBV-EL: Verhaltensbeurteilungsbogen für Vorschulkinder – Elternfragebogen (Döpfner et al., 2016)
VBV-ER: Verhaltensbeurteilungsbogen für Vorschulkinder – Erzieherfragebogen (Döpfner et al., 2016)
VWU: Beurteilungsbogen: Verhalten während der Untersuchung (Döpfner et al., 2013b)
YSR/11-18R: Fragebogen für Jugendliche (Döpfner et al., 2014)

Ausführliche Hinweise zur Exploration der Eltern und der Erzieher oder Lehrer werden im Leitfaden zur Aufmerksamkeitsdefizit-/Hyperaktivitätsstörungen (Döpfner et al., 2013a) gegeben sowie im Rahmen des *Therapieprogramms für Kinder mit hyperkinetischem und oppositionellem Problemverhalten THOP* (Döpfner et al., 2013b). Hilfreich für eine klinische Exploration sind das *Explorationsschema für Hyperkinetische und Oppositionelle Verhaltensstörungen* (ES-HOV; Döpfner et al., 2013a,b, 2006) und die *Diagnose-Checkliste für Aufmerksamkeitsdefizit-/Hyperaktivitätsstörungen DCL-ADHS* bzw. *für Störungen des Sozialverhaltens (FBB-SSV)* aus dem Diagnostik-System für psychische Störungen nach ICD-10 und DSM-5 für Kinder- und Jugendliche (DISYPS-III; Döpfner & Görtz-Dorten, 2016). Anhand der Diagnose-Checkliste lassen sich die einzelnen Kriterien für die Diagnose einer ADHS nach ICD-10 und nach DSM-5 im Rahmen einer niedrig strukturierten klinischen Exploration bewerten. Das DISYPS-III enthält zudem einen Interviewleitfaden für externale Störungen (ILF-External), der ergänzend eingesetzt werden kann, um eine höher strukturierte Exploration entsprechend den Kriterien eines strukturierten Interviews durchzuführen. Zur Festlegung der Ansatzpunkte von Interventionen im Rahmen eines Elterntrainings hat sich das *Elterninterview über Problemsituationen in der Familie*, EI-PF (Döpfner et al., 2006, 2013b) erwiesen.

Standardisierte Fragebögen

Standardisierte Fragebögen für Eltern, für ältere Kinder/Jugendliche und für Erzieher/Lehrer zur Erfassung der ADHS-Symptomatik und komorbider Symptome und Probleme können ausgesprochen nützlich sein. Bei der Erfassung der ADHS- und der oppositionell-aggressiven Symptome sind Eltern- und Erzieher-/Lehrerfragebögen im Allgemeinen valider als Selbstbeurteilungsverfahren. Bei der Erfassung komorbider emotionaler Symptome können Selbstbeurteilungsverfahren sensitiver sein.

Basisverfahren. Als Basisverfahren zur Erfassung eines breiten Spektrums psychischer Auffälligkeiten haben sich die in Tabelle 3.1 aufgelisteten Verfahren bewährt. Im Rahmen der störungsspezifischen Diagnostik können der *Fremdbeurteilungsbogen für Aufmerksamkeitsdefizit-/Hyperaktivitätsstörungen (FBB-ADHS)* und der *Fremdbeurteilungsbogen für Störungen des Sozialverhaltens (FBB-SSV)* eingesetzt werden, die sowohl von den Eltern als auch von den Erziehern/Lehrern beurteilt werden können. Diese Fragebögen sind Bestandteil des umfassenden *Diagnostik-Systems für psychische Störungen nach ICD-10 und DSM-5 für Kinder und Jugendliche, DISYPS-III* (Döpfner & Görtz-Dorten, 2016). Die Bögen enthalten die Diagnosekriterien für ADHS und für Störungen des Sozialverhaltens. Wenn die Bögen vor der Exploration der Eltern oder der Erzieher bzw. Lehrer ausgefüllt werden, dann kann die Exploration sehr gezielt erfolgen und der Untersucher kann sich sein eigenes Urteil durch Nachfragen bilden, das er dann auf den entsprechenden Diagnose-Checklisten dokumentieren kann. Für Kinder im Alter von drei bis sechs Jahren wurde der *Fremdbeurteilungsbogen für Aufmerksamkeitsdefizit-/Hyperaktivitätsstörungen im Vorschulalter (FBB-ADHS-V)* entwickelt, der die spezifische Ausprägung der ADHS-Symptomatik bei Vorschulkindern erfasst. Er ist sowohl für das Erzieherurteil als auch das Elternurteil normiert.

Im Elternfragebogen über Problemsituationen in der Familie, EF-PF (s. Döpfner et al., 2013b, 2006) schätzen die Eltern ein, wie problematisch sie das Verhalten des Kindes in 16 alltäglichen familiären Situationen erleben. Der Fragebogen ist parallel zum *Elterninterview über Problemsituationen, EI-PF* (Döpfner et al., 2006, 2013b) aufgebaut. Wenn der Fragebogen vor dem Elterninterview ausgefüllt wird, kann dieses Interview zielgerichteter und schneller durchgeführt werden. Zur Erfassung aggressiver und oppositioneller Verhaltensweisen hat sich vor allem der *Fragebogen zum aggressiven Verhalten von Kindern* (FAVK, Görtz-Dorten & Döpfner, 2010) bewährt, der zwischen gleichaltrigenbezogener Aggression und erwachsenenbezogener Aggression sowie zwischen verschiedenen störungsaufrechterhaltenden Faktoren unterscheidet. Er liegt sowohl im Fremdurteil als auch im Selbsturteil vor.

4 Wirksamkeit von Elterntrainings, THOP und weiterer davon abgeleiteter Interventionen

Meta-Analysen und systematische Übersichtsarbeiten zur Wirksamkeit von Elterntrainings und anderer verhaltenstherapeutischer Interventionen bei Kindern mit ADHS und Störungen des Sozialverhaltens zeigen insgesamt, dass verhaltenstherapeutische Interventionen wirkungsvoll sind. Für Kinder mit Störungen des Sozialverhaltens sind die Effekte anhand mehrerer Meta-Analysen sehr gut belegt. So konnten Comer et al. (2013) sehr große Effekte (g > 0,8) für behaviorale Trainings (überwiegend Elterntrainings) für Kinder unter acht Jahren finden. Ähnliche Effekte können Leijten et al. (2013) und McCart et al. (2006) belegen. Bei Kindern mit ADHS liegen je nach Methode der Meta-Analysen leicht divergierende Ergebnisse vor. Die von Pelham und Fabiano (2008) und Fabiano et al. (2009) vorgelegten Übersichtsarbeiten und Meta-Analysen fassen eine Vielzahl von Studien zusammen, welche die Wirksamkeit von eltern- und familienzentrierten sowie kindergarten- und schulzentrierten Interventionen bei Kindern mit ADHS überprüft haben. Sie bewerten, auf der Basis der gesamten Literatur zu Wirksamkeitsstudien, Elterntrainings sowie Interventionen im Kindergarten und in der Schule als empirisch gut belegte Verfahren zur Behandlung von Kindern mit ADHS. Die Effektstärken lagen für Parallel-Kontrollgruppenstudien im Median bei $d = 0.47$ und für Eigenkontrollgruppenstudien bei $d = 0.64$ und damit im mittleren Bereich. Bei Studien mit Stimulanzientherapie werden höhere Effektstärken von etwa 1.0 bezogen auf die ADHS-Symptomatik erreicht. Die in verhaltenstherapeutischen Studien erzielten Effekte liegen also hinsichtlich der Effektstärken im mittleren Bereich, allerdings eher unter den Effekten von Stimulanzientherapie. Vergleichbare Ergebnisse zeigt auch die Meta-Analyse von van der Oord et al. (2008). In Meta-Analysen, bei denen ausschließlich randomisierte Kontrollgruppenstudien zur Wirksamkeit verhaltenstherapeutischer Interventionen bei Kindern mit der Diagnose einer ADHS einbezogen wurden, konnten ebenfalls im Elternurteil Effekte von Elterntrainings auf die ADHS-Symptomatik gefunden werden (Sonuga-Barke et al., 2013). Allerdings sind Eltern bei diesen Studien gegenüber der Behandlungsbedingung nicht verblindet, wie das bei randomisierten Kontrollgruppenstudien zur Wirksamkeit der Pharmakotherapie der Fall ist. Man kann daher nicht ausschließen, dass Eltern in ihrem Urteil beeinträchtigt sind. Daher wurden in weiteren Analysen nur Erfolgsmaße zugelassen, die weniger anfällig gegenüber einer solchen Urteilsverzerrung sind (z. B. Verhaltensbeobachtung, Lehrerurteile bei Elterntrainings). In diesen sekundären Analysen zeigten sich keine Effekte von verhaltenstherapeutischen Interventionen (hauptsächlich Elterntrainings). In weiteren Analysen konnten Effekte von verhaltenstherapeutischen Interventionen auf oppositionelle Verhaltensauffälligkeiten der Kinder und auf das Erziehungsverhalten der Eltern belegt werden (Daley et al., 2014).

Kombinationsbehandlung
In mehreren Studien wurde die Wirksamkeit einer Kombination von Stimulanzienbehandlung mit verhaltenstherapeutischen Interventionen untersucht. Die Mehrzahl der Studien, die eine Kombination von Stimulanzientherapie mit Interventionen in der Familie und in der Schule untersuchten, weisen insgesamt auf eine gegenüber einer ausschließlichen Stimulanzientherapie leicht erhöhten Wirksamkeit multimodaler Interventionen hin (Döpfner et al., 2013a; van der Oord et al., 2008). Während die Wirksamkeit von isolierter Verhaltenstherapie und auch die höheren Effekte der Kombinationstherapie gegenüber ausschließlicher Verhaltenstherapie gut belegt sind, ist die relative Bedeutung kombinierter Verhaltens- und Pharmakotherapie im Vergleich zu Pharmakotherapie umstritten (zusammenfassend Döpfner et al., 2013a). Hinsichtlich der Langzeiteffekte lassen sich einerseits deutliche Verbesserungen der Symptomatik bei den behandelten Patienten nachweisen, jedoch weder überzeugende Belege für die Überlegenheit von Pharmakotherapie noch von Verhaltenstherapie finden. Weitere Studien zu den langfristigen Effekten von multimodaler Therapie und von Pharmakotherapie sind daher dringend geboten.

Therapieprogramm für Kinder mit hyperkinetischem und oppositionellem Problemverhalten THOP

Das Therapieprogramm für Kinder mit hyperkinetischem und oppositionellem Problemverhalten THOP im Einzelformat (in dem auch schulzentrierte und patientenzentrierte Interventionen integriert sind) ist im Rahmen der von der Deutschen Forschungsgemeinschaft finanzierten Kölner Adaptiven Multimodalen Therapiestudie bei Kindern mit ADHS (KAMT) entwickelt und evaluiert worden. Mehrere Publikationen liegen zu den Ergebnisse der Kurzzeit- und der Langzeiteffekte vor (Döpfner et al., 2004, 2015, 2016). In der Studie wurden 75 Kinder im Alter von sechs bis zehn Jahren mit der Diagnose einer ADHS ambulant behandelt. Nach einer sechswöchigen Phase der Psychoedukation und des Beziehungsaufbaus wurden die Patienten initial entweder verhaltenstherapeutisch (n = 45) oder medikamentös mit Methylphenidat (n = 28) behandelt. Je nach individuellem Verlauf wurde die Behandlung danach mit der jeweils anderen Interventionsform kombiniert. Dadurch wurde eine multimodale Therapie entsprechend dem jeweiligen Therapieverlauf durchgeführt. Insgesamt konnten bis zu fünf Behandlungsphasen mit jeweils sechs Sitzungen mit den Eltern und/oder dem Kind sowie begleitenden Lehrerkontakten durchgeführt werden. Bei den Kindern, die initial oder im weiteren Verlauf ergänzend mit dem Therapieprogramm THOP behandelt wurden, konnten folgende Ergebnisse erzielt werden:

- 28 Prozent der Kinder, die initial mit Verhaltenstherapie behandelt wurden, mussten aufgrund klinischer Kriterien ergänzend mit Stimulanzien behandelt werden, weil Verhaltenstherapie nicht hinreichend wirksam war; bei 72 Prozent war eine zusätzliche Stimulanzientherapie nicht nötig.
- Etwa 50 bis 60 Prozent der Kinder, die ausschließlich mit Verhaltenstherapie behandelt wurden, zeigen bei Behandlungsende nur noch minimale Verhaltensauffälligkeiten in der Familie (therapierelevante individuelle Verhaltensprobleme in der Familie oder keine Diagnose einer ADHS und/oder Störung des Sozialverhaltens).
- Etwa 35 bis 40 Prozent der Kinder, die ausschließlich mit Verhaltenstherapie behandelt wurden, zeigen bei Behandlungsende nur noch minimale Verhaltensauffälligkeiten in der Schule (therapierelevante individuelle Verhaltensprobleme in der Schule oder keine Diagnose einer ADHS und/oder Störung des Sozialverhaltens).
- Zusätzliche Effekte von Verhaltenstherapie nach vorausgegangener Stimulanzientherapie lassen sich nur in geringem Umfang nachweisen.

Die klinischen Erfahrungen mit dem Therapieprogramm im Rahmen der genannten Studie und der klinikeigenen Schwerpunktambulanz lassen sich wie folgt umreißen:

- Das Eltern-Kind-Programm wird von der überwiegenden Mehrzahl der Eltern und Kinder gut angenommen. Der Anteil der Eltern, die ein Therapieangebot nicht in Anspruch nehmen oder das Programm vorzeitig beenden, ist relativ gering.
- Das Eltern-Kind-Programm kann auch gut bei Eltern mit geringerem Bildungsniveau durchgeführt werden. Durch die starke Betonung der anleitenden und der einübenden Komponenten lässt sich das Programm auch gut mit Eltern aus niedrigeren sozialen Schichten durchführen.
- Die Zufriedenheit der Eltern mit dem Programm ist hoch. Die überwiegende Mehrzahl der Eltern ist mit der Therapie zufrieden oder sehr zufrieden, auch dann, wenn nicht alle der bei Behandlungsbeginn formulierten Therapieziele erreicht werden konnten.
- Bei der überwiegenden Mehrzahl der Familien kann eine deutliche Verminderung oppositioneller und hyperkinetischer Auffälligkeiten erreicht werden. Nur sehr wenige Familien scheinen überhaupt nicht von dem Programm profitiert zu haben. Allerdings ist nur ein geringer Anteil der behandelten Familien und Kinder bei Behandlungsende völlig problemfrei.
- Bei Kindern mit sehr stark ausgeprägter ADHS-Symptomatik ist eine Pharmakotherapie meist unverzichtbar. Das betrifft mindestens 30 Prozent der Kinder mit der Diagnose. Wenn eine initiale Verhaltenstherapie nicht hilft, sollte nicht zu lange damit gewartet werden, bis die Wirksamkeit einer Stimu-

lanzientherapie überprüft wird. Wenn sich in den ersten zwei bis drei Monaten keine deutlichen Veränderungen unter der Verhaltenstherapie erzielen lassen, sollte eine entsprechende ergänzende oder alternative Pharmakotherapie erwogen werden. Bei manchen Kindern ist dann auch keine intensive Verhaltenstherapie mehr nötig, wohl aber eine kontinuierliche Beratung und Begleitung indiziert.

Eine Nachuntersuchung 1,5 Jahre nach Therapieende an 66 der 75 Patienten (Döpfner et al., 2015) zeigte, dass zum Nachuntersuchungszeitpunkt 32 Patienten pharmakotherapeutisch behandelt wurden, während 34 Patienten keine Medikamente einnahmen. In beiden Gruppen konnte eine weitgehende Stabilisierung der Therapieeffekte sowohl im Urteil der Eltern als auch der Lehrer belegt werden. In einer weiteren Nachuntersuchung, durchschnittlich 8,8 Jahre nach Behandlungsende (Döpfner et al., 2016), konnten grundlegende Informationen von allen 75 ehemaligen Patienten eingeholt werden. Weniger als 10 Prozent der Patienten waren zu diesem Zeitpunkt noch in pharmakologischer bzw. psychologischer Behandlung. Im gesamten Nachuntersuchungszeitraum konnte eine weitere signifikante Verminderung der Symptomatik belegt werden und bei fast 70 Prozent der Patienten konnte eine Normalisierung der ADHS-Symptomatik beobachtet werden. Hinsichtlich globaler Maße der schulischen und der beruflichen Karriere als auch hinsichtlich der Delinquenzrate zeichnet sich ein überwiegend positives Bild ab, wenngleich insgesamt deutliche Funktionsbeeinträchtigungen bei einem substanziellen Anteil der Patienten hinsichtlich Schulkarriere, Bildungsabschluss und Delinquenzraten zu erkennen waren. Die intellektuelle Leistungsfähigkeit lag im unteren Durchschnittsbereich (Schürmann et al., 2011).

In einer multizentrischen Studie zur Wirksamkeit des Therapieprogramms THOP bei Müttern mit ADHS, deren Kinder ebenfalls an einer ADHS-Symptomatik litten, wurde das Programm bei 144 Eltern im Einzelformat (12 Sitzungen) durchgeführt (Jans et al., 2015). Dabei konnte gezeigt werden, dass sich nach Behandlung der elterlichen ADHS-Symptomatik die Symptomatik des Kindes im Verlauf der Therapie weiter deutlich reduzierte und teilweise auch stärker reduzierte als in der vorangegangenen Behandlung der Eltern.

Von mehreren Forschergruppen wurde die Wirksamkeit die familienzentrierten Interventionen von THOP im Gruppenformat auf der Basis des THOP-Manuals (Döpfner et al., 2013b) untersucht. Tabelle 4.1 gibt eine Übersicht über die Wirksamkeit von THOP sowohl im Einzel- als auch im Gruppenformat.

- Berk et al. (2008) untersuchten Veränderungen der Symptomatik im Verlauf eines Elterngruppentrainings (10 × 90 Minuten) und die Zufriedenheit der Eltern mit dieser in der Routineversorgung durchgeführten Therapie. Veränderungen in der Symptomatik wurden im Prä-Post-Vergleich mit dem Fremdbeurteilungsbogen für Aufmerksamkeitsdefizit-/Hyperaktivitätsstörung (FBB-ADHS) erhoben. Die globale Elternzufriedenheit und die Zufriedenheit der Eltern mit einzelnen Behandlungsbausteinen wurden mit einem neu entwickelten Zufriedenheitsfragebogen erfasst. Im Urteil der Mütter konnten signifikante Verminderungen der ADHS-Symptomatik nachgewiesen werden. Die Effektstärken weisen auf mittlere Effekte hin. Die Zufriedenheit der Eltern mit dem Elterngruppentraining insgesamt und mit einzelnen Komponenten war hoch.
- Salbach et al. (2005) publizierten eine Untersuchung zur Wirksamkeit eines Elterngruppentrainings nach THOP. Eltern von 16 Kindern mit ADHS bildeten gemeinsam mit ihren Kindern die Experimentalgruppe und nahmen an einem wöchentlich stattfindenden zehnwöchigen Gruppentraining teil. Die Kinder erhielten eine medikamentöse Behandlung mit Methylphenidat. Daneben erfolgte eine Beratung. Als Kontrollgruppe fungierten 17 weitere Kinder mit einer ADHS nebst ihren Eltern. Die Kinder wurden ebenfalls pharmakotherapeutisch behandelt, profitierten von einer Beratung, ihre Eltern nahmen aber nicht an dem Gruppentraining teil. Bezogen auf die Experimentalgruppe erfolgte vor und nach dem Training die Erhebung der Variablen »Konfliktsituationen zu Hause«, »Hausaufgabenprobleme« sowie »Kernsymptomatik der Hyperkinetischen Störung« mittels Fragebogen. Bei den Eltern der Kontrollgruppe wurde mittels Fragebogen lediglich die »Kernsymptomatik der Hyperkinetischen Störung« erfasst. Am Ende des Gruppentrainings zeigte sich bei der Experimentalgruppe eine signifi-

Tabelle 4.1 Studien zur Kurzzeitwirksamkeit von THOP im Einzel- und Gruppenformat

Studie	Stichprobe	Intervention	Ergebnisse
Döpfner et al. (2004)	ADHS (6-10 J.) EG: n = 75	Sequentielles Adaptives Design: Psychoedukation (n = 75) MPH-Medikation + THOP (n = 38) THOP Einzel (bis 18 × 50 Min; n = 37)	Prä-Post-Effektstärken THOP (n = 37): ADHS (Eltern): 1,0, (Lehrer): 1,0 CBCL Total: 1,4; TRF-Total: 0,7
Berk et al. (2008)	ADHS (7-12 J.) EG: n = 41	THOP Elterngruppen (10 × 90 Min); Klinische Routine	Prä-Post-Verminderungen von ADHS-Symptomen (Elternurteil), mittlere Effekte Hohe Zufriedenheit der Eltern
Salbach et al. (2005)	ADHS (7-12 J.) EG: n = 16 KG: n = 17	EG: THOP-Elterngruppen (10 × 90 Min) + Pharmako KG: Beratung + Pharmako	Prä-Post-Verminderungen von ADHS-Symptomen in EG Therapieeffekt im Vergleich zu KG auf Hyperaktivitätsindex; andere Maße: Trends
Lauth et al. (2006)	ADHS EG1: n = 15, EG2: n = 15, EG3: n = 15, KG: n = 15	EG1: Aufmerksamkeitstraining (AT) EG2: THOP (10 × 50 Min) EG3: AT + THOP KG: Wartekontrolle	Elternurteil, Kindurteil (ADHS): EG1 = EG2 = EG3 > KG Lehrerurteil: keine Effekte
Dreiskörner et al. (2006)	ADHS (7-13 J.) EG1: n = 31 EG2: n = 3 EG3: n = 15 KG: n = 16	EG1: THOP-Elterngruppe (15 × 90 Min) EG2: Aufmerksamkeitstraining, Baistraining (AT) (10 × 90 Min.) Kindergr. + 3 × 90 Min. Elterngruppe EG3: wie EG2; Basis+ Strategietraining KG: Wartekontrolle	EG2, EG3 > KG (3 neuropsych. Variablen) EG2, EG3 = KG Verhalten EG1 > KG Konzentration, Verhalten Eltern/Lehrer EG1 > EG2, EG3 (Konzentration, Verhalten)

EG = Experimentalgruppe, KG=Kontrollgruppe

kante Symptomverringerung bezüglich der ADHS-Symptomatik. Diese Verringerung war im Vergleich zur Kontrollgruppe ausgeprägter, allerdings nicht signifikant (Mann-Whitney-U-Test). Bei der Prüfung nach dem allgemeinen linearen Modell zeigte sich aber bezogen auf die Variable »Hyperaktivitätsindex« ein signifikanter Unterschied zwischen den beiden Gruppen. Aufgrund der relativ begrenzten Stichprobengröße konnten mit dieser Studie nur starke Effekte statistisch signifikant abgesichert werden.

▶ Lauth et al. (2005) führten ebenfalls ein Gruppentraining mit dem THOP von 10 × 50 Minuten durch. Insgesamt 60 Kinder (Altersbereich 7;3–12;2 Jahre) mit der Diagnose einer ADHS wurden aus einer größeren Grundgesamtheit ausgewählt. Jeweils 15 Kinder wurden einem kindzentrierten Aufmerksamkeitstraining, einem Elterntraining mit THOP, einer Kombinationsbehandlung (Kind- und Elterntraining) oder einer Wartekontrollgruppe ohne Behandlung per Zufall zugewiesen. Die Effekte dieser Behandlungsmaßnahmen wurden jeweils aus der Perspektive der Eltern, der Lehrer und der Kinder in wiederholten Messungen zu Behandlungsende und zehn Wochen nach Therapieende überprüft. Im Urteil der Eltern und der Kinder führten alle drei Interventionsformen zu einer bedeutsamen und andauernden Reduktion der ADHS-Symptomatik. Nach Lehrerurteil änderte jedoch keine der Behandlungsbedingungen die Symptomatik. Auch in dieser Studie konnten aufgrund der begrenzten Stichprobengröße nur starke Effekte statistisch signifikant abgesichert werden.

- Dreiskörner et al. (2006) setzten THOP ebenfalls in Elterngruppen ein, die über 15 Wochen (15 × 90 Minuten) durchgeführt wurden. 96 Kinder zwischen sieben und 13 Jahren nahmen in drei Zentren an der Untersuchung teil. 31 Kinder absolvierten gemeinsam mit ihren Eltern ein 15-wöchiges THOP-Training, 34 ein 15-wöchiges Training für aufmerksamkeitsgestörte Kinder, 15 Kinder das Basistraining und 16 Kinder bildeten eine Wartegruppe. Für das Training mit aufmerksamkeitsgestörten Kindern konnten nur leichte Verbesserungen bei der kognitiven Hemmungskontrolle und der Nutzung des phonologischen Arbeitsgedächtnisses nachgewiesen werden, die ADHS-Symptome verminderten sich jedoch kaum. Mit dem THOP-Training konnten tendenziell die Aufmerksamkeitsleistungen gesteigert werden. Insbesondere ließ sich die familiäre Interaktion verbessern und die ADHS-Symptomatik sowohl in der Familie als auch in der Schule vermindern.

Präventionsprogramm für Expansives Problemverhalten PEP

Neben den Studien zur Wirksamkeit von THOP im Einzel- und Gruppenformat liegen mehrere Studien zu dem auf der Basis von THOP entwickelte Präventionsprogramm für Expansives Problemverhalten (PEP) (Plück et al., 2006) vor, das ebenfalls im Gruppenformat durchgeführt wird. PEP wurde hauptsächlich zur indizierten Prävention bei Kindern im Kindergartenalter, die bereits expansive Verhaltensauffälligkeiten zeigen, entwickelt. Das Training besteht aus zehn 90- bis 120-minütigen wöchentlichen Sitzungen, an denen fünf bis sechs Teilnehmer teilnehmen. PEP richtet sich schwerpunktmäßig an die Eltern und Erzieherinnen drei- bis sechsjähriger als expansiv auffällig indizierter Kinder. In einer randomisierten Kontrollgruppenstudie wurden zunächst Kinder mit expansiven Verhaltensauffälligkeiten per Screening systematisch erfasst. Von 60 drei- bis sechsjährigen Kindern nahmen sowohl die Erzieherinnen als auch die Mütter am PEP-Training teil. 65 Kinder dienten als nicht-behandelte Kontrollgruppe. Erhoben wurden das Erziehungsverhalten der Mütter und das kindliche Problemverhalten aus Sicht der Mütter und der Erzieherinnen. Nach der Intervention zeigten sich in der Interventionsgruppe eine Verminderung des Problemverhaltens und eine Verbesserung des elterlichen Erziehungsverhaltens. In der Interventions-, nicht aber in der Kontrollgruppe nahm aber der Anteil an Familien deutlich ab, die zu Beginn der Studie über unterdurchschnittliche Erziehungskompetenzen verfügten. Veränderungen von Erziehungs- und Problemverhalten wiesen eine signifikante Korrelation auf. Es konnten klinisch bedeutsame Veränderungen der ADHS und oppositionellen Symptomatik nachgewiesen und gezeigt werden, dass sich die Erfolge auch langfristig stabilisieren (Hanisch et al., 2006, 2010a,b). In zwei nachfolgenden Studien wurden die Wirksamkeit des PEP-Elterntrainings und des PEP-Erziehertrainings in der Routineanwendung überprüft. Hautmann et al. (2008) trainierten 59 Mitarbeiter aus 37 beratenden Einrichtungen in einer zweitägigen Schulung in der Durchführung des PEP-Elterntrainings. In einem Eigenkontrollgruppendesign wurden zwei Prä-Messungen durchgeführt, zum einen drei Monate, zum anderen unmittelbar vor der Intervention (Wartekontrollphase). Messungen nach der Intervention fanden direkt im Anschluss an das Training, sowie drei Monate später statt. In die Studie gingen Familien ein, die in 37 verschiedenen Einrichtungen der psychosozialen Versorgung vorstellig wurden. Insgesamt lagen von 198 Familien Fragebogen zu allen drei Messzeitpunkten vor. In der Wartekontrollphase vor dem Training konnten – wenn auch nicht durchgängig – bei einigen der erhobenen Erlebens- und Verhaltensbereiche Veränderungen über die Zeit ermittelt werden. Wenn solche auftraten, handelte es sich durchgängig um eine Abnahme der Symptomatik. Unmittelbar nach dem Training konnte bei allen Variablen eine Abnahme der Verhaltensauffälligkeiten ermittelt werden. Hier lagen die Effektstärken im kleinen bis mittleren Bereich. Im Vergleich zur Wartephase konnten die Verhaltensauffälligkeiten des Kindes während der Therapie stärker vermindert und das Erziehungsverhalten stärker verändert werden. Insgesamt belegt die Studie eine gute Wirksamkeit der Elternkomponente von PEP unter Bedingungen der Routineversorgung. Darüber hinaus konnte gezeigt werden, dass sich durch das Training klinisch bedeutsame Veränderungen erzielen lassen, dass Patienten mit den stärksten Auffälligkeiten am deutlichsten von der Intervention profitieren und dass sich die Effekte stabilisieren (Hautmann et al., 2009a,b, 2010, 2011).

Angeleitete Selbsthilfe

Aus dem THOP wurden verschiedene Studien zur Wirksamkeit angeleiteter Selbsthilfe für Eltern von Kindern mit ADHS und/oder externalen Störungen abgeleitet und evaluiert. Dabei wurden den Eltern schriftlich die wichtigsten Informationen zum Störungsbild vermittelt und konkrete Anleitungen zur Umsetzung von Interventionen in der Familie gegeben und zusätzlich wurden telefonische Beratungen der Eltern durchgeführt. Ausgangspunkt für die schriftlichen Informationen war der Elternratgeber *Wackelpeter & Trotzkopf* (Döpfner et al., 2011), aus dem in den weiteren Studien in verschiedene Hefte für Eltern entwickelt wurden. Kierfeld und Döpfner (2006) untersuchten erstmals Veränderungen der Symptomatik bei Kindern mit expansiven Verhaltensauffälligkeiten im Rahmen einer Eltern-Selbsthilfe-Intervention mit dem Elternbuch *Wackelpeter & Trotzkopf*. Insgesamt wurden 21 Kinder im Alter von sechs bis 15 Jahren mit der Diagnose einer Aufmerksamkeitsdefizit-/Hyperaktivitätsstörung (ADHS) und/oder einer Störung mit oppositionellem Trotzverhalten aus einer klinischen Inanspruchnahmepopulation rekrutiert. Die Bibliotherapie erstreckte sich über einen Zeitraum von zehn Wochen und beinhaltete die schrittweise Durcharbeitung des Elternbuches. Begleitend fanden mit den Eltern wöchentlich kurze Telefonkontakte (ca. 20 Minuten) statt. Das expansive Verhalten der Kinder nahm in diesem Zeitraum signifikant ab und das Erziehungsverhalten der Eltern konnte gestärkt werden. Die Zufriedenheit mit dem Programm war hoch. Das Angebot einer anschließenden intensiven Therapie nahmen weniger als 20 Prozent in Anspruch. In einer randomisierten Kontrollgruppenstudie untersuchten anschließend Kierfeld et al. (2013) die Effektivität dieser Selbsthilfeintervention bei 26 Familien mit einem expansiv auffälligen Kind im Alter von drei bis sechs Jahren im Vergleich zu einer Wartekontrollgruppe (22 Kinder). Im Vergleich zur Kontrollgruppe konnte in der Interventionsgruppe eine Verminderung von externalen und internalen Verhaltensauffälligkeiten im Urteil der Mütter sowie eine Verminderung dysfunktionaler Erziehungspraktiken belegt werden. Die Stabilität dieser Effekte konnte in einem Einjahres-Follow-up belegt werden (Ise et al., 2015). In einer bundesweiten Studie wurden die Effekte des Programms ebenfalls belegt (Mokros et al., 2015). Dose et al. (2016) konnten zudem zeigen, dass sich mit dem Programm bei Patienten mit ADHS, die bereits eine Stimulanzientherapie erhielten, jedoch noch weitere ADHS-Symptome zeigten, eine zusätzliche Verbesserung der ADHS-Symptomatik und der Funktionsbeeinträchtigung erzielen lässt.

Insgesamt belegen diese Studien zur Kurz- und Langzeitwirksamkeit von THOP im Einzelformat und im Gruppenformat sowie die Studie zu den von dem Therapieprogramm abgeleiteten Interventionen – dem Eltern-Selbsthilfeprogramm *Wackelpeter & Trotzkopf* und dem Präventionsprogramm PEP –, dass diese Interventionen bei der Verminderung expansiver Verhaltensauffälligkeiten von Kindern wirkungsvoll sind und dass die Elternkomponenten auch zu einer günstigen Veränderung des Erziehungsverhaltens der Eltern beitragen.

5 Das THOP-Elterngruppenprogramm im Rahmen einer multimodalen Therapie von Kindern mit ADHS und oppositionellen Verhaltensstörungen

Zur Behandlung von ADHS bei Kindern und Jugendlichen empfehlen nationale und internationale Leitlinien ein multimodales Vorgehen unter Einbeziehung von Psychoedukation und Psychotherapie, von psychosozialen Interventionen und Pharmakotherapie (Döpfner et al., 2007a; Taylor et al., 2004). Therapeutische Interventionen kann man danach klassifizieren, wer im Zentrum der Therapie steht – der Patient, seine Eltern oder andere Bezugspersonen, z. B. Erzieher oder Lehrer. Demnach lassen sich prinzipiell patienten-, kindergarten- und schulzentrierte sowie eltern- und familienzentrieren Interventionen voneinander abgrenzen, die sich in unterschiedlichem Maße empirisch bewährt haben (vgl. Döpfner et al., 2013a).

Allerdings müssen nicht alle Interventionen bei jedem Patienten im Rahmen einer multimodalen Therapie gemeinsam angewendet werden. Die multimodale Therapie ist adaptiv und in der Regel sequenziell aufgebaut, d. h., die einzelnen Interventionen werden bei bestimmten Indikationen durchgeführt und in Abhängigkeit vom Verlauf der Therapie können Interventionen kombiniert werden. Abbildung 5.1 stellt einen Entscheidungsbaum zur Planung einer solchen adaptiven multimodalen Therapie bei Schulkindern mit ADHS dar (Döpfner et al., 2013a). In diesen Entscheidungsbaum sind nur die bislang gut bewährten Interventionen aufgenommen; nicht berücksichtigt sind Neurofeedback und Nahrungsergänzung, für die zwar positive Ergebnisse vorliegen, die aber weiterer Erforschung bedürfen.

Psychoedukation. Die Psychoedukation (Aufklärung und Beratung) der Eltern und auch des Kindes oder Jugendlichen in altersangemessener Form ist Grundlage jeder therapeutischen Intervention. Informationen über das Störungsbild, die Diagnose, die möglichen Ursachen, den vermutlichen Verlauf und über die möglichen Behandlungsansätze werden gegeben. Die Beratung der Eltern bezieht sich auf allgemeine Strategien des Umgangs mit dem Kind und berücksichtigt dabei auch andere Belastungen in der Familie (z. B. Partnerschaftsprobleme). Hierzu können auch schriftliche Materialien wie Patientenratgeber (z. B. Döpfner et al., 2007b) oder auch Informationen von Internetportalen (http://www.adhs.info) eingesetzt werden. Psychoedukation ist ein wesentlicher Bestandteil des THOP-Elterngruppenprogramms.

Medikamentöse und Verhaltenstherapie. Eine primäre medikamentöse Therapie ist indiziert, wenn eine stark ausgeprägte und situationsübergreifende ADHS-Symptomatik (in der Familie, in der Schule und häufig auch in der Untersuchungssituation beobachtbar) besteht, die zu einer erheblichen Beeinträchtigung der Leistungsfähigkeit oder der Beziehungen zu anderen Menschen führt. Treten ADHS-Symptome oder oppositionelle/aggressive (externale) Verhaltensstörungen im Unterricht (weiterhin) auf, dann sind verhaltenstherapeutische Interventionen in der Schule indiziert, die Psychoedukation, Interventionen im Unterricht und kognitive Interventionen beim Patienten umfassen können. Sind die verhaltenstherapeutischen Interventionen bezüglich der ADHS-Symptomatik in der Schule nicht oder nicht hinreichend erfolgreich, dann wird alternativ oder ergänzend medikamentös behandelt. Treten ADHS-Symptome oder oppositionelle/aggressive (externale) Verhaltensstörungen in der Familie (weiterhin) auf, dann sind Elterntrainings mit verhaltenstherapeutischen Interventionen in der Familie indiziert, die durch kognitive Interventionen beim Patienten ergänzt werden können. Hier kann das THOP-Elterngruppenprogramm eingesetzt werden. Sind die verhaltenstherapeutischen Interventionen bezüglich der ADHS-Symptomatik in der Familie nicht oder nicht hinreichend erfolgreich, dann wird alternativ oder ergänzend medikamentös behandelt, um auch die ADHS-Symptomatik in der Familie zu vermindern.

Bei Vorschulkindern wird dieser Entscheidungsbaum modifiziert. Da die gegenwärtig verfügbaren ADHS-Medikamente erst ab dem Alter von sechs Jahren zugelassen sind und da Studien zeigen, dass die pharmakologische Therapie bei Kindern unter diesem Alter sich zwar als wirkungsvoll erwiesen hat, ihre

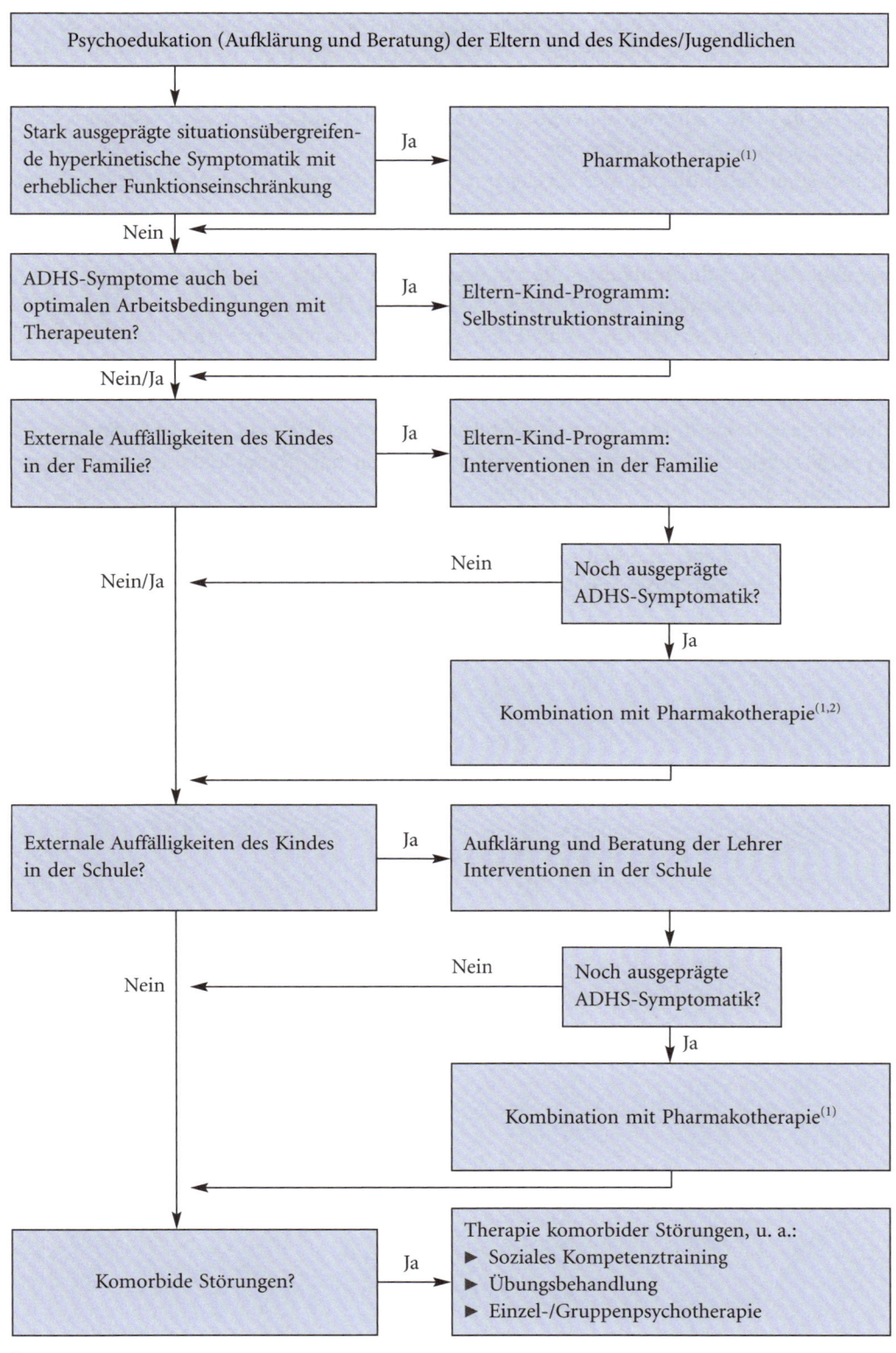

(1) soweit keine Kontraindikation vorliegt
(2) wenn ADHS nicht auf familiären Kontext beschränkt ist

Abbildung 5.1 Entscheidungsbaum zur Planung einer multimodalen Therapie bei external auffälligen Schulkindern

Wirksamkeit jedoch geringer ist als bei Schulkindern und stärkere Nebenwirkungen zu erwarten sind (vgl. Döpfner et al., 2013a), wird eine Pharmakotherapie erst dann empfohlen, wenn alle anderen Interventionen keine hinreichende Wirkung erzielt haben und weiterhin eine sehr starke Symptomatik persistiert.

Indikationen für das THOP-Elterngruppenprogramm. Das THOP-Elterngruppenprogramm lässt sich also in verschiedenen Konstellationen einsetzen:

- im Rahmen einer Behandlung eines Kindes mit *leichter bis moderater ADHS (mit oder ohne Störung des Sozialverhaltens)* als primäre und ausschließliche Intervention oder ergänzt durch kindzentrierte und kindergarten- bzw. schulzentrierte Interventionen (z. B. anhand des Therapieprogramms THOP; Döpfner et al., 2013a; schulzentrierte Interventionen auch: Frölich et al., 2014)
- im Rahmen einer Behandlung eines Kindes mit *starker ADHS (mit oder ohne Störung des Sozialverhaltens)* als primäre Intervention, wenn Eltern der Pharmakotherapie nicht zustimmen oder wenn Pharmakotherapie nicht erfolgreich ist, gegebenenfalls ergänzt durch kindzentrierte und kindergarten- bzw. schulzentrierte Interventionen
- im Rahmen einer Behandlung eines Kindes mit *residualer ADHS (mit oder ohne Störung des Sozialverhaltens)* als ergänzende Intervention, wenn durch Pharmakotherapie die expansive Symptomatik nicht hinreichend vermindert werden konnte
- im Rahmen einer Behandlung eines Kindes mit *oppositioneller Verhaltensstörung ohne ADHS* als primäre und ausschließliche Intervention oder ergänzt durch kindzentrierte und kindergarten- bzw. schulzentrierte Interventionen (z. B. anhand des Therapieprogramms THOP; Döpfner et al., 2013a; schulzentrierte Interventionen auch: Frölich et al., 2014; kindzentriert für Störung des Sozialverhaltens: Therapieprogramme THAV und ScouT; Görtz-Dorten & Döpfner, 2010, 2016)

II Einführung in das THOP-Elterngruppenprogramm

6 Über das THOP-Elterngruppenprogramm

7 Über dieses Manual

8 Häufige Schwierigkeiten

9 Materialien zur Einführung in die Gruppenarbeit

6 Über das THOP-Elterngruppenprogramm

Beim THOP-Elterngruppenprogramm handelt es sich um eine Gruppenintervention für Eltern von Kindern im Grundschulalter (ca. 6 bis 12 Jahre), bei denen die Diagnose einer ADHS gestellt wurde oder der Verdacht darauf besteht. Das THOP-Elterngruppenprogramm soll zur Verbesserung der therapeutischen Versorgung im Rahmen einer multimodalen Therapie beitragen. Das Programm orientiert sich an Verträgen zur Förderung der Qualität der vertragsärztlichen Versorgung von Kindern und Jugendlichen mit ADHS, die in manchen Bundesländern zwischen den Kassenärztlichen Vereinigungen und Krankenkassen abgeschlossen wurden.

Das THOP-Elterngruppenprogramm wurde an der Universität Köln auf der Grundlage des *Therapieprogramms für Kinder mit hyperkinetischem und oppositionellem Problemverhalten THOP* (Döpfner et al., 2013) und dem davon abgeleiteten *Präventionsprogramm für Expansives Problemverhalten PEP* (Plück et al., 2006) entwickelt. Das Elterngruppenprogramm kann im Gruppenformat, aber auch im Einzelkontakt eingesetzt werden. Bei schwerwiegender Symptomatik oder wenn Probleme im Kontakt mit Gleichaltrigen oder in der Schule bestehen, sollte die Elterngruppe in Kombination mit einer gleichzeitig oder zeitversetzt stattfindenden Psychotherapie des Kindes oder auch einer medikamentösen Behandlung der ADHS-Symptomatik des Kindes durchgeführt werden. Wenn aber vor allem Schwierigkeiten im häuslichen Kontext bestehen und die Symptomstärke eher gering ausgeprägt ist, kann die Elterngruppe auch als einzige Intervention ausreichend sein. Bei sehr leichter oder subklinischer Symptomatik können unter Umständen auch Selbsthilfemanuale (Döpfner et al., 2011) oder eine App (*ADHS-Kids: Eltern helfen ihren hyperaktiven und trotzigen Kindern*; Döpfner, 2016) bereits eine ausreichende Unterstützung bieten.

Zielgruppe. Die Interventionen dieses Elterngruppenprogramms sind zugeschnitten auf Eltern von Kindern im Grundschulalter. Wenn Eltern jugendlicher ADHS-Patienten an einer Gruppe teilnehmen, sind leichte Modifikationen der Inhalte notwendig. Teilweise sind erste Ideen für derartige Modifikationen bei der Darstellung der einzelnen Bausteine des Programms erwähnt. Weitere Ideen zu Interventionen in Familien mit jugendlichen ADHS-Patienten finden sich im Selbsthilferatgeber *Wackelpeter und Trotzkopf in der Pubertät* (Kinnen et al., 2015).

Aufbau des Programms. Das THOP-Elterngruppenprogramm besteht aus insgesamt sieben inhaltlichen Bausteinen. Jeder Baustein ist so konzipiert, dass er innerhalb von einer Doppelstunde behandelt werden kann. Einzelne Krankenkassen unterstützen die Durchführung von ADHS-Elterngruppen in der Regel in Form von acht Doppelstunden oder vier vierstündigen Terminen. Hinweise auf aktuelle Verträge können über www.zentrales-adhs-netz.de eingesehen werden. Wenn Sie die Elterngruppe also in Form von acht Doppelstunden durchführen, haben Sie in der letzten Doppelstunde die Möglichkeit, Themen zu vertiefen oder zu ergänzen. Selbstverständlich können Sie auch eigene Schwerpunkte setzen, z. B. indem Sie einzelne Bausteine ausführlicher besprechen und dafür an anderen Stellen kürzen.

Wenn Sie die Elterngruppe in vier vierstündigen Terminen durchführen möchten, können Sie jeweils zwei inhaltliche Bausteine je Termin besprechen. Vorteil hierbei ist, dass die Eltern zu weniger Terminen erscheinen müssen und somit weniger Möglichkeiten bestehen, Termine zu versäumen. Nachteil bei diesem Vorgehen ist aber, dass die Anforderungen an die Eltern bei paralleler Bearbeitung von zwei inhaltlichen Bausteinen sehr groß sind, was die Vor- und Nachbereitung der Termine sowie die Umsetzung der besprochenen Interventionen im Alltag angeht. Gleichzeitig werden die Familien bei acht Terminen in der Regel über einen längeren Zeitraum begleitet als bei nur vier Terminen, was eine längerfristige Beibehaltung der besprochenen Interventionen begünstigt.

Gruppengröße. Nach unseren Erfahrungen hat sich eine Gruppengröße von fünf bis acht Familien als günstig erwiesen, damit einerseits genügend Teilnehmer da sind, um einen Austausch anzuregen und um auch dann noch eine gute Gruppenatmosphäre zu haben, wenn einmal nicht alle Eltern teilnehmen können. Andererseits haben bei dieser Gruppengröße und der begrenzten Zeit in den Gruppenstunden dennoch alle Eltern die Möglichkeit, sich zu einem Thema zu äußern und mit ihren Fragen zu Wort zu kommen. Bei Gruppen mit mehr als acht Teilnehmern hat die Elterngruppe einen deutlicheren Schulungscharakter und es gibt nicht mehr für alle Eltern die zeitliche Möglichkeit, in der Diskussion die Themen auf ihre eigene Situation anzuwenden. Nach unserer Erfahrung benötigen Eltern aber in der Regel Unterstützung bei der Umsetzung der Programminhalte auf ihre individuelle Situation, sodass eine kleinere Gruppengröße besser geeignet ist, um die Eltern nachhaltig zu unterstützen.

7 Über dieses Manual

In diesem Manual finden Sie Informationen und Anwendungshinweise rund um die Computer-Präsentationen, welche Sie in den THOP-Elterngruppen verwenden können. Die einzelnen Folien der Präsentation sind in diesem Manual noch einmal aufgeführt und Sie erhalten verschiedene Hinweise, die Ihnen die Erläuterung der Inhalte in einer Elterngruppe erleichtern sollen.

Wie Sie die Präsentation nutzen können

Folien. Für jede Folie finden Sie eine Angabe, wie viel Zeit Sie in etwa für die jeweiligen Inhalte einplanen sollten (bei ca. 5-8 Elternteilen in der Gruppe). Hierbei sind jeweils Zeitspannen angegeben, die von 1 bis 5 Minuten (in **grün**) über 5 bis 10 Minuten (in **orange**) bis zu 10 bis 15 Minuten (in **rot**), in Ausnahmefällen auch länger reichen können. Bei diesen Zeitspannen handelt es sich um Richtwerte, die je nach Interessenlage der Gruppe, Teilnehmeranzahl und eigenen Themenschwerpunkten des Therapeuten[1] von der tatsächlich benötigten Zeit abweichen können.

Des Weiteren finden Sie in diesem Manual Angaben dazu, welche weiteren Materialien zur Bearbeitung der Inhalte der Folie hilfreich sein könnten bzw. auf welcher Seite des Elternarbeitsbuches sich die entsprechende Information wiederfindet. Dies wird mit dem Buchsymbol sowie der Seitenzahl angegeben (📖 S. 3). Folien, die nicht im Elternarbeitsbuch enthalten sind, sind durch das durchgestrichene Buchsymbol (📖) gekennzeichnet.

Zudem wird die spezifische Zielsetzung der einzelnen Folien erläutert und es werden teilweise weiterführende Informationen gegeben. Des Weiteren werden mögliche Schwierigkeiten bei der Vermittlung der Inhalte in Elterngruppen vorweggenommen bzw. wir möchten Ihnen Hinweise geben, wie Sie als Therapeut mit diesen Schwierigkeiten bestmöglich umgehen können. Bei darüber hinausgehenden Schwierigkeiten, die Sie in der Praxis erfahren, erhalten Sie Unterstützung im Rahmen der Supervision.

Verlinkungen. In den Computer-Präsentationen sind an einigen Stellen Verlinkungen zu optionalen Folien mit weiterführenden Informationen eingebaut. Die Folien, die Verlinkungen enthalten, erkennen Sie im Manual anhand des Verlinkungssymbols (∞) unterhalb der Folie. Die verlinkten Folien mit weiterführenden Informationen werden darauf folgend abgebildet und sind an dem Verlinkungssymbol vor dem Titel oberhalb der Folie zu erkennen. Je nach Vorkenntnissen der Gruppe und je nach Vortragsstil können Sie die Inhalte anhand der Übersichtsfolien vermitteln oder durch die weiterführenden (verlinkten) Folien veranschaulichen.

Elternarbeitsbuch. Die teilnehmenden Eltern erhalten zusätzlich zu den Informationen in der Elterngruppe ein Elternarbeitsbuch (Kinnen et al., 2016), in dem die Inhalte der Bausteine noch einmal ausführlicher erläutert sind. Die Anschaffung kann über die Eltern selbst oder für alle teilnehmenden Eltern gemeinsam über den Therapeuten erfolgen. In diesem Elternarbeitsbuch finden sich die Informationsfolien der Computer-Präsentation sowie teilweise weiterer erläuternder Text. Dieser Text wird nicht in Gänze in diesem Manual wiederholt. Es ist daher sinnvoll, wenn Sie als Therapeut auch einmal einen Blick in das Elternarbeitsbuch werfen, sodass Ihnen die Informationen, die die Eltern hierin erhalten, ebenfalls bekannt sind. Folien mit Fragen an die Teilnehmer oder Anleitung zum Rollenspiel finden sich im Elternarbeitsbuch nicht.

Im Folgenden finden Sie zunächst Informationen über Schwierigkeiten bei der Durchführung des THOP-Elterngruppenprogramms mit entsprechenden Hinweisen, wie Sie diesen Schwierigkeiten begegnen kön-

---

[1] Aus Gründen der Lesbarkeit wird auf die gleichzeitige Verwendung männlicher und weiblicher Sprachformen verzichtet. Die Angaben beziehen sich aber immer auf Angehörige beider Geschlechter.

nen. Zudem finden Sie einige Erläuterungen zu den einleitenden Folien innerhalb der ersten Gruppenstunde. Anschließend werden die acht Gruppenstunden ausführlich dargestellt.

Um eine THOP-Elterngruppe durchzuführen, benötigen Sie neben diesem Manual die PowerPoint-Folien mit den Materialien, die Sie den Eltern während der Gruppenstunden in Form einer Computer-Präsentation als gemeinsame Gesprächsgrundlage und Zusammenfassung der wichtigsten Inhalte zeigen können. Sie erhalten diese Dateien über die Homepage des Verlages www.beltz.de, dort stehen sie zum Download bereit (weitere Informationen zum Download finden Sie auf S. 199). Zur Verwendung der Präsentation während der Gruppenstunden benötigen Sie einen PC oder Laptop, auf dem das Programm *PowerPoint* installiert ist, sowie einen Beamer und eine Leinwand oder eine weiße Wand, auf die die Präsentation projiziert werden kann. Darüber hinaus kann es auch hilfreich sein, wenn Sie über ein Flipchart mit entsprechendem Papier und Stiften verfügen, um die individuellen Inhalte und Themen der Gruppe noch einmal zusammenfassend festzuhalten.

Gruppenprogramm für Eltern von Kindern mit ADHS-Symptomen und expansivem Problemverhalten

Manfred Döpfner, Claudia Kinnen & Joya Halder

Herzlich willkommen

© Döpfner • Kinnen • Halder (2016).

BELTZ

8 Häufige Schwierigkeiten

8.1 Schwierigkeiten durch divergierende Störungskonzepte

Dissimulierende Eltern

Insbesondere wenn Eltern auf Anraten der Schule oder anderer Hilfssysteme in die Beratung oder Therapie kommen, sind sie manchmal der Auffassung, dass die Probleme mit ihrem Kind gar nicht so schwerwiegend seien wie von Außenstehenden beschrieben, und lehnen eine intensive Elternberatung daher als überflüssig ab. Nehmen Sie diese Bedenken der Eltern ernst und leiten Sie sie dazu an, die Situation mit ihrem Kind systematisch zu analysieren (Baustein 2). Sollten sich nachhaltig keine Auffälligkeiten im häuslichen Rahmen zeigen, sind möglicherweise Interventionen mit dem Kind selbst oder den Erziehern bzw. Lehrern sinnvoll.

Externalisierende Eltern

Manchen Eltern fällt es schwer, ihren eigenen Beitrag an der Entwicklung der Problematik wahrzunehmen. Meist haben diese Eltern Störungskonzepte, die sich ausschließlich auf organische Ursachen (Hirnschädigungen) oder stabile Eigenschaften des Kindes (Konzentrationsprobleme) beziehen. Diese Eltern haben daher oftmals die Überzeugung, sie könnten die Symptomatik durch ihr eigenes Verhalten gar nicht beeinflussen. Besprechen Sie mit diesen Eltern daher schon bei Baustein 1 die Relevanz des elterlichen Erziehungsverhaltens als modulierenden Faktor der Symptomatik. Sollten Sie im Verlauf den Eindruck haben, dass die Compliance der Eltern gering ist und sie sich immer wieder auf ihr biologisches Entstehungskonzept zurückziehen, ist es unter Umständen auch sinnvoll, im Verlauf noch einmal zu Baustein 1 zurückzugehen und die Ursachen und aufrechterhaltenden Bedingungen noch einmal ausführlich zu besprechen, das Störungsmodell aus Baustein 2 erneut aufzugreifen und den Teufelskreis aus Baustein 3 zu wiederholen.

Eltern mit Schuldgefühlen

Anders als die Eltern, die ADHS als rein genetisches Phänomen einschätzen, gibt es auch immer wieder Eltern, die die genetischen Ursachen für die kindlichen Verhaltensprobleme fast vollständig vernachlässigen und sich selbst und ihren mangelnden erzieherischen Kompetenzen die Schuld an der Symptomatik geben. Heben Sie hervor, dass es nie nur eine Ursache für solche Probleme des Kindes gibt und es in dieser Beratung insgesamt auch nicht um die Zuweisung von Schuld geht. Schuldzuschreibungen sind in der Regel in die Vergangenheit gerichtet und daher nicht hilfreich für zukünftige Lösungen. Generell gilt es, ein Gleichgewicht darin zu finden, die Eltern zu entlasten und die genetischen Ursachen hervorzuheben, aber andererseits dennoch die Chancen, die in einer Optimierung der elterlichen Erziehungsstrategien, wie sie in den THOP-Elterngruppen angestrebt werden, zu betonen.

Eltern hinterfragen die Diagnose

Die meisten Eltern von Kindern mit ADHS berichten von Situationen, in denen es ihrem Kind sehr gut gelingt, sich ausdauernd zu konzentrieren und aufmerksam zu sein, z. B. beim Computerspielen oder bei anderen Spielen, die dem Kind Spaß machen. Manchmal schließen die Eltern daraus, dass ihr Kind deshalb keine Aufmerksamkeitsproblematik haben könnte. Auch wenn üblicherweise problematische Situationen manchmal besser verlaufen, erweckt dies bei Eltern (oder auch anderen Bezugspersonen) unter Umständen den Eindruck, das Kind »kann es doch« und »will sonst nur nicht«. Diese Trugschlüsse gilt es in den Elterngruppen immer wieder zu hinterfragen und den Eltern immer wieder zu erklären, warum das Kind aber dennoch eine ADHS hat und dass die positiven »Ausreißer« deshalb umso außergewöhnlicher und anerkennenswerter sind. Manchmal kann es auch sinnvoll sein, als Therapeut selbst solche Bedenken stellvertretend für die Eltern zu formulieren (»Und dann denken Sie manchmal: ›Er kann es doch, warum macht er das dann nicht immer so?‹«), damit diese Bedenken der Eltern »auf dem Tisch liegen« und Sie diese aufgreifen und mit ihnen arbeiten können.

8.2 Schwierigkeiten durch inadäquate Erwartungshaltungen der Eltern

Hohe Erwartungen der Eltern an ihre Kinder

Oftmals haben Eltern den Eindruck, das Zielverhalten, das sie von ihrem Kind erwarten, sei »doch selbstverständlich«. Dieser Eindruck kann durch Vergleiche mit Gleichaltrigen oder mit Geschwistern ohne ADHS entstehen. Bei diesen Vergleichen schneiden die ADHS-Kinder aufgrund ihrer störungsspezifischen Schwierigkeiten selbstverständlich schlechter ab. Erinnern Sie die Eltern daher immer wieder an die ADHS-Diagnose des Kindes und die Beeinträchtigungen, die sich daraus ergeben. Betonen Sie, dass das Kind eine deutlich höhere Anstrengungsbereitschaft zeigen muss als »normale« Kinder, um kleine Verbesserungen zu erreichen, und bestärken Sie die Eltern darin, diese Anstrengung zu würdigen und dem Kind positiv zurückzumelden. Vergleiche zwischen Kindern machen dabei keinen Sinn und sind nicht zielführend. Wenn das Kind etwas dazu lernt, was es vorher nicht konnte, sollte dies auch als Fortschritt wahrgenommen werden – unabhängig davon, ob der jüngere Bruder dieses Verhalten schon länger zeigt. Als Grundregel für Eltern gilt: Loben Sie erwünschtes Verhalten immer dann, wenn Sie unerwünschtes Verhalten tadeln würden.

Drängende Eltern

Die ersten Gruppenstunden der THOP-Elterngruppe dienen der Psychoedukation sowie der Verbesserung der Eltern-Kind-Beziehung. Manchmal entsteht daher der Eindruck bei teilnehmenden Eltern, die Arbeit an den eigentlichen Problemen beginne erst in der zweiten Hälfte des Programms, und die Eltern drängen auf schnellere Tipps zur Reduktion ihrer Probleme. Betonen Sie diesen Eltern gegenüber, dass die genaue Definition und Analyse der Probleme, die Beachtung positiver Ausnahmen und die Verbesserung der Beziehung zu ihrem Kind wichtige Voraussetzungen darstellen, um die Verhaltensprobleme ändern zu können. Führen Sie ihnen darüber hinaus vor Augen, dass die Verhaltensprobleme des Kindes in der Regel schon viele Jahre bestehen und sie sich daher auch diese wenigen Wochen Zeit lassen sollten, um die wichtigen Interventionen Schritt für Schritt zu planen. Vorschnell geplante Interventionen sind zumeist nicht erfolgversprechend und nähren nur die Befürchtung der Kinder (und auch der Eltern), dass die Inhalte des Programms nicht hilfreich sein könnten.

Es werden vorwiegend schulische oder kindzentrierte Themen oder komorbide Symptome als Probleme benannt bzw. in das Gespräch eingebracht

Überdenken Sie gemeinsam mit den Eltern (ggf. auch in einem Einzelgespräch), inwiefern ihre Anliegen in der THOP-Elterngruppe hinreichend berücksichtigt werden können bzw. ob evtl. weitere Unterstützungsangebote für die Familie sinnvoll wären. Nach klinischen Studien ist die Wahrscheinlichkeit eher gering, dass Hilfsmaßnahmen, die an einem Problembereich ansetzen, z. B. in der Familie, auch Verbesserungen von Problemen in anderen Bereichen, z. B. in der Schule, nach sich ziehen. Die Hilfsmaßnahmen wirken vielmehr sehr spezifisch. Daher ist bei schwerwiegenden Problemen in verschiedenen Lebensbereichen des Kindes in der Regel auch eine Kombination verschiedener Hilfsmaßnahmen nötig, z. B. eine parallele medikamentöse Therapie, Psychotherapie des Kindes, Beratung der Lehrer und Teilnahme der Eltern an einer Elterngruppe (vgl. Elternarbeitsbuch, S. 23).

8.3 Schwierigkeiten durch eigene Problematiken der Eltern

Eltern mit eigener ADHS-Symptomatik
Häufig haben Eltern von Kindern mit ADHS auch selbst ähnliche Schwierigkeiten. Zum Beispiel fällt es ihnen schwer, sich selbst zu strukturieren und zu organisieren. Die Teilnahme an der THOP-Elterngruppe erfordert aber (durch die umfangreiche Vor- und Nachbereitung) ein gewisses Maß an Selbstorganisation. Sollten Sie bei Eltern das Gefühl haben, dass ihnen dies Schwierigkeiten bereiten könnte, unterstützen Sie diese Eltern, denen die Selbstorganisation und -strukturierung schwerfällt, von Beginn an darin, darüber nachzudenken, wann sie sich Zeit für die Vor- und Nachbereitung der Stunden nehmen können. Auch eine eigene Diagnostik und ggf. Behandlung der elterlichen ADHS-Symptomatik kann sinnvoll sein, da eine Minderung der eigenen Symptome es den Eltern erleichtern kann, die Inhalte des Programms umzusetzen und so auch ihrem Kind zu helfen.

Eltern mit depressiver Symptomatik
Die Probleme mit einem Kind mit ADHS können bei den Eltern zu Gefühlen der Hoffnungslosigkeit und eigenen Inkompetenz bis hin zu depressiven Verstimmungen führen. Thematisieren Sie diese Schwierigkeiten vorsichtig und versuchen Sie zu explorieren, inwieweit sich die Schwierigkeiten der Eltern nur auf die Bewältigung der kindlichen Problematik beziehen (z. B. im Sinne eines Hilflosigkeitsgefühls) oder darüber hinausgehen. Sollte dies der Fall sein, ermutigen Sie die Eltern unbedingt, sich selbst Hilfe zu suchen. Hierbei kann es sinnvoll sein, dies mit den Eltern in einem 1:1-Kontakt zu besprechen und nicht die Gruppenstunde hierfür zu nutzen.

Eltern mit massiven Paarkonflikten
Paarkonflikte können in einer Elterngruppe deutlich zutage treten, wenn beide Eltern an den Gruppenstunden teilnehmen. Aber auch, wenn nur ein Elternteil in den Stunden zugegen ist, können Unstimmigkeiten der Eltern deutlich werden. Explorieren Sie auch hier zunächst, inwieweit sich die elterlichen Konflikte auf den Umgang mit dem kindlichen Problemverhalten beziehen und damit Teil der Elternberatung sein können und sollen oder inwieweit sie darüber hinausgehen. Massive und langjährige Paarkonflikte sollten Sie dazu veranlassen, die Eltern zur Aufnahme einer Paarberatung oder -therapie zu motivieren. Dies sollten Sie sinnvollerweise mit den Eltern im Einzelkontakt besprechen.

8.4 Gruppendynamische Schwierigkeiten

Eltern äußern sich sehr ausführlich
Stoppen Sie die Eltern in der ersten Gruppenstunde noch nicht allzu schnell, sondern geben Sie ihnen die Möglichkeit, sich ausführlich vorzustellen. Bei Wortbeiträgen, die sich auf spätere Inhalte beziehen, verweisen Sie aber auf die folgenden Diskussionen und bitten Sie um Verständnis, fortfahren zu wollen. Im Verlauf kann es sinnvoll sein, auch gezielt eher ruhigere Eltern anzusprechen und nach ihrer Meinung zu fragen, damit sich die Redeanteile so ausgleichen. Eher gesprächige Gruppenteilnehmer können sich allerdings auch gut eignen, um sie z. B. in Rollenspiele einzubeziehen oder exemplarisch mit ihnen Interventionen zu besprechen, wenn die restlichen Gruppenteilnehmer eher introvertiert sind.

Eltern sind sehr verschlossen und äußern sich nur knapp
Ermutigen Sie die Eltern immer wieder dazu, sich einzubringen, intervenieren Sie aber nicht allzu stark, wenn sie sich kurz fassen. Manche Eltern möchten in den ersten Stunden zunächst einmal den Gruppenprozess beobachten. Ermutigen Sie sie aber im späteren Verlauf, sich verstärkt zu äußern.

Eltern kennen sich privat

Wenn sich Eltern privat kennen, kann dies zum einen zu Koalitionen innerhalb der Gruppe führen, die den Gruppenprozess beeinflussen können, andererseits kann hierdurch aber auch eine größere Offenheit entstehen. Thematisieren Sie als Therapeut bestehende Verbindungen der Gruppenteilnehmer und ermutigen Sie alle Eltern, die Auswirkung dieser Verbindungen auch im Verlauf immer wieder zu thematisieren.

Eltern erscheinen wiederholt nicht zu den Gruppenstunden

Vereinbaren Sie bereits zu Beginn der THOP-Elterngruppe, wie Sie damit umgehen möchten, wenn Eltern einmal nicht erscheinen. Da die Inhalte des Programms im Elternarbeitsbuch noch einmal recht ausführlich aufgeführt sind, ist es meist möglich, ein einmaliges Fehlen durch eine entsprechende Vor- und Nachbereitung auszugleichen. Ein mehrfaches Fernbleiben bringt aber neben inhaltlichen Gründen auch Schwierigkeiten in der Gruppenatmosphäre und -dynamik mit sich und sollte daher vermieden werden.

8.5 Schwierigkeiten bei der Durchführung

Es können nicht alle Inhalte eines Bausteins in einer Doppelstunde bearbeitet werden

Das THOP-Elterngruppenprogramm ist generell modular aufgebaut, d.h., es ist nicht unbedingt das Ziel, dass alle Inhalte auch in jeder Gruppe komplett besprochen werden. Vorgespräche mit den teilnehmenden Eltern können helfen, die Inhalte auf die Bedürfnisse der Gruppenteilnehmer anzupassen und individuelle Schwerpunkte zu setzen. Die achte Gruppenstunde ist zudem thematisch offen und dient der Vertiefung einzelner Themen, die in den vorherigen Gruppenstunden nicht oder nicht ausführlich genug besprochen werden konnten.

Eltern bringen in jeder Stunde neue Probleme vor

Vielen Eltern fällt es schwer, über die THOP-Elterngruppe hinweg bei einzelnen Problemen zu bleiben und diese systematisch zu verändern, anstatt in jeder Woche das aktuell schwerwiegendste Problem vorzubringen. Selbstverständlich sollte es in der Gruppe auch Zeit geben, aktuelle Anliegen zu besprechen. Dennoch macht es Sinn, einzelne Themen weiterzuverfolgen und auch dann weiter an ihnen zu arbeiten, wenn sich bereits kurzfristig eine Verbesserung eingestellt hat. Das vorschnelle »Abhaken« eines Problems führt in der Regel dazu, dass zum einen die Anstrengung aller Beteiligten, das Problem zu vermindern, nicht hinreichend gewürdigt wird und dass zum anderen das Problem in der Folge schnell wieder auftritt.

Eltern können die »Jobs der Woche« aus Zeitgründen nicht erfüllen

Mit der Teilnahme an der THOP-Elterngruppe kommt auf die Eltern in der Tat eine große Zusatzaufgabe neben ihrem normalen Alltag zu und es ist nur allzu verständlich, dass die Zeit zur Vor- und Nachbereitung sowie zur Umsetzung der Tipps begrenzt ist. Zentraler Punkt, damit das THOP-Elterngruppenprogramm hilfreich sein kann, ist die Umsetzung der Tipps im Alltag. Eltern mit begrenzten Ressourcen sollten sich hierauf konzentrieren.

Die Übungssituationen können in der Gruppenstunde nicht ausreichend vorgeplant werden

Gerade in großen Gruppen besteht eine besondere Herausforderung des Therapeuten darin, den Eltern bei der Übertragung der Therapieinhalte auf ihre eigene Situation behilflich zu sein. Therapieeffekte hängen von dieser Übertragung in hohem Maße ab. Daher sollte in der THOP-Elterngruppe besonderer Wert auf die Vorbereitung der Übungssituationen gelegt werden, indem Eltern sich entsprechende Notizen machen, die Situation im Rahmen der THOP-Elterngruppe durchdenken und erproben, bevor sie festgefahrene Verhaltensmuster in Übungssituationen im Alltag verändern können (s.a. Abschnitt »Drängende Eltern«).

Rollenspiel kommt nicht in Gang

Spielen Sie das Rollenspiel zunächst vor der Gruppe selbst vor, entweder mit einem Co-Therapeuten oder einem eher extravertierten Elternteil. Versuchen Sie, dabei Schwierigkeiten einzubauen, die die Eltern an diesem Beispiel entdecken können. Bieten Sie den Eltern ein Modell, indem Sie mit eigenen Fehlern im Rollenspiel offen, vielleicht humorvoll umgehen. Geben Sie den Eltern möglichst Rückzugsräume für Rollenspiele zu zweit.

9 Materialien zur Einführung in die Gruppenarbeit

Zielsetzung des Abschnitts
Einführung der Teilnehmer in das THOP-Elterngruppenprogramm, gegenseitiges Kennenlernen

Materialien
- Materialien für Therapeuten: Manual (S. 40–44), Flipchart (optional), Namensschilder (optional), Teilnehmerliste (S. 190)
- Materialien für Eltern: Elternarbeitsbücher, Gruppenregeln (S. 191), Infoblatt (S. 192), Elternarbeitsbuch (S. 9–10)

Anmerkungen
Es wird empfohlen, für die erste Gruppenstunde zusätzliche 30 Minuten einzuplanen, die für diesen Abschnitt genutzt werden können. Damit die Eltern Nutzen aus den Übungselementen des THOP-Elterngruppenprogramms (»Generalproben«) ziehen können, muss zunächst eine vertraute Atmosphäre geschaffen werden. Zudem profitieren die Eltern von der Erfahrung, dass es anderen Eltern ähnlich wie ihnen geht, und das Bedürfnis nach einem allgemeinen Austausch ist zu Beginn groß.

Vorstellungsrunde

Vorstellungsrunde
- Ihr Trainer …
- Sie selbst (z.B. Name, Alter, Hobbys) …
- Ihr Kind (z.B. Name, Alter, Geschwister, Schule, Foto) …
- Kennen Sie andere Eltern aus der Gruppe?
- Was erwarten Sie von dieser Schulung?
- Was wollen Sie aus dieser Schulung mitnehmen?
- Was soll sich für Sie verändern?
- Was erwarten Sie von der heutigen Gruppenstunde?

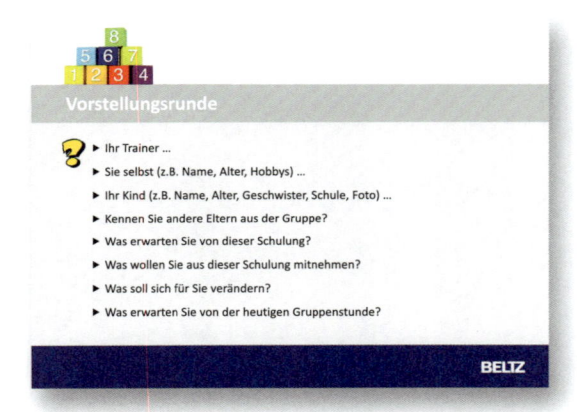

⏱ **ca. 30 Minuten**

Flipchart
Namensschilder
Teilnehmerliste (Vordruck auf S. 190)
Gruppenregeln (Vordruck auf S. 191)

Zielsetzung: Erstes Kennenlernen der Eltern
- erste Kontaktaufnahme der Gruppenmitglieder untereinander
- Informationen über mögliche bereits bestehende Beziehungen innerhalb der Gruppe
- Entwicklung einer angenehmen und vertraulichen Arbeitsatmosphäre
- Klärung von Erwartungen der Eltern und konkreten Veränderungswünschen

Mögliche Schwierigkeiten
- **Die Eltern äußern sehr hohe Veränderungserwartungen für die Zeit der THOP-Elterngruppe.** Äußern Sie Verständnis für den Wunsch der Eltern, die Probleme in kurzer Zeit lösen zu wollen. Verweisen Sie aber darauf, wie lange die Probleme in der Familie schon bestehen, und werben Sie um Verständnis dafür, dass die Veränderung festgefahrener Probleme in der Regel einige Zeit in Anspruch nimmt. Nichtsdestotrotz können im Rahmen der THOP-Elterngruppe wichtige erste Schritte zur Verminderung der Verhaltensprobleme des Kindes ergriffen werden, die eine Entlastung für die Familien schaffen und die Bearbeitung weiterer ähnlicher Verhaltensprobleme erleichtern sollten.

▶ **Eltern schildern vor allem schulische Probleme oder Probleme mit Gleichaltrigen.** Geben Sie den Eltern kurz Gelegenheit, auch diese Themen darzustellen und sich darüber auszutauschen, betonen Sie aber dann, dass im Rahmen der THOP-Elterngruppe vor allem familiäre Problemsituationen behandelt werden sollen, da die Eltern bei diesen Situationen selbst zugegen sind und diese beeinflussen können. Schulische Probleme oder Probleme mit Gleichaltrigen sollten ggf. in einer begleitenden Einzeltherapie des Kindes behandelt werden.

Tipps

▶ Sie können die Namen der Eltern und des Kindes auf einem Flipchart aufschreiben und Eltern, die nicht zur ersten Sitzung kommen konnten, ergänzen. In den ersten Stunden kann ein Blick auf dieses Papier die gegenseitige Ansprache erleichtern und einen Gruppenprozess begünstigen. Wenn Sie mit Namensschildern arbeiten möchten, können Sie diese jetzt einführen.

▶ Sie können alternativ auch eine Teilnehmerliste herumgeben, auf der die Eltern ihren Namen, Kontaktdaten sowie Angaben zu ihrem Kind aufschreiben. Wenn die Eltern gern jenseits der Gruppenstunden in Kontakt treten würden, kann diese Liste auch (das Einverständnis aller Eltern vorausgesetzt) vervielfältigt und an die Eltern ausgegeben werden. Einen Vordruck zu dieser Liste finden Sie am Ende dieses Buchs (S. 190).

▶ An dieser Stelle sollten Sie zudem Gruppenregeln mit den teilnehmenden Eltern vereinbaren. Hierfür können Sie den Vordruck verwenden, den Sie am Ende dieses Buchs finden (S. 191). Alternativ können Sie natürlich auch selbst ein vergleichbares Blatt mit den Eltern entwickeln. Wichtige Themen hierbei sind:
  - **Vertraulichkeit.** Die in der Gruppe besprochenen Themen sollten unbedingt der Verschwiegenheit unterliegen und Gruppenmitglieder sollten sich verpflichten, die besprochenen Themen nicht mit Unbeteiligten zu besprechen.
  - **Respektvoller Umgang.** Die Eltern sollten einander ausreden lassen und mit Respekt begegnen. So sind wertende Aussagen über das, was ein anderes Gruppenmitglied von sich erzählt, zu vermeiden.
  - **Pünktlichkeit.** Um die knapp bemessene Gruppenzeit bestmöglich zu nutzen, sollten die Eltern sich bemühen, pünktlich zu den Gruppenstunden zu erscheinen. So können unnötige Wiederholungen und Verzögerungen vermieden werden.

9 Materialien zur Einführung in die Gruppenarbeit

Ablauf der THOP-Elterngruppe

[Folie: Wie soll die Schulung ablaufen?]
- Die Termine …
- Materialien
  - Elternarbeitsbuch: mit den Inhalten der Schulung, Memokarten und Protokollen für Ihre Vorbereitungen zu Hause und zum Nachlesen
  - Computerpräsentation: zur Diskussion der Inhalte in der Gruppe und zur Planung der Anwendung der Tipps auf Ihre Situation

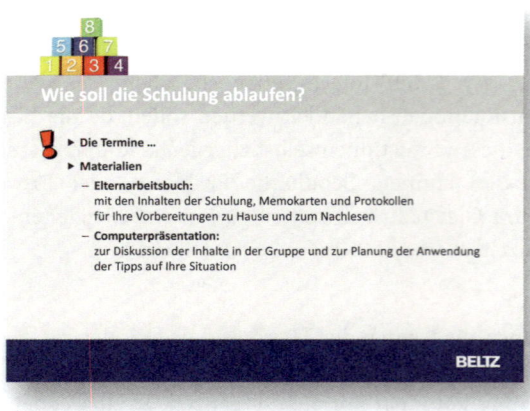

⏱ 1–5 Minuten

Info- und Terminblatt (Manual, S. 192)
Elternarbeitsbücher

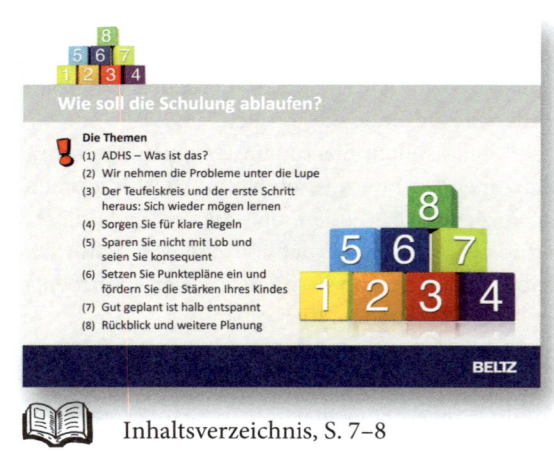

Zielsetzung: Information über strukturelle und organisatorische Aspekte
▸ Absprache der Termine der THOP-Elterngruppe oder Benennung gesetzter Termine
▸ Vorstellung der Materialien des THOP-Elterngruppenprogramms

Tipp
▸ Wenn die Eltern das Elternarbeitsbuch im Vorfeld selbst gekauft haben, können Sie dieses nun gemeinsam durchblättern. Wenn Sie die Bücher an die Eltern ausgeben, können Sie das an dieser Stelle tun.
▸ Außerdem können Sie an dieser Stelle mit den Eltern die weiteren Gruppentermine vereinbaren bzw. besprechen und eine Übersicht über diese Termine austeilen. Einen Vordruck hierfür finden Sie am Ende des Buches (S. 192). Es hat sich als günstig erwiesen, auf diesem Blatt auch noch einmal die Kontaktdaten des Therapeuten zu ergänzen, damit die Eltern den Therapeuten bei Terminproblemen leicht kontaktieren können.

Ablauf der THOP-Elterngruppe

[Folie: Wie soll die Schulung ablaufen? – Die Themen]
(1) ADHS – Was ist das?
(2) Wir nehmen die Probleme unter die Lupe
(3) Der Teufelskreis und der erste Schritt heraus: Sich wieder mögen lernen
(4) Sorgen Sie für klare Regeln
(5) Sparen Sie nicht mit Lob und seien Sie konsequent
(6) Setzen Sie Punktepläne ein und fördern Sie die Stärken Ihres Kindes
(7) Gut geplant ist halb entspannt
(8) Rückblick und weitere Planung

📖 Inhaltsverzeichnis, S. 7–8

⏱ 1–5 Minuten

Zielsetzung
▸ Vermittlung eines Überblicks über die Themen der THOP-Elterngruppe
▸ kurze Darstellung der Bausteine des THOP-Elterngruppenprogramms
▸ Ausblick auf die kommenden Elternstunden

Weiterführende Informationen
▸ Die acht Bausteine des THOP-Elterngruppenprogramms befassen sich mit den folgenden Themen:
▸ **Baustein 1:** Psychoedukation zum Thema ADHS: Symptomatik, komorbide Symptome, Ursachen, Verlauf, Behandlungsansätze
▸ **Baustein 2:** Problemdefinition, Störungskonzept
▸ **Baustein 3:** Teufelskreis als Modell der Entstehung und Aufrechterhaltung dysfunktionaler familiärer Kommunikation, Stärkung der positiven Eltern-Kind-Beziehung
▸ **Baustein 4:** Definition von Familienregeln und Vereinbarung dieser Regeln mit dem Kind
▸ **Baustein 5:** Festlegung angemessener und natürlicher positiver und negativer Konsequenzen
▸ **Baustein 6:** Förderung der Stärken des Kindes und Konzeption von Punkteplänen
▸ **Baustein 7:** Strukturierung des Alltags, Förderung elterlicher Ressourcen
▸ **Baustein 8:** Vertiefung einzelner wichtiger Themen und Klärung des weiteren Unterstützungsbedarfs

Mögliche Schwierigkeiten

▶ **Die Eltern möchten auf die problembezogenen Interventionen nicht bis Baustein 4 warten, um schnell konkrete Ratschläge erhalten.** Zeigen Sie Verständnis für den Leidensdruck der Eltern und deren Bedürfnis, direkt mit der Bearbeitung der Probleme zu beginnen. Verweisen Sie darauf, dass mit den ersten Bausteinen eine wichtige Grundlage geschaffen wird, damit spätere Maßnahmen gut greifen können (s.a. Abschn. 8.2, S. 36).

Ablauf der Gruppenstunde

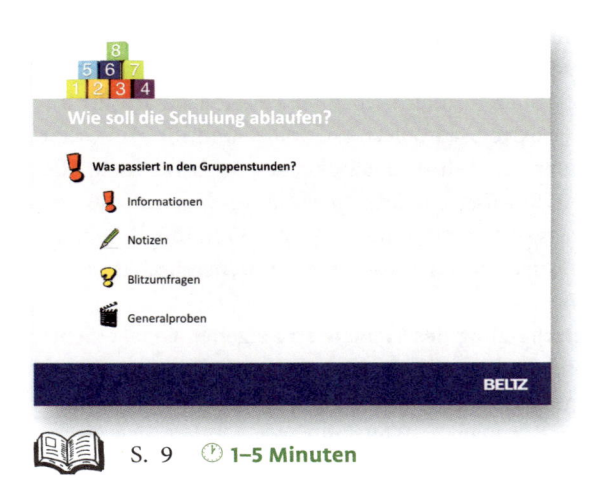

S. 9　1–5 Minuten

Zielsetzung: Information über die Binnenstruktur der Computer-Präsentation

▶ Erläuterung der Struktur der Computer-Präsentation zur besseren Orientierung und Selbststrukturierung der teilnehmenden Eltern
▶ Eltern, die während der Gruppenstunde kurz den Faden verloren haben, können sich durch die Symbole auf jeder Folie der Computer-Präsentation unkompliziert orientieren, ob sie gerade neue Informationen erhalten, Fragen diskutieren oder Aufgaben bearbeiten.

Ablauf zwischen den Gruppenstunden

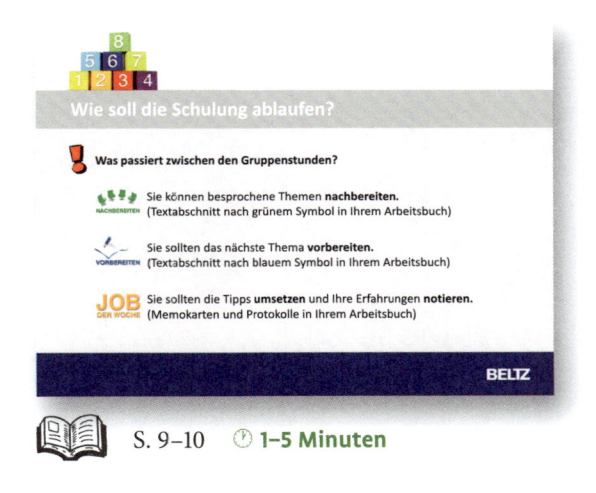

S. 9–10　1–5 Minuten

Zielsetzung: Ankündigung der Aufgaben der Eltern im Rahmen der THOP-Elterngruppe

▶ Erläuterung des Aufbaus des Arbeitsbuchs
▶ Vorbereitung der Eltern auf die Aufgaben, die im Laufe der THOP-Elterngruppe auf sie zukommen
▶ Hervorhebung der systematischen Umsetzung von Tipps als Kernpunkt für Verbesserungen im Problemverhalten

8.5　Schwierigkeiten durch inadäquate

Selbststrukturierung und Selbstverstärkung

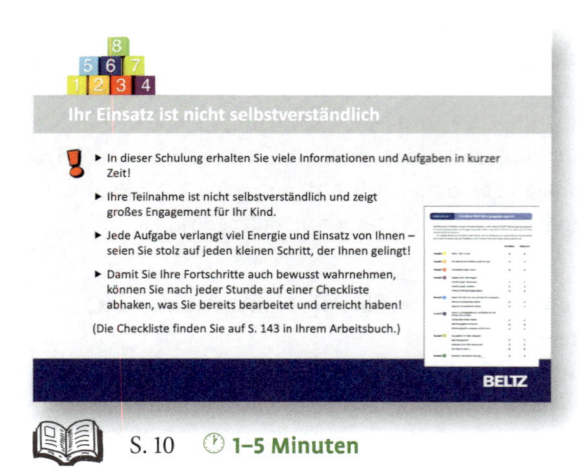

> Ihr Einsatz ist nicht selbstverständlich
> - In dieser Schulung erhalten Sie viele Informationen und Aufgaben in kurzer Zeit!
> - Ihre Teilnahme ist nicht selbstverständlich und zeigt großes Engagement für Ihr Kind.
> - Jede Aufgabe verlangt viel Energie und Einsatz von Ihnen – seien Sie stolz auf jeden kleinen Schritt, der Ihnen gelingt!
> - Damit Sie Ihre Fortschritte auch bewusst wahrnehmen, können Sie nach jeder Stunde auf einer Checkliste abhaken, was Sie bereits bearbeitet und erreicht haben!
>
> (Die Checkliste finden Sie auf S. 143 in Ihrem Arbeitsbuch.)

📖 S. 10   🕐 1–5 Minuten

Zielsetzung: Anleitung der Eltern zur Selbstverstärkung und Selbststrukturierung

- Bewusstsein der Eltern dafür wecken, dass sie ihr eigenes Engagement in diesem Elterntraining wertschätzen sollten
- Schrittweise Hinführung auf ein Prinzip der Selbstverstärkung für eigenes Engagement
- Selbststrukturierung der Eltern, die mit Arbeitsblatt 1 *Checkliste* einen Überblick über die Inhalte der gesamten THOP-Elterngruppe erhalten und ihren persönlichen Stand überprüfen können

Mögliche Schwierigkeiten: Über- oder Unterschätzung des Stellenwerts eigenen Engagements

- **Überschätzung des Stellenwerts eigenen Engagements:** Insbesondere Mütter neigen teilweise dazu, sich für ihre Kinder extrem aufopfern zu wollen und ihr großes Engagement als Selbstverständlichkeit zu betrachten. Hier soll ein Bewusstsein dafür geweckt werden, dass dies keineswegs selbstverständlich ist – auch um mögliche überhöhte Ansprüche an die eigene Opferbereitschaft einzudämmen.
- **Unterschätzung des Stellenwerts eigenen Engagements:** Besonders wenn die Fronten zwischen Eltern und Kind sehr verhärtet sind und die Beziehung sehr gelitten hat, zeigen sich manche Eltern nur wenig bereit, sich weiterhin für ihre Kinder zu engagieren, bzw. sie werfen ihrem Kind dieses Engagement aktiv vor (»Wegen dir muss ich schon wieder …«). In diesen Fällen sollten Sie im Verlauf des Elterntrainings besonderen Wert auf die Stärkung der positiven Beziehung zwischen Eltern und Kind legen (Baustein 3).

III Gruppenstunden des THOP-Elterngruppenprogramms

10 Gruppenstunde 1: ADHS – Was ist das?

11 Gruppenstunde 2: Wir nehmen die Probleme unter die Lupe

12 Gruppenstunde 3: Der Teufelskreis und der erste Schritt heraus: Sich wieder mögen lernen

13 Gruppenstunde 4: Sorgen Sie für klare Regeln

14 Gruppenstunde 5: Sparen Sie nicht mit Lob und seien Sie konsequent

15 Gruppenstunde 6: Setzen Sie Punktepläne ein und fördern Sie die Stärken Ihres Kindes

16 Gruppenstunde 7: Gut geplant ist halb entspannt

17 Gruppenstunde 8: Rückblick und weitere Planung

10 Gruppenstunde 1: ADHS – Was ist das?

10.1 Übersicht über Gruppenstunde 1

Zielsetzung von Gruppenstunde 1
- Psychoedukation der Eltern über die ADHS-Diagnose ihres Kindes
- Schaffung einer gemeinsamen Informationsbasis aller Eltern in der Gruppe

Teilbereiche von Gruppenstunde 1
- Diagnosekriterien von ADHS
- häufige komorbide Symptome
- Ursachen von ADHS
- Verlauf von ADHS
- Behandlungsmöglichkeiten bei ADHS

Materialien zu Gruppenstunde 1
- Materialien für Therapeuten: Manual, S. 47–66
- Materialien für Eltern: Elternarbeitsbuch, S. 11–28
- Arbeitsblatt 1: *Checkliste THOP-Elterngruppenprogramm*
- Arbeitsblatt 2: *Beurteilungsbogen: Verhaltensprobleme meines Kindes*

Vorbereitung der Eltern für Gruppenstunde 1
- keine

Mögliche Schwierigkeiten bei der Bearbeitung von Baustein 1
- **Eltern kennen sich bereits gut mit dem Störungsbild ADHS aus.** Auch wenn Eltern sich bereits intensiv mit der ADHS-Diagnose ihres Kindes befasst haben und über vielfältige Informationen verfügen, sollte eine Psychoedukation im Rahmen des THOP-Elternprogramms detailliert durchgeführt werden, um eine gemeinsame Informationsbasis zu schaffen. Gut informierte Eltern können dabei stärker in die Erläuterung der Inhalte einbezogen werden. Bei Eltern mit guten Vorkenntnissen zur ADHS können Inhalte zügiger bearbeitet und darüber hinausgehende Fragen beantwortet oder es kann in einzelne Punkte tiefer eingestiegen werden.
- **Der Wissenstand innerhalb der Gruppe ist sehr unterschiedlich.** Ermutigen Sie Eltern, die bereits über detailliertes Vorwissen verfügen, dieses in die Gespräche einzubringen. Versichern Sie aber andererseits Eltern ohne Vorwissen, dass ihnen in dieser Elterngruppe alle notwendigen Informationen vermittelt werden und kein darüberhinausgehendes intensives Literaturstudium notwendig ist.

Tipp
- Kündigen Sie bereits an dieser Stelle an, dass Sie in dieser ersten Elternstunde relativ viele Informationen von Ihrer Seite einbringen werden und es noch relativ wenig Zeit für gemeinsame Diskussionen gibt. In den nächsten Stunden wird aber mehr Zeit für gemeinsame Gespräche sein.

10.2 Durchführungsanleitung zu Gruppenstunde 1

Baustein 1: Titel

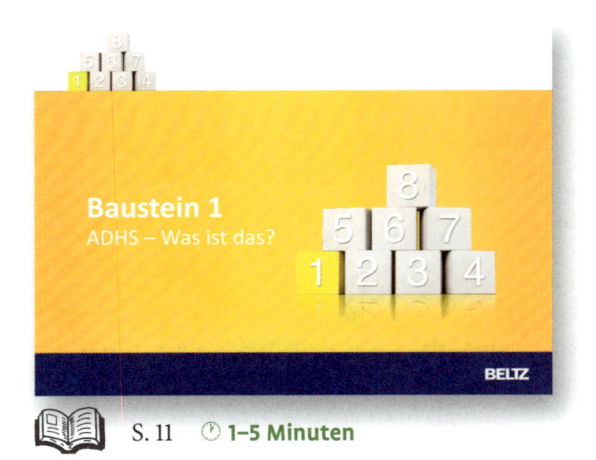

📖 S. 11 ⏱ **1–5 Minuten**

Zielsetzung der Gruppenstunde
▶ siehe Abschnitt 10.1

Übersicht über das Thema

⏱ **1–5 Minuten**

Zielsetzung: Übersicht über die Inhalte der 1. Gruppenstunde

Begrifflichkeiten

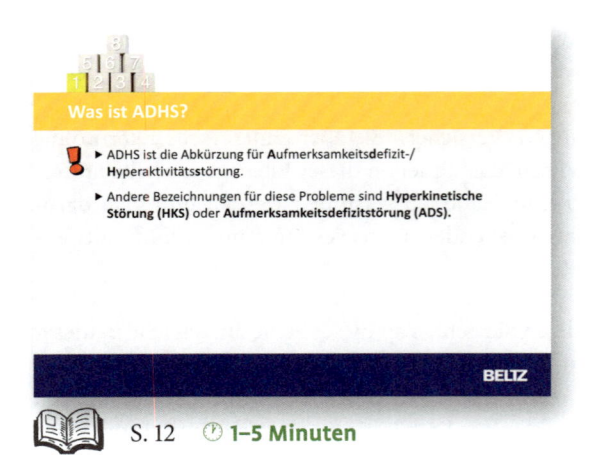

📖 S. 12 ⏱ **1–5 Minuten**

Zielsetzung: Erläuterung der Abkürzungen ADHS und ADS
▶ Einführung der gebräuchlichsten Abkürzungen
▶ Erläuterung der Unterschiede und Gemeinsamkeiten der Diagnosen ADS und ADHS

Mögliche Schwierigkeiten
▶ **Insbesondere Eltern von Kindern mit reiner Aufmerksamkeitsdefizitstörung (ADS), die nicht hyperkinetisch sind, betonen diesen Umstand teilweise sehr.** Die reine ADS-Diagnose kann dabei entweder als Segen (»Er ist ja nur verträumt, er macht ja nichts Böses«) oder auch als Fluch (»Weil er so ruhig ist, hat keiner erkannt, was los ist«) beschrieben werden. Betonen Sie als Therapeut in jedem

Fall eher die Gemeinsamkeiten aller aufmerksamkeitsgestörten Kinder. Eine sehr inhomogene Wahrnehmung der Eltern über die Probleme ihrer Kinder kann sich eher ungünstig auf die Gruppendynamik auswirken.

Weiterführende Informationen zu Begrifflichkeiten

- Diagnosen nach ICD-10 und DSM-5: siehe Abschnitt 1.1, S.11–13
- Hyperkinetische Störung (HKS): Dieser Begriff findet in der Internationalen Klassifikation psychischer Störungen der Weltgesundheitsorganisation (ICD-10) Anwendung.
- Frühere Bezeichnungen: Minimale Cerebrale Dysfunktion (MCD), Psychoorganisches Syndrom (POS). In diesen Bezeichnungen findet sich eine Ursachenzuschreibung zu organischen Veränderungen des Gehirns, die vor allem durch Komplikationen während der Schwangerschaft, der Geburt oder der frühkindlichen Entwicklung entstanden sein sollen. Nach heutigem Erkenntnisstand kann diese Sichtweise nicht aufrechterhalten werden.
- Begriffe wie sensorische Integrationsstörung, Wahrnehmungsstörung, zentrale auditive Verarbeitungsstörung werden manchmal synonym verwendet, sind jedoch nicht korrekt und führen zu falschen Erwartungen. Die hier zugrunde gelegte Ursachenzuschreibung lässt sich wissenschaftlich nicht belegen. ADHS ist kein Problem auf der »Input-Seite« des Gehirns.

Kernsymptomatik

Merkmale von Kindern mit ADHS

S. 13 🕐 5–10 Minuten (inkl. verlinkter Folien)

∞
Problembereich 1
Problembereich 2
Problembereich 3

Zielsetzung: Einführung der drei Kernsymptome der ADHS-Symptomatik
▶ Benennung der Begriffe und erste Erläuterung ihrer Bedeutung

Weiterführende Informationen
▶ Sie können an dieser Stelle noch einmal die Differenzierung in die Diagnosen ADHS und ADS aufgreifen und einen Bezug zum Diagnosesystem ICD-10 herstellen (s. Abb. 1.1, S. 15):
- Kinder mit reiner Aufmerksamkeitsdefizitstörung (ADS) weisen keine übermäßige körperliche Unruhe auf.
- Laut ICD-10 kann nur bei Vorliegen aller drei Kardinalsymptome eine ADHS diagnostiziert werden; die reine Aufmerksamkeitsstörung ohne Hyperaktivität fällt in die Restkategorie F98.8 Sonstige nicht näher bezeichnete Verhaltens- und emotionale Störung des Kindesalters.

Tipp
▶ Sie können die einzelnen Problembereiche auf dieser Folie anklicken und gelangen so zu genaueren Beschreibungen dieser Problembereiche.
▶ Falls Sie sich gegen die Verwendung der verlinkten Folien dieses Bausteins entschieden haben, können Sie auch Arbeitsblatt 2 *Beurteilungsbogen: Verhaltensprobleme meines Kindes* (s. Folie Zusatzkriterien) verwenden, um den Eltern einen Überblick über die Symptomatik ihres Kindes zu geben.

∞ **Problembereich 1**

Problembereich 1: Aufmerksamkeitsstörung

S. 13

Arbeitsblatt 2, S. 144, Items 1–9

Zielsetzung: Konkretisierung der Definition einer Aufmerksamkeitsstörung
▶ Beispiele für konkrete Hinweise auf das Vorliegen einer Aufmerksamkeitsstörung im Alltag

Weiterführende Informationen
▶ Wenn Aufmerksamkeitsprobleme auch bei selbst gewählten Beschäftigungen (z. B. bei einem Lieblingsspiel) oder in stark vorstrukturierten Situationen (z. B. im Einzelkontakt in der Therapie oder Nachhilfe) vorkommen, kann das ein Zeichen dafür sein, dass die Aufmerksamkeitsstörung sehr stark ausgeprägt ist.

Mögliche Schwierigkeiten: situationsabhängige Schwankungen der kindlichen Aufmerksamkeitsleistung

▶ Oftmals berichten Eltern, dass sich ihr Kind bei angenehmen Aktivitäten, z. B. PC oder Lego spielen, sehr gut konzentrieren kann. Dies ist keine Kontraindikation für das Vorliegen einer Aufmerksamkeitsstörung! Allerdings sollten die Aufmerksamkeitsprobleme im Vergleich zu Kindern gleichen Alters und gleicher Intelligenz sehr stark ausgeprägt sein, um die Kriterien einer ADHS zu erfüllen.

Tipp

▶ Wenn Sie auf den Pfeil links auf der Folie klicken, gelangen Sie zurück zur Übersichtsfolie.

∞ **Problembereich 2**

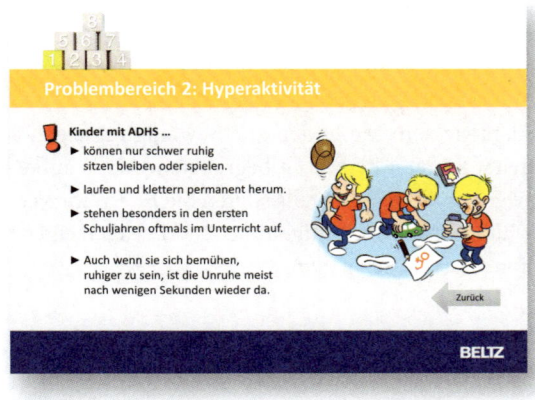

S. 14

Arbeitsblatt 2, S. 144, Items 10–16

Zielsetzung: Konkretisierung der Definition von Hyperaktivität

▶ Beispiele für konkrete Hinweise auf das Vorliegen erhöhter körperlicher Unruhe im Alltag

Weiterführende Informationen

▶ Weitere Kriterien für das Vorliegen erhöhter körperlicher Unruhe sind:
  - innere Unruhe (insbesondere bei Jugendlichen)
  - Die Unruhe ist durch Interventionen von außen nicht dauerhaft beeinflussbar (Kinder bemühen sich kurzzeitig sichtlich, die Unruhe kehrt aber nach wenigen Augenblicken zurück, ohne dass dies einen oppositionellen Hintergrund hätte).

Mögliche Schwierigkeiten

▶ Fehlender Urteilsanker z. B. bei Einzelkindern oder bei wenig Gleichaltrigenkontakten der Kinder unter Aufsicht der Eltern. Ein gewisses Maß an Unruhe ist bei Kindern normal, insbesondere bei Kindern im Vorschul- und Grundschulalter. Die Kriterien für Hyperaktivität im Rahmen einer ADHS sind nur dann erfüllt, wenn die körperliche Unruhe des Kindes deutlich stärker ausgeprägt ist als bei Kindern gleichen Alters und gleicher Intelligenz.

Tipp

▶ Wenn Sie auf den Pfeil links auf der Folie klicken, gelangen Sie zurück zur Übersichtsfolie.

∞ Problembereich 3

Problembereich 3: Impulsivität

Kinder mit ADHS ...
- handeln plötzlich und unüberlegt, ohne die Folgen zu bedenken.
- können kaum abwarten, bis sie an der Reihe sind.
- wollen alles sofort haben.
- benehmen sich dabei so, wie eigentlich jüngere Kinder.

📖 S. 14

Arbeitsblatt 2, S. 145, Items 17–20

Zielsetzung: Konkretisierung der Definition von Impulsivität
▶ Beispiele für konkrete Hinweise auf das Vorliegen erhöhter Impulsivität im Alltag

Weiterführende Informationen
▶ Weitere Kriterien für das Vorliegen erhöhter Impulsivität sind:
  - häufige Unterbrechung der Gespräche anderer
  - in der Schule häufiges Hereinrufen in den Unterricht
  - übermäßiges Reden, »Quasselstrippe«

Mögliche Schwierigkeiten: Umgang mit eigener elterlicher Impulsivität
▶ Eigene elterliche Impulsivität ist ein häufiges Problem in Familien mit Kindern mit ADHS. Ihre eigene Impulsivität erschwert es den Eltern oftmals, in Konfliktsituationen mit dem Kind ruhig zu bleiben. Ermutigen Sie die Eltern, auch über diesen Aspekt zu sprechen, bzw. thematisieren Sie ihn auch selbst. Ein wichtiges Ziel des THOP-Elterngruppenprogramms ist es, die Eltern darin zu unterstützen, ihre eigenen Erziehungsmethoden sinnvoll weiterzuentwickeln. Methoden zur Bewältigung eigener Impulsivität können hierbei in begrenztem Maße aufgegriffen werden. Gegebenenfalls sollten Sie Eltern im Verlauf der Elterngruppe ermutigen, sich hierbei auch eigene professionelle Hilfe zu suchen.

Tipp
▶ Wenn Sie auf den Pfeil links auf der Folie klicken, gelangen Sie zurück zur Übersichtsfolie.

Zusatzkriterien

Merkmale von Kindern mit ADHS ...

- zeigen sich in verschiedenen Lebensbereichen.
- zeigen sich vor dem Alter von 6 Jahren.
- zeigen sich nicht unbedingt bei Lieblingsaktivitäten.
- müssen nicht alle gleichermaßen vorhanden sein.
- können unterschiedlich stark ausgeprägt sein.

- Welche Lebensbereiche sind bei Ihrem Kind betroffen? Familie? Schule? Freizeit?
- Wann haben die Probleme bei Ihrem Kind begonnen?
- Gibt es Aktivitäten, bei denen Ihr Kind keine Auffälligkeiten zeigt?
- Zeigt Ihr Kind Aufmerksamkeitsprobleme, erhöhte Impulsivität und Hyperaktivität?

Arbeitsblatt 2

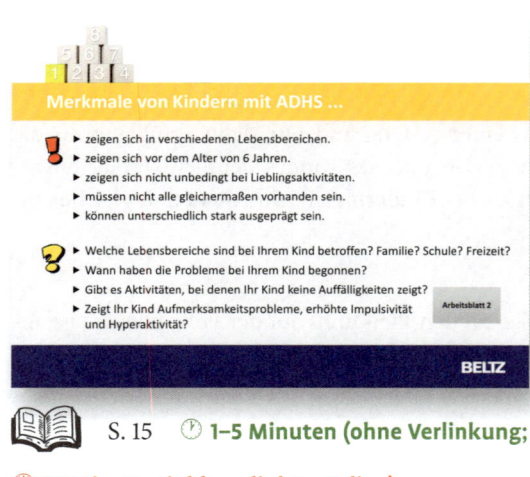

📖 S. 15   ⏱ **1–5 Minuten (ohne Verlinkung;**

⏱ **25 Minuten inkl. verlinkter Folien)**

∞
Bearbeitung AB 2
Information über die Itemgruppierungen auf AB 2
Überblick über die Symptomatik des Kindes

Zielsetzung
▶ Information über Zusatzkriterien, die für die Diagnosestellung notwendig sind
▶ Vermittlung eines dimensionalen Verständnisses der Auffälligkeiten

Weiterführende Informationen
▶ Anzeichen der Störung können in sehr geringem Maße oder gar nicht auftreten, wenn
  - sich das Kind in einer neuen Umgebung befindet,
  - es nur mit einem Gegenüber konfrontiert ist,
  - es streng kontrolliert wird,
  - das angemessene Verhalten häufig belohnt wird,
  - sich das Kind seiner Lieblingsaktivität widmet, selbst wenn diese in erhöhtem Maße Aufmerksamkeit erfordert (z. B. beim Spielen am Computer).
▶ Das Fehlen von Symptomen, z. B. in der klinischen Untersuchungssituation, ist daher kein eindeutiger Hinweis darauf, dass die Störung nicht vorliegt.

▶ In der klinischen Praxis werden kindliche Auffälligkeiten im Rahmen einer kategorialen Diagnostik in scheinbar distinkte Symptomcluster (auffällig vs. nicht auffällig) eingeteilt. Demgegenüber steht aber die Tatsache, dass Merkmale in der Realität dimensional verteilt sind und individuell unterschiedlich stark ausgeprägt sein können. Es geht also nicht um die Frage, ob ein Kind Auffälligkeiten bezüglich seiner Konzentrationsfähigkeit, Impulskontrolle usw. zeigt oder nicht, sondern vielmehr darum, wie stark diese Auffälligkeiten bei dem Kind im Vergleich zu gleichaltrigen Jungen und Mädchen ausgeprägt sind.
▶ Die kategoriale Diagnostik erweckt fälschlicherweise den Eindruck, es handele sich bei Kindern mit einer Diagnose, z. B. ADHS, um eine homogene Gruppe. In der Realität sind die interindividuellen Unterschiede innerhalb einer Symptomgruppe aber oftmals sehr groß.
▶ Dem soll hier Rechnung getragen werden und die Eltern sollen ermutigt werden, über die individuelle Merkmalsausprägung ihres Kindes – auch im Vergleich zu den Kindern der anderen teilnehmenden Eltern – zu reflektieren.

Tipp
▶ Wenn Sie auf die graue Box rechts unten (AB 2) klicken, gelangen Sie zu Arbeitsblatt 2 *Beurteilungsbogen: Verhaltensprobleme meines Kindes* (Elternarbeitsbuch, S. 144–145). Dieses Arbeitsblatt entspricht dem FBB-ADHS und der Skala Oppositionelles Verhalten des FBB-SSV des Diagnostiksystems DISYPS-II (Döpfner et al., 2008).

∞ Bearbeitung des Arbeitsblatts 2

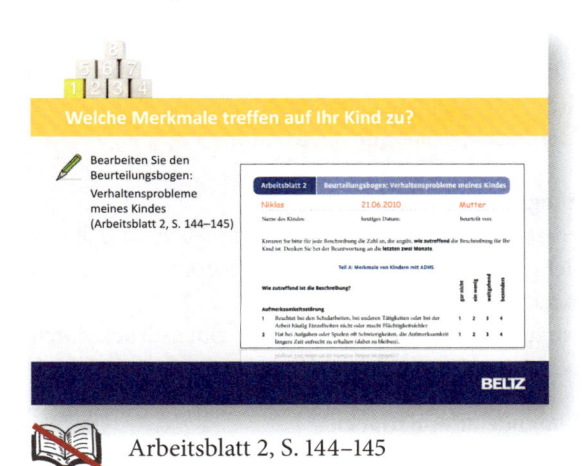

Arbeitsblatt 2, S. 144–145

Zielsetzung
▶ Vermittlung einer konkreten Vorstellung von den Diagnosekriterien einer ADHS
▶ Eindruck über die aktuelle Symptomatik des Kindes

Weiterführende Information
▶ Arbeitsblatt 2 entspricht dem FBB-ADHS und der Skala Oppositionelles Verhalten des FBB-SSV des Diagnostiksystems DISYPS-II (Döpfner et al., 2008).

Mögliche Schwierigkeiten
▶ **Eltern wollen den Bogen nicht ausfüllen, da sie ihn im Rahmen der Diagnostik ihres Kindes erst vor Kurzem ausgefüllt haben.** Stellen Sie in diesem Fall die Zielsetzung noch einmal klar; die Eltern füllen das Arbeitsblatt an dieser Stelle nicht aus, um Ihnen als Therapeuten weitere Informationen zu bieten, sondern um selbst einen Eindruck davon zu bekommen, welche Kriterien genau angelegt werden, wenn eine ADHS-Diagnose gestellt wird.

∞ **Übersicht über die Itemgruppierungen in Arbeitsblatt 2**

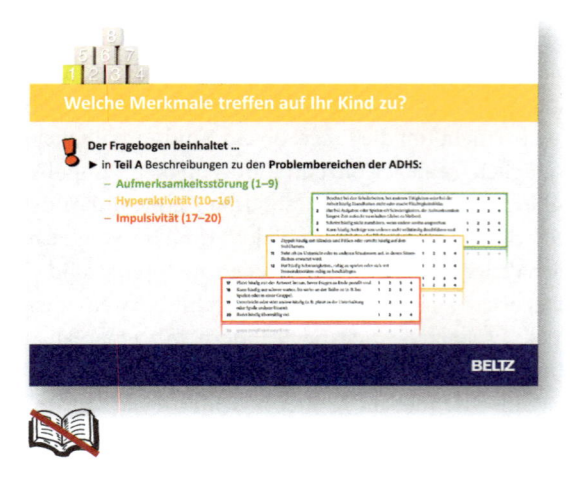

Zielsetzung
▶ Information über Itemgruppierungen in Arbeitsblatt 2 und erfasste Symptombereiche

Weiterführende Information
▶ Laut ICD-10 ist eine ADHS-Diagnose dann zu stellen, wenn die folgende Anzahl von Kriterien erfüllt ist:
- 6 Kriterien aus dem Bereich der Aufmerksamkeitsstörung
- 3 Kriterien aus dem Bereich Überaktivität
- 1 Kriterium aus dem Bereich Impulsivität
▶ Ein Kriterium kann als erfüllt angesehen werden, wenn die Ausprägung des Merkmals mit 2 oder 3 (weitgehend oder besonders) angegeben wird.
▶ Alternativ können bei der Auswertung des Fragebogens die Normen des DISYPS-II (Döpfner et al., 2008) angelegt werden.

Mögliche Schwierigkeiten
▶ **Eltern füllen den Bogen so aus, dass eine ADHS-Diagnose nicht gerechtfertigt wäre.** Eine Diagnose wird niemals allein aufgrund eines Fragebogenergebnisses gestellt oder verworfen! Vielmehr müssen verschiedene Bezugspersonen (Eltern, Lehrer) und ab dem Jugendalter auch das Kind selbst Auffälligkeiten beschreiben und diese sollten sich auch im klinischen Eindruck bestätigen. Werden von den Eltern keine relevanten Auffälligkeiten beschrieben, kann dies ein Hinweis darauf sein, dass eine ADHS-Diagnose nicht mehr angemessen ist. Andererseits kann dies aber auch darauf hindeuten, dass das Kind von bereits etablierten Behandlungsmethoden, z. B. einer medikamentösen Behandlung, gut profitiert und die Symptome unter dieser Behandlung nicht mehr die Diagnosekriterien erfüllen. Eine eher geringe Symptomausprägung wird möglicherweise auch von dissimulierenden Eltern geschildert (s. dazu Abschn. 8.1, S. 33ff.).

∞ **Übersicht über die Itemgruppierungen in Arbeitsblatt 2**

Zielsetzung
▶ Information über Items bzgl. oppositionellen Verhaltensproblemen, auch in Abgrenzung zu Merkmalen der Impulsivität
▶ Information über Beeinträchtigung/Leidensdruck durch die Symptome als Zusatzkriterium für die Diagnose

Weiterführende Informationen
▶ Eine komorbide Störung des Sozialverhaltens ist dann erfüllt, wenn von den Kriterien des Arbeitsblattes 2, Teils B, vier Kriterien als auffällig definiert wurden.

∞ Überblick über die Symptomatik des Kindes

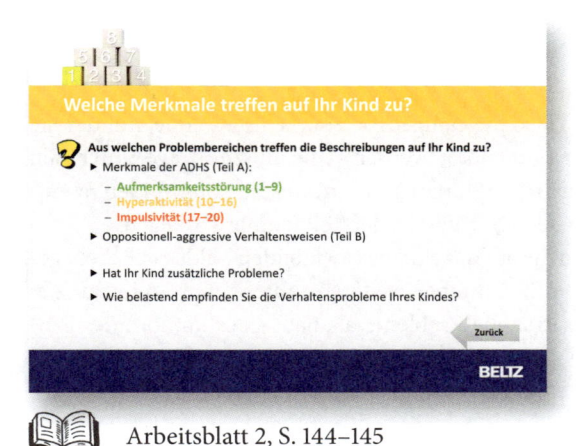

Arbeitsblatt 2, S. 144–145

Zielsetzung
▸ Auswertungsgespräch mit den Eltern über ihre Angaben in Arbeitsblatt 2

Differenzialdiagnostik

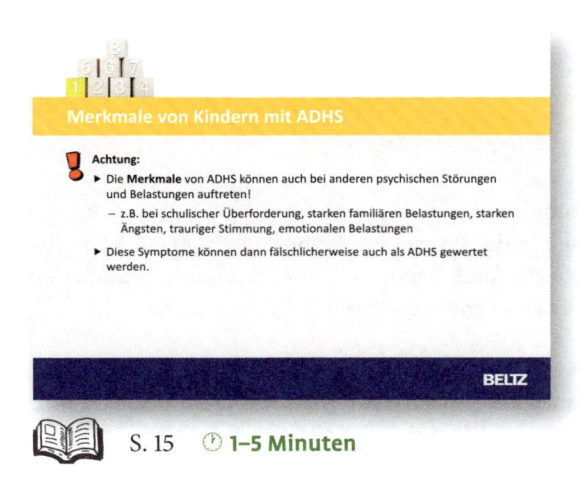

S. 15 1–5 Minuten

Zielsetzung
▸ Abgrenzung der ADHS von anderer Primärsymptomatik

Weiterführende Informationen
▸ wichtiges Unterscheidungskriterium: Beginn der Symptomatik: Es ist nicht davon auszugehen, dass eine ADHS bei einem Viertklässler plötzlich »ausbricht«. Vielmehr sollten sich Symptome bis zu einem Zeitraum vor dem 7. Lebensjahr des Kindes zurückverfolgen lassen. Sollten doch einmal in höherem Alter Symptome einsetzen, ist die Wahrscheinlichkeit groß, dass es sich um sekundäre Aufmerksamkeitsprobleme, Unruhe oder Impulsivität auf Basis einer anderen Primärdiagnose handelt.

Mögliche Schwierigkeiten
▸ ADHS wird in der öffentlichen Diskussion immer wieder mit Hochbegabung in Verbindung gebracht. Manchen Eltern fällt es leichter, die Symptomatik in der Annahme anzunehmen, dass Hochbegabung die Ursache hierfür sei. In diesem Fall sollte vermittelt werden, dass Hochbegabung bei ADHS nicht häufiger vorkommt. Schulische Unterforderung ist daher eher die Ausnahme. Bei Verdacht ist eine Leistungsdiagnostik in jedem Fall indiziert. Bei angemessener Beschulung ist ein Rückgang der Symptomatik zu erwarten.

Komorbidität

S. 17   ⏱ **1–5 Minute (ohne Verlinkung,**
            ⏱ **15 Minuten inkl. verlinkter Folien)**

∞
Fragezeichen: Blitzumfrage zu komorbiden Symptomen
»Wütender Niklas«: Informationen über oppositionelles und aggressives Verhalten

∞ Blitzumfrage: komorbide Symptome

Zielsetzung
▶ Information über häufige komorbide Störungen

Tipp
▶ Wenn Sie auf das Fragezeichen oben rechts in der Titelzeile klicken, gelangen Sie zur nächsten Folie, mit der Sie darin unterstützt werden, eine Blitzumfrage unter den Teilnehmern durchzuführen, welche komorbiden Symptome bei den Kindern der Teilnehmer vorliegen.
▶ Wenn Sie auf das Bild des »wütenden Niklas« klicken, gelangen Sie zu einer weiteren hinterlegten Folie, auf der oppositionelle Probleme als häufigstes komorbides Problem genauer beschrieben sind.

Zielsetzung
▶ Austausch der Eltern über komorbide Problematiken ihrer Kinder und damit auch Relativierung komorbider Probleme als eher die Regel als die Ausnahme

Mögliche Schwierigkeiten
▶ **Sollten Schul- und Leistungsprobleme vorliegen, sollte immer eine differenzielle Leistungsdiagnostik erfolgen**, z. B. durch einen Kinder- und Jugendlichenpsychotherapeuten, Kinderpsychiater oder durch den schulpsychologischen Dienst. Nur so kann eine eventuelle schulische Überforderung ausgeschlossen werden. Eine solche schulische Überforderung zu akzeptieren ist für Eltern (verständlicherweise) oft schwer. Bieten Sie Eltern bei Hinweis auf diese Problematik daher möglichst Einzelgespräche über die Gruppensitzungen hinaus an oder vermitteln Sie den Eltern ein zusätzliches Beratungsangebot.
▶ **Stimmungsprobleme, Ängste und Unsicherheiten des Kindes lassen sich nur schwierig durch eine reine Exploration der Eltern erheben**; eine Veränderung dieser Schwierigkeiten durch eine reine Elternberatung ist kaum möglich. Bei Hinweisen auf mögliche Stimmungsprobleme oder Ängste des Kindes empfehlen Sie den Eltern daher dringend, ihr Kind noch einmal persönlich vorzustellen!
▶ **Eltern sehen komorbide Probleme als Teil der ADHS-Symptomatik an.** Erläutern Sie in diesem Fall noch einmal kurz die Diagnosekriterien einer ADHS und grenzen Sie diese von den komorbiden Problemen ab. Weisen Sie zudem darauf hin, dass komorbide Schwierigkeiten in ihrer Ausprägung und ihrem Schweregrad nicht unbedingt die Kriterien einer weiteren Diagnose erfüllen müssen.

∞ **Oppositionelles Verhalten**

S. 17

Ursachen

S. 18

⏱ ca. 10–15 Minuten (inkl. verlinkter Folien)

∞
Erbliche Ursachen
Prä- und perinatale Faktoren
Psychosoziale Faktoren

Zielsetzung
▶ Information über die Störung des Sozialverhaltens als häufigste komorbide Diagnose bei ADHS und Erläuterung der Differenzialdiagnostik zwischen ADHS und Störung des Sozialverhaltens

Mögliche Schwierigkeiten
▶ **Eine ADHS-Diagnose ihres Kindes ist für Eltern häufig leichter zu akzeptieren als die einer Störung des Sozialverhaltens.** Häufig werden daher Verhaltensweisen, die aus fachlicher Sicht z. B. in den Bereich des oppositionellen Verhaltens zu rechnen sind, von Eltern als rein impulsives Verhalten und damit Teil der ADHS-Diagnose angesehen. Die Differenzialdiagnostik ist in diesem Bereich tatsächlich oft schwierig. Zeigen Sie den Eltern dennoch auf, welche Verhaltensweisen des Kindes über eine reine ADHS-Symptomatik hinausgehen und ob evtl. eine zusätzliche Störung des Sozialverhaltens bei dem Kind vorliegt. Die Information darüber, wie häufig diese Diagnose komorbid vorliegt, erleichtert oft ihre Akzeptanz.

Zielsetzung
▶ Übersicht über verschiedene Ursachenfaktoren
▶ Darstellung der Entstehung einer ADHS als multifaktorieller Prozess
▶ Relativierung möglicher Konzepte der Eltern einer monokausalen Erklärung

Mögliche Schwierigkeiten
▶ **Über- oder Unterbetonung einzelner Faktoren.** Insgesamt hat es sich als günstig erwiesen, als Therapeut hier eine »Ja, aber«-Haltung einzunehmen. Validieren Sie also das bisherige Konzept der Eltern zu den Ursachen von ADHS, bringen Sie aber gleichzeitig auch die von den Eltern bisher noch nicht berücksichtigten Aspekte mit ein. Der Gruppenprozess kann sich hier günstig auswirken, da sich in einer Gruppe meist einige Eltern finden, die ADHS als rein erblich bedingt ansehen, und andere, die ADHS rein auf Umweltfaktoren zurückführen. Lassen Sie die Eltern in diesem Fall ruhig eine Weile über dieses Thema diskutieren und versuchen Sie, die Gruppe zu einem gemeinsamen Konsens zu führen, in dem allen Faktoren eine gewisse Rolle zugewiesen wird und auch die Interaktion der Faktoren berücksichtigt wird.

Tipp
▶ Wenn Sie auf die einzelnen Puzzleteile klicken, gelangen Sie zu einer genaueren Beschreibung des jeweiligen Aspekts.
▶ Zum Thema Ursachen von ADHS finden Sie im Anhang unter *Weiterführende Literatur* (S. 198) einige Literaturempfehlungen.

∞ Erbliche Ursachen

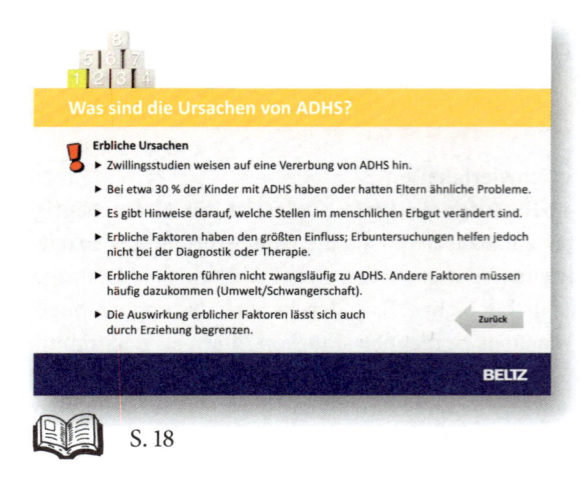

[Folie S. 18: „Was sind die Ursachen von ADHS? – Erbliche Ursachen"]

S. 18

Zielsetzung
- Erläuterung des Einflusses erblicher Faktoren auf die ADHS-Symptomatik
- Es sollte klar werden, dass erbliche Faktoren eine große Rolle bei ADHS spielen, diese aber nicht allein für ADHS verantwortlich und nicht unveränderlich sind.

∞ Prä- und perinatale Faktoren

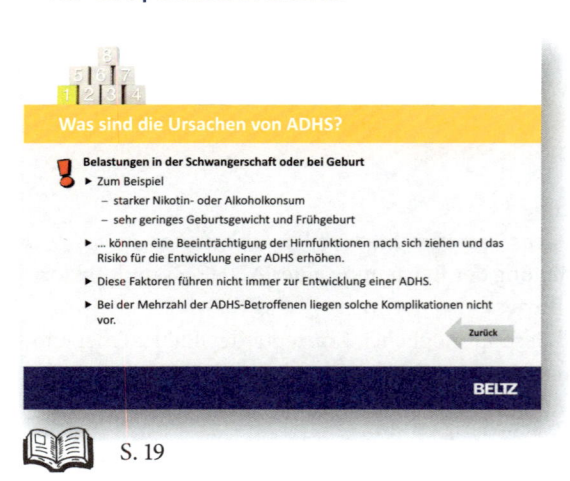

[Folie S. 19: „Was sind die Ursachen von ADHS? – Belastungen in der Schwangerschaft oder bei Geburt"]

S. 19

Zielsetzung
- Erläuterung des möglichen Einflusses von Schwangerschafts- und Geburtskomplikationen auf die ADHS-Symptomatik

Weiterführende Informationen
- Früher wurde die Symptomatik in engeren Zusammenhang mit Geburts- und Schwangerschaftskomplikationen gebracht. Mit der früheren Bezeichnung der Symptomatik als Minimale Cerebrale Dysfunktionen (MCD) kam dies deutlich zum Ausdruck. Die Bezeichnung verweist auf eine Ursachenzuschreibung zu organischen Veränderungen des Gehirns.

Mögliche Schwierigkeiten
- **Eltern entwickeln Schuldgefühle, z. B. aufgrund von Nikotinkonsum in der Schwangerschaft.** Legen Sie den Schwerpunkt auf das Zusammenspiel vieler Einzelfaktoren, die schließlich zur Entwicklung der Symptomatik führen, und fokussieren Sie auf die Möglichkeiten zur Veränderung der Symptomatik und auf das Engagement, dass die Eltern durch die Teilnahme an dieser Elterngruppe für ihre Kinder zeigen.

∞ Psychosoziale Faktoren

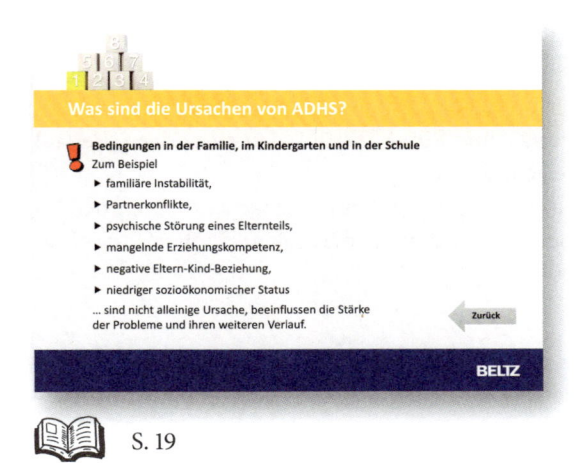

📖 S. 19

Zielsetzung
- ▶ Erläuterung des Einflusses von psychosozialen Faktoren auf die Ausprägung der Symptomatik

Mögliche Schwierigkeiten
- ▶ **Eltern empfinden sich in ihrer Erziehungshaltung als sehr konsequent und entwickeln dadurch eine pessimistische Sichtweise auf eine wirksame Beeinflussung der Problematik des Kindes.** Bestärken Sie die Eltern in ihrer generellen Erziehungskompetenz und verweisen Sie darauf, dass der Umgang mit Kindern mit ADHS oft zusätzliche Erziehungsstrategien erfordert, die in dieser Elterngruppe vermittelt werden sollen, und dass die Eltern durch ihre Erziehungskompetenz daher eine sehr gute Voraussetzung zur Umsetzung der Maßnahmen mitbringen.

Ursachen

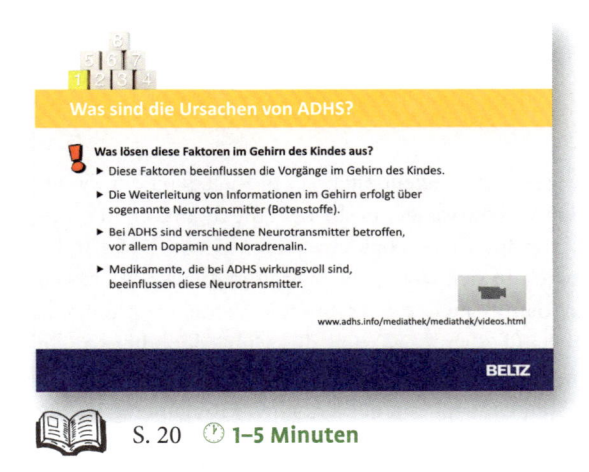

📖 S. 20 🕐 **1–5 Minuten**

+ Video: 2 Minuten 45 Sekunden

Zielsetzung
- ▶ Erläuterung der Prozesse auf der Ebene der Neurophysiologie und Biologie mit Fokus auf die Störungen des Neurotransmittersystems
- ▶ Veranschaulichung dieser Prozesse sowie der Wirkungsweise von Methylphenidat anhand eines Videos (www.adhs.info/mediathek/mediathek/videos.html).

Zusammenfassung: Ursachen

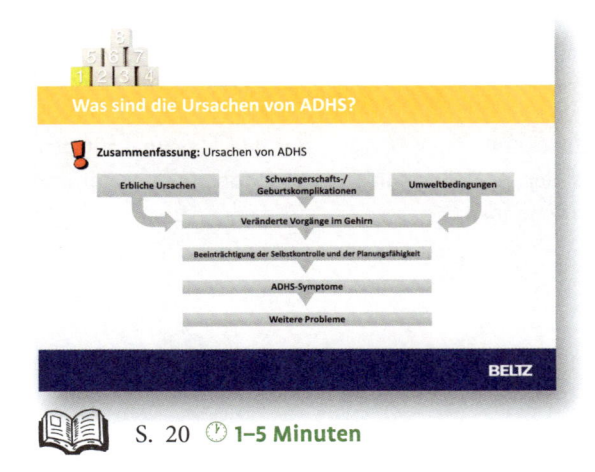

📖 S. 20 🕐 **1–5 Minuten**

Zielsetzung
- ▶ Zusammenfassung der Ursachen von ADHS
- ▶ Vermittlung eines multikausalen Störungskonzepts

Weiterführende Informationen
- ▶ Hauptursache sind Veränderungen der Funktionsweise des Gehirns.
- ▶ Diese Veränderungen entstehen durch ein Zusammenspiel von einer Vielzahl genetischer Veränderungen und anderer Einflussfaktoren (z. B. Schwangerschafts- und Geburtskomplikationen oder Umweltfaktoren).
- ▶ Bedingungen, unter denen Kinder in Familie und Kindergarten/Schule aufwachsen, können die Ausprägung und den Verlauf von ADHS erheblich beeinflussen.

Verlauf

S. 21

ca. 10–15 Minuten (inkl. verlinkter Folien)

∞
Säuglingsalter
Kindergartenalter
Grundschulalter
Jugendalter
Erwachsenenalter

Zielsetzung

▶ Veranschaulichung von möglichen und unterschiedlichen Verläufen der ADHS
▶ Betonung des Entwicklungsaspekts der Störung mit einer sich verändernden Symptomatik über die Zeit
▶ Anregung zum Rückblick auf den bisherigen Verlauf beim eigenen Kind
▶ Thematisierung von zukunftsbezogenen Sorgen der Eltern beim Gedanken an die weitere Entwicklung ihres Kindes

Tipp

▶ Durch einen Klick auf die Bilder gelangen Sie zu einer genaueren Darstellung der ADHS-Symptome im betreffenden Altersbereich.
▶ **Nutzen Sie an dieser Stelle die Chance, den Zeitdruck der Eltern bezüglich Veränderungen des aktuellen Problemverhaltens zu reduzieren:**
   - Die Symptomatik und auch die daraus resultierenden Probleme bestehen schon lange, sodass auch Veränderungen Zeit beansprucht werden.

   - Frühestens im Jugendalter ist ein Rückgang der Symptomatik zu erwarten, oft besteht die Symptomatik weiter, zumindest in abgeschwächter Form. Die Kinder entwickeln sich weiter, die Symptomatik verändert sich und damit auch die konkreten Verhaltensprobleme. Das heißt nicht, dass sich die Mühe der Eltern nicht lohnt. Durch ihr Engagement, bezogen auf den adäquaten Umgang mit der aktuellen Problematik, leisten Eltern ihren Beitrag, um Entwicklungschancen zu erhöhen und Funktionsbeeinträchtigungen zu minimieren und dadurch den Verlauf positiv zu beeinflussen. Sie dürfen aber nicht (von sich) erwarten, dass ihr Kind dann zukünftig keine weitere Unterstützung benötigt und sich die Probleme in Luft auflösen. Wenn die Symptomatik im Erwachsenenalter fortbesteht, ist auch dann fachliche Beratung oft nötig, wobei Kinder und Jugendliche mit zunehmendem Alter auch stärker in der Eigenverantwortung stehen und die Autonomieentwicklung, auch bezogen auf den Umgang mit den aus der ADHS resultierenden Problemen, gefördert werden muss.

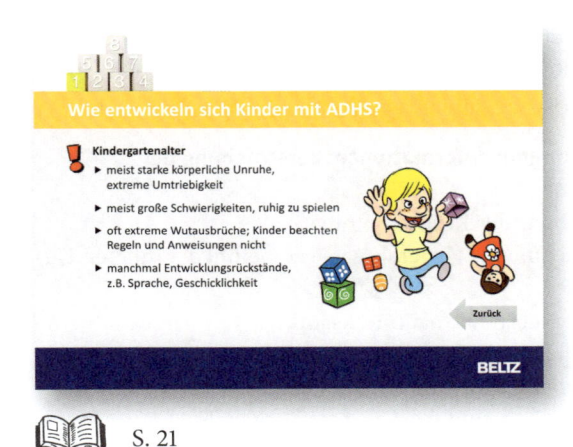

∞ Säuglingsalter

[Folie: "Wie entwickeln sich Kinder mit ADHS?" – Säuglingsalter]

- sehr aktiv
- häufiges Schreien
- Schlaf-, Fütter- und Verdauungsprobleme
- Entwicklungsverzögerungen (Laufen, Sprechen)
- dadurch häufig Überforderung der Eltern

Nicht alle Kinder mit ADHS waren schon als Säuglinge auffällig. Nicht alle auffälligen Säuglinge entwickeln später eine ADHS.

📖 S. 21

Zielsetzung
- Veranschaulichung von möglichen und unterschiedlichen Verläufen der ADHS, Rückblick: Säuglingsalter
- Veranschaulichung von schwierigem Temperament und Problemen in der Selbstregulation als mögliche, aber nicht immer vorhandene Vorläufer

Mögliche Schwierigkeiten
- **Eltern zeigen sich frustriert darüber, dass ihr Kind schon als Säugling die beschriebenen Probleme hatte, sie aber keine Unterstützung erhalten haben.** Zeigen Sie Verständnis für die Frustration der Eltern, geben Sie aber auch zu bedenken, dass die beschriebenen Auffälligkeiten im Säuglingsalter nicht spezifisch für Kinder mit einer späteren ADHS sind und auch nicht zwangsläufig dazu führen, dass die Kinder im höheren Alter klinisch relevante Probleme zeigen.

∞ Kindergartenalter

[Folie: "Wie entwickeln sich Kinder mit ADHS?" – Kindergartenalter]

- meist starke körperliche Unruhe, extreme Umtriebigkeit
- meist große Schwierigkeiten, ruhig zu spielen
- oft extreme Wutausbrüche; Kinder beachten Regeln und Anweisungen nicht
- manchmal Entwicklungsrückstände, z.B. Sprache, Geschicklichkeit

📖 S. 21

Zielsetzung
- Veranschaulichung von möglichen und unterschiedlichen Verläufen der ADHS, Rückblick: Kindergartenalter
- Verdeutlichung der meist schon vorhandenen Kernsymptome, die oft durch oppositionelles Verhalten begleitet werden

Weiterführende Informationen
- Die Diagnose wird häufig noch nicht gestellt, da die Abgrenzung von alterstypischer Lebhaftigkeit manchmal noch schwierig ist. Bei sehr starker Symptomausprägung kann aber auch in diesem Alter schon eine ADHS diagnostiziert werden.

Mögliche Schwierigkeiten
- **Eltern zeigen sich frustriert darüber, dass ihr Kind schon als Kleinkind die beschriebenen Probleme hatte, sie aber keine Unterstützung erhalten haben.** Zeigen Sie Verständnis für die Frustration der Eltern, geben Sie aber auch zu bedenken, dass die beschriebenen Auffälligkeiten im Kleinkindalter nicht spezifisch für Kinder mit einer späteren ADHS sind und auch nicht zwangsläufig dazu führen, dass die Kinder im höheren Alter klinisch relevante Probleme zeigen. Bei etwa der Hälfte der Kleinkinder mit den beschriebenen Auffälligkeiten verlieren sich diese wieder bis zur Einschulung und die Kinder nehmen dann eine unauffällige Entwicklung.

∞ Grundschulalter

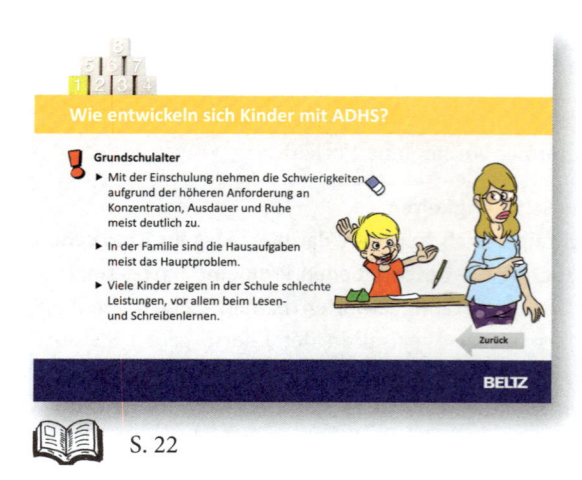

S. 22

Zielsetzung
▶ Veranschaulichung von möglichen und unterschiedlichen Verläufen der ADHS, aktuelle Situation: Grundschulalter

Weiterführende Informationen
▶ Die Kriterien in den Klassifikationssystemen fokussieren auf den Altersbereich 6–12 Jahre und somit auf den Altersbereich, indem sich die Kinder der teilnehmenden Eltern überwiegend befinden werden.

∞ Jugendalter

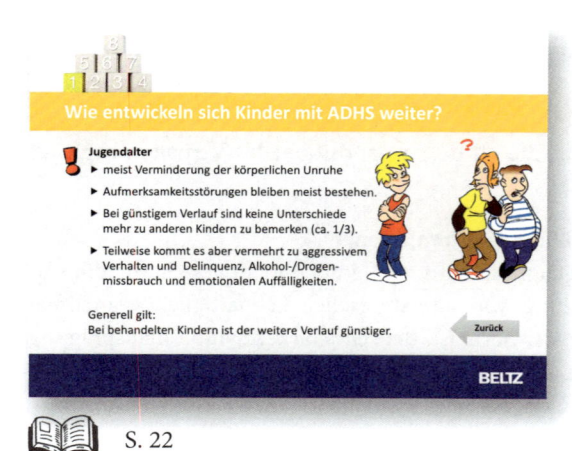

S. 22

Zielsetzung
▶ Veranschaulichung von möglichen und unterschiedlichen Verläufen der ADHS, Perspektive: Jugendalter
▶ Verdeutlichung der unterschiedlichen Verläufe hinsichtlich Remission, Residualsymptomatik, Vollbild sowie Veranschaulichung der Verschiebung der Symptomatik

Weiterführende Informationen: Verschiebung der Symptome
▶ Auf Ebene der Kernsymptomatik:
  - abnehmende Hyperaktivität → Gefühl der inneren Unruhe
  - fortdauernde Unaufmerksamkeit
  - Planungs- und Organisationsdefizite
▶ Assoziierte Probleme:
  - dissoziales und delinquentes Verhalten
  - emotionale Probleme
  - Substanzmissbrauch (nicht im Zusammenhang mit einer Stimulanzienbehandlung, sondern meist im Zusammenhang mit einer Störung des Sozialverhaltens zu sehen)
  - Unfälle

∞ Erwachsenenalter

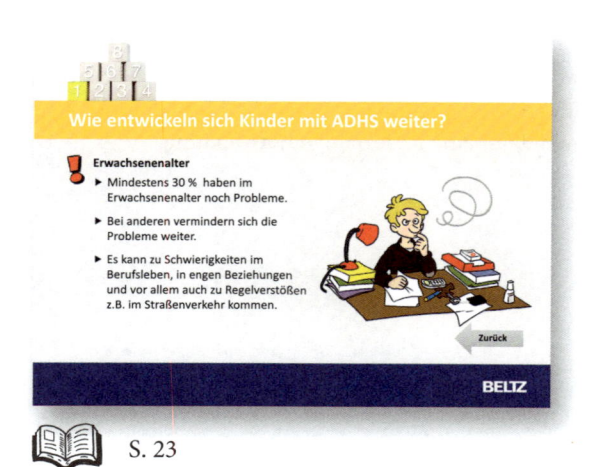

S. 23

Zielsetzung
▶ Veranschaulichung von möglichen und unterschiedlichen Verläufen der ADHS, Perspektive: Erwachsenenalter

Weiterführende Informationen
▶ Der Verlauf im Erwachsenenalter kann durch eine multimodale Behandlung im Kindes- und Jugendalter günstig beeinflusst werden.

Konzept von Behandlung

⏱ 1–5 Minuten

Zielsetzung
- Vermittlung eines Konzepts von effektiver ADHS-Behandlung: Alle ziehen an einem Strang!
- Veranschaulichung einer engen Zusammenarbeit aller Beteiligten (der Familie, aber auch aller beteiligten Fachleute) als Voraussetzung einer effektiven ADHS-Behandlung
- Verweis auf die Bedeutsamkeit einer aktiven Mitarbeit der Eltern
- Betonung, dass patientenzentrierte Interventionen alleine nicht erfolgversprechend sind

Therapie

S. 23

⏱ ca. 10–15 Minuten (inkl. verlinkter Folien)

Zielsetzung
- Übersicht über verschiedene Behandlungsansätze
- Verdeutlichung der Notwendigkeit einer multimodalen Therapie
- Relativierung möglicher Hoffnungen der Eltern auf einfache Heilung

Mögliche Schwierigkeiten
- **Eltern zweifeln die Situationsabhängigkeit therapeutischer Interventionen an.** Fassen Sie knapp das Konzept des THOP-Elterngruppenprogramms zusammen. Verdeutlichen Sie, dass es darum geht, in konkreten Problemsituationen durch die Veränderung des eigenen Verhaltens eine Veränderung des Verhaltens des Kindes zu erreichen. Daher können Eltern am Verhalten des Kindes in der Schule nichts ändern, auch wenn das oft von ihnen erwartet wird. Sie können lediglich die enge Zusammenarbeit mit der Schule suchen. Weisen Sie darauf hin, dass die Schwierigkeit des Kindes nicht darin liegt, ein bestimmtes Verhalten erlernen zu müssen, sondern darin, dieses Verhalten in einer bestimmten Situation zu zeigen. Dabei ist die Situation in der Schule nicht mit der häuslichen Situation zu vergleichen.

∞ Psychotherapie/Elterntraining/andere Therapien

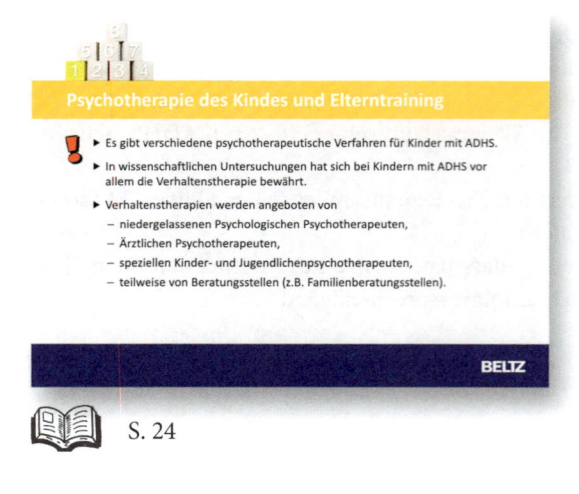

Psychotherapie des Kindes und Elterntraining
- Es gibt verschiedene psychotherapeutische Verfahren für Kinder mit ADHS.
- In wissenschaftlichen Untersuchungen hat sich bei Kindern mit ADHS vor allem die Verhaltenstherapie bewährt.
- Verhaltenstherapien werden angeboten von
  - niedergelassenen Psychologischen Psychotherapeuten,
  - Ärztlichen Psychotherapeuten,
  - speziellen Kinder- und Jugendlichenpsychotherapeuten,
  - teilweise von Beratungsstellen (z.B. Familienberatungsstellen).

S. 24

Psychotherapie des Kindes und Elterntraining
- Verhaltenstherapie beinhaltet verschiedene psychologische Behandlungsformen:
  - **Familieninterventionen:** z.B. Elternschulungen und Interventionen in der Familie
  - **Schulinterventionen:** Interventionen in Kindergarten oder Schule
  - **Patienteninterventionen:** direkte Therapie des Kindes oder Jugendlichen
- Häufig werden diese Interventionen miteinander kombiniert, um die Effekte der Therapie in den verschiedenen Lebensbereichen des Patienten (Schule, Familie, Freizeitbereich) zu erzielen.

S. 24

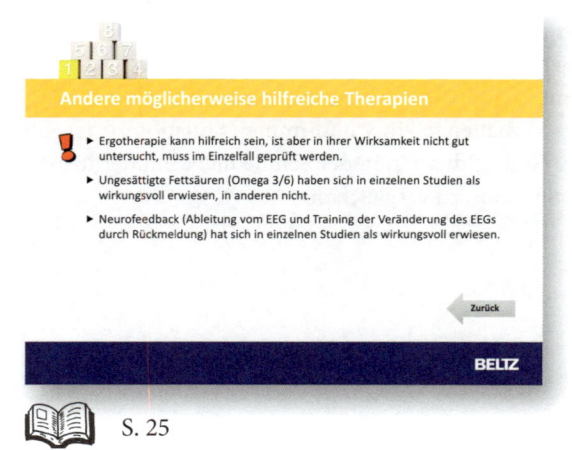

Andere möglicherweise hilfreiche Therapien
- Ergotherapie kann hilfreich sein, ist aber in ihrer Wirksamkeit nicht gut untersucht, muss im Einzelfall geprüft werden.
- Ungesättigte Fettsäuren (Omega 3/6) haben sich in einzelnen Studien als wirkungsvoll erwiesen, in anderen nicht.
- Neurofeedback (Ableitung vom EEG und Training der Veränderung des EEGs durch Rückmeldung) hat sich in einzelnen Studien als wirkungsvoll erwiesen.

S. 25

Zielsetzung: Übersicht über psychotherapeutische Behandlungsmöglichkeiten
- Information über evidenzbasierte Behandlungsmöglichkeiten und über Leistungserbringer
- Unterscheidung verhaltenstherapeutischer Interventionen nach dem Kriterium, wer im Mittelpunkt der Behandlung steht
- Vermittlung des Grundsatzes, dass die Behandlung in jedem Lebensbereich ansetzen muss, in dem sich Probleme zeigen, und keine Generalisierung von einem auf einen anderen Lebensbereich zu erwarten ist. Daraus folgend Begründung der Fokussierung auf Familieninterventionen und Verdeutlichung, dass Schulprobleme im Rahmen des THOP-Elterngruppenprogramms nicht verändert werden können
- Vermittlung des hohen Stellenwerts von Familieninterventionen und dem wachsenden Stellenwert von patientenzentrierten Interventionen mit zunehmendem Alter des Kindes

Tipp
- Das Thema Schule kann im Baustein 8 nochmals aufgegriffen werden, wenn es um Überlegungen zu und Einleitung von weiteren Hilfen geht. Es ist auch sinnvoll, Eltern Informationsmaterialien für Lehrer mit auf den Weg zu geben.

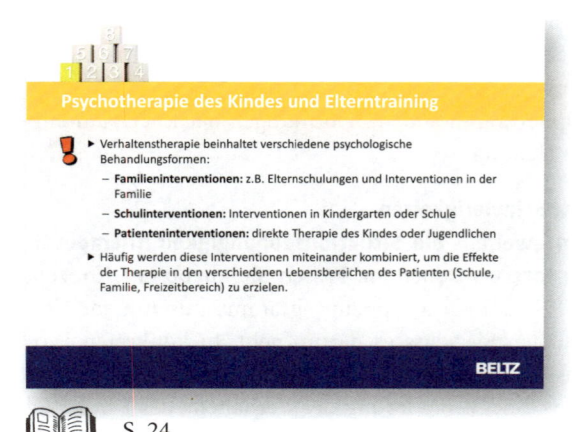

Zielsetzung
- Information über den Evidenzgrad alternativer Interventionen mit dem Ziel, Eltern eine adäquate Einschätzung zu ermöglichen und zur Überprüfung von Behandlungseffekten anzuleiten

∞ Medikamentöse Therapie

Medikamentöse Therapie
- Medikamente helfen bei vielen (mindestens 70–80 %) aber nicht allen Kindern mit ausgeprägter ADHS.
- Medikamente sind aber nicht bei allen Kindern notwendig.
- Medikamente können die ADHS-Symptome in der Schule oder auch in der Familie und im Freizeitbereich vermindern.
- Die verschiedenen Medikamente unterscheiden sich in ihrer Wirkdauer über den Tag hinweg.
- Die Wirksamkeit muss in jedem einzelnen Fall genau überprüft werden.
- Es gibt verschiedene Wirkstoffe; am häufigsten wird Methylphenidat verwendet, manchmal auch Amphetamin (beides Psychostimulanzien) und auch Atomoxetin.

S. 26

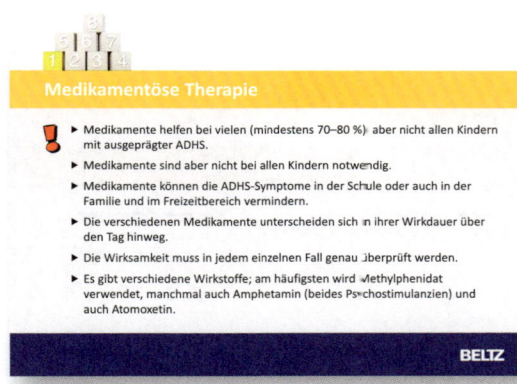

Medikamentöse Therapie
- Die Verschreibung von Psychostimulanzien wird durch ein spezielles Rezept genau kontrolliert. Sie können zwar nicht abhängig machen, aber missbräuchlich genutzt werden.
- Die Medikamente müssen meist über mehrere Jahre hinweg eingenommen werden, wobei zumindest jährliche Kontrollen notwendig sind.
- Es gibt auch Nebenwirkungen, die aber meist gering sind, vor allem Appetitminderungen und Schlafstörungen.

S. 26

Zielsetzung: Übersicht über Pharmakotherapie bei ADHS
- Relativierung einer Über- oder Unterbewertung des Stellenwerts einer Pharmakotherapie
- Vermittlung von Informationen zur Pharmakotherapie, zu Indikationsstellung und Handhabung

Mögliche Schwierigkeiten
- **Die Eltern verweisen auf die steigende Anzahl von Verordnungen.** Verweisen Sie darauf, dass es vermutlich sowohl zu Fehlverordnungen kommt als auch dazu, dass Kinder nicht behandelt werden, die eigentlich eine medikamentöse Behandlung benötigen würden. Verweisen Sie auf die Bedeutung einer richtigen Diagnosestellung durch Fachleute und eine angemessene Indikationsstellung, die aber möglich sind.
- **Eltern haben sehr viele Fragen und Bedenken zur Medikation.** Das Thema Medikation ist verständlicherweise für viele Eltern sehr wichtig und es besteht ein hoher Gesprächsbedarf darüber. Die Dynamik in einer Gruppe von Eltern heizt diesen Gesprächsbedarf oftmals zusätzlich an, da sich die Eltern in ihren Sorgen und Ängsten sowie den teilweise kritischen Reaktionen ihres Umfelds gegenseitig bestätigen. Versuchen Sie dennoch, das Thema an dieser Stelle des THOP-Elterngruppenprogramms zunächst nicht allzu raumgreifend werden zu lassen, und verweisen Sie auf die Möglichkeit, über dieses Thema in der achten, themenoffenen Gruppenstunde ausführlich zu sprechen.

Zeitrahmen für Abschluss der Stunde: 🕐 5–10 Minuten

Fazit Baustein 1

- Was halten Sie von den heutigen Informationen?
- Halten Sie das für richtig/wichtig?
- Welche Fragen sind noch offengeblieben?

NACHBEREITEN: Sie können das heutige Thema in Ihrem Arbeitsbuch noch einmal nachlesen. Weitere Informationen rund um das Thema ADHS finden Sie unter: www.adhs.info

Nehmen Sie Ihre Erfolge bewusst wahr!

Ein erster Schritt ist geschafft!
Sie können nun Ihre Checkliste (Arbeitsblatt 1) aktualisieren.

- Schön, dass Sie hier sind!
- Ihr Engagement ist nicht selbstverständlich!

Ausblick Baustein 2: Die Probleme unter die Lupe nehmen

Woran sollten Sie zum 2. Termin denken?

Der nächste Termin findet statt am …

VORBEREITEN:
- Bereiten Sie den ersten Abschnitt von Baustein 2 in Ihrem Arbeitsbuch vor (S. 30–32).

📖 S. 28

Auf Wiedersehen!

10 Gruppenstunde 1

11 Gruppenstunde 2: Wir nehmen die Probleme unter die Lupe

11.1 Übersicht über Gruppenstunde 2

Zielsetzung von Gruppenstunde 2
- Konkretisierung derjenigen Verhaltensprobleme, die im Rahmen des THOP-Elterngruppenprogramms vermindert werden sollen, und Erstellen einer individuellen Problemliste (AB 4) als Instrument der Verlaufskontrolle
- Entwicklung eines gemeinsamen Störungskonzeptes zur Entstehung und Aufrechterhaltung von ADHS-Symptomen

Teilbereiche von Gruppenstunde 2
- Teil 1: Verschaffen Sie sich Klarheit über die Verhaltensprobleme Ihres Kindes
- Teil 2: Erkennen Sie die Stärken und Schwächen Ihrer Familie

Materialien zu Gruppenstunde 2
- Materialien für Therapeuten: Manual, S. 67–79, darin:
  - Arbeitsblatt: *Verhaltensprobleme in den Familien*, S. 193
- Materialien für Eltern: Elternarbeitsbuch, S. 29–38, darin:
  - Arbeitsblatt 3: *Elternfragen über Problembereiche in der Familie*, S. 146
  - Arbeitsblatt 4: *Problemliste: Verhaltensprobleme meines Kindes*, S. 147
  - Arbeitsblatt 5: *Probleme und Stärken in unserer Familie*, S. 148
- Arbeitsblatt 1: *Checkliste THOP-Elterngruppenprogramm*

Vorbereitung der Eltern für Gruppenstunde 2
Einleitung und Beginn von Teil 1 (Elternarbeitsbuch S. 30–32, inkl. AB 3, S. 146)

Mögliche Schwierigkeiten bei der Bearbeitung von Baustein 2
- **Eltern lassen sich nicht auf wenige Probleme beschränken.** Oftmals haben die Familien Schwierigkeiten in vielen Lebensbereichen und es fällt den Eltern schwer, Prioritäten zu setzen. Zudem besteht bei den Eltern teilweise die Angst, dass sich ihre Situation nicht umfassend verbessern wird, wenn sie nur so wenige und alltägliche Probleme verändern können. Ermutigen Sie die Eltern in diesem Fall dennoch, sich zunächst auf wenige und umschriebene Problemsituationen zu beschränken. Sofort mehr und umfassendere Themen anzuvisieren scheitert oft an der tatsächlichen Umsetzbarkeit im Alltag. Wenn die Eltern es schaffen, die zwei bis drei konkreten Themen der Problemliste (AB 4) zu verbessern, ist ein erster wichtiger Schritt gemacht, damit ihr Kind sie als konsequenter erlebt. In der Regel hat dies auch schon einen positiven Effekt auf andere schwierige Situationen im Familienalltag.

▶ **Eltern fällt es schwer, Abstufungen des Problemverhaltens zu definieren und zu differenzieren.** Manchen Eltern fällt es zunächst schwer, Ausnahmen und Abstufungen im Problemverhalten ihrer Kinder zu erkennen. Die Kinder verhalten sich in ihren Augen immer maximal unangemessen. Im Therapieverlauf werden die Eltern in einer differenzierteren Wahrnehmung geschult. Unterstützen Sie die Eltern im Rahmen der Entwicklung eines Störungskonzepts darin, ihre Wahrnehmung zu überdenken. Der Austausch in der Gruppe kann hierbei hilfreich sein.

▶ Siehe außerdem Teil II, Kapitel 3: Häufige Schwierigkeiten (S. 35ff.).

Tipp

Um die Inhalte des THOP-Elterngruppenprogramms auf die individuellen Verhaltensprobleme der Eltern beziehen zu können, ist es hilfreich, sich die Problemlisten (AB 4) der Teilnehmer zu kopieren oder die Probleme zu notieren. Auch die Folie *Problembereiche in der Gruppe* kann hierfür verwendet und z. B. ausgedruckt und beschriftet werden. Sie können die häufigsten Probleme in der Gruppe auch auf einem Flipchart notieren und zu jeder Gruppenstunde im Gruppenraum aufhängen.

11.2 Durchführungsanleitung zu Gruppenstunde 2

Baustein 2: Titel

S. 29   1–5 Minuten

Zielsetzung der Gruppenstunde
- siehe Abschnitt 11.1

Rückblick Baustein 1

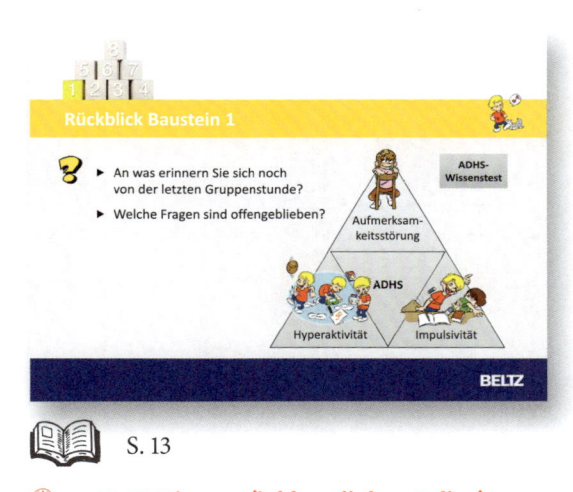

S. 13

ca. 10–15 Minuten (inkl. verlinkter Folien)

∞
Wissenstest
Ausführlicher Rückblick

Zielsetzung
- kurze Wiederholung der Inhalte der ersten Gruppenstunde
- Klärung offener Fragen aus der ersten Stunde

Auswertungsfragen
- Haben Sie Baustein 1 noch einmal anhand des Elternarbeitsbuchs nachvollzogen?
- Sind noch Fragen offen geblieben?
- Hat auch Ihr Partner (der evtl. nicht teilnehmende Elternteil) Baustein 1 gelesen? Konnte Ihr Partner die Informationen zu ADHS nachvollziehen?

Mögliche Schwierigkeiten
- **Es sind noch viele Fragen zum Störungsbild offen.** Wenn die Eltern nach Lektüre des ersten Bausteins im Elternarbeitsbuch noch viele Fragen gesammelt haben, nehmen Sie sich an dieser Stelle ruhig die Zeit, diese zu beantworten. Ein gemeinsames Verständnis davon, was ADHS ist und wie diese zustandekommt, ist als Basis für die Elterngruppe sehr wichtig. Wenn noch viele Fragen zum Thema Medikation oder zum Umgang mit ADHS in der Schule kommen, verweisen Sie jedoch auf die themenoffene 8. Gruppenstunde.

Tipp
- Über das graue Kästchen rechts oben gelangen Sie zum Wissenstest. Der Wissenstest überprüft das Verständnis von Kernaussagen des letzten Bausteins.
- Wenn Sie auf den Comic rechts oben klicken, gelangen Sie zu einer ausführlicheren Zusammenfassung zu Baustein 1.

∞ Wissenstest (optional)

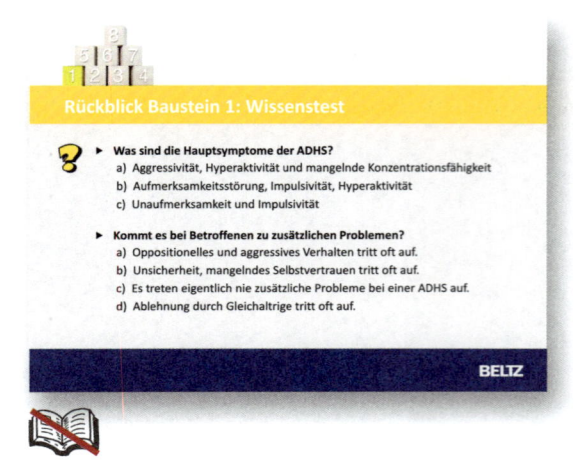

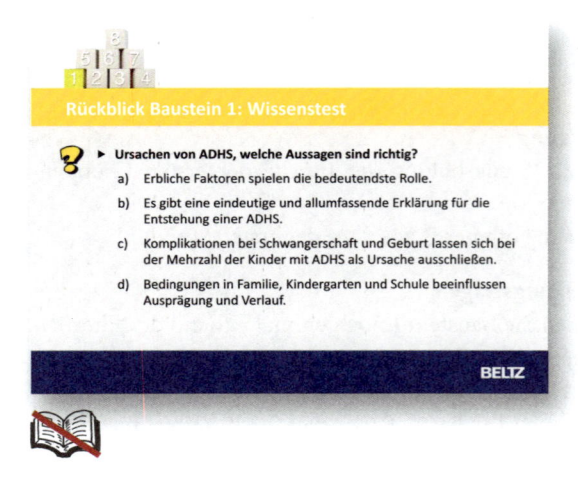

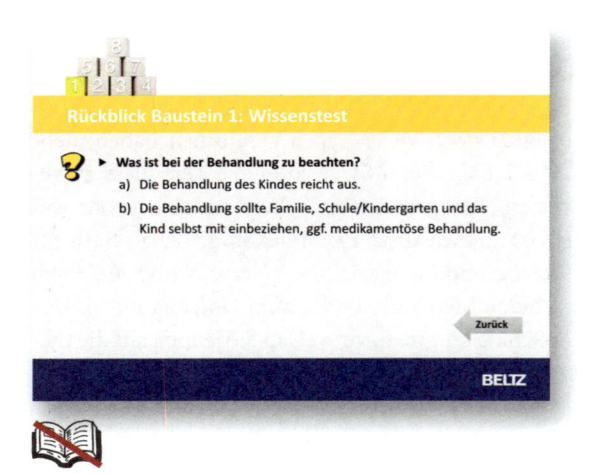

Rückblick Baustein 1: Wissenstest

- Was sind die Hauptsymptome der ADHS?
  a) Aggressivität, Hyperaktivität und mangelnde Konzentrationsfähigkeit
  b) Aufmerksamkeitsstörung, Impulsivität, Hyperaktivität
  c) Unaufmerksamkeit und Impulsivität

- Kommt es bei Betroffenen zu zusätzlichen Problemen?
  a) Oppositionelles und aggressives Verhalten tritt oft auf.
  b) Unsicherheit, mangelndes Selbstvertrauen tritt oft auf.
  c) Es treten eigentlich nie zusätzliche Probleme bei einer ADHS auf.
  d) Ablehnung durch Gleichaltrige tritt oft auf.

Rückblick Baustein 1: Wissenstest

- Ursachen von ADHS, welche Aussagen sind richtig?
  a) Erbliche Faktoren spielen die bedeutendste Rolle.
  b) Es gibt eine eindeutige und allumfassende Erklärung für die Entstehung einer ADHS.
  c) Komplikationen bei Schwangerschaft und Geburt lassen sich bei der Mehrzahl der Kinder mit ADHS als Ursache ausschließen.
  d) Bedingungen in Familie, Kindergarten und Schule beeinflussen Ausprägung und Verlauf.

Rückblick Baustein 1: Wissenstest

- Was ist bei der Behandlung zu beachten?
  a) Die Behandlung des Kindes reicht aus.
  b) Die Behandlung sollte Familie, Schule/Kindergarten und das Kind selbst mit einbeziehen, ggf. medikamentöse Behandlung.

Zurück

Zielsetzung
- spielerischer Rückblick auf die Inhalte der letzten Gruppenstunde
- Klärung häufiger Missverständnisse

Tipp
- Die jeweils richtige(n) Antwort(en) wird/werden bei Klick unterstrichen.
- Wenn Sie auf den Pfeil auf der rechten Seite der dritten Folie des Wissenstests klicken, gelangen Sie zurück zum Rückblick auf Baustein 1.

∞ **ausführlicher Rückblick Baustein 1 (optional)**

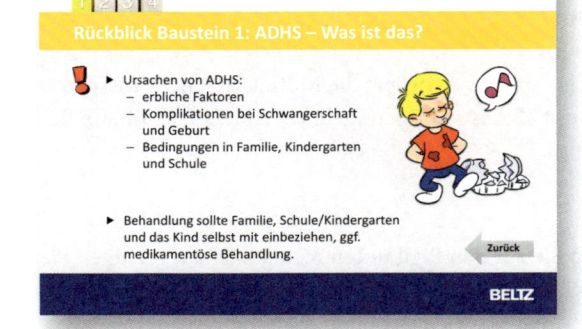

Zielsetzung
- Wiederholung der wichtigsten Inhalte des ersten Bausteins und damit auch der ersten Gruppenstunde
- Wenn in der letzten Gruppenstunde Eltern gefehlt haben, können so noch einmal alle Teilnehmer kurz über die letzte Gruppenstunde informiert werden.

Tipp
- Über den Pfeil gelangen Sie zurück zur Ausgangsfolie.
- Diese Folien dienen auch in Baustein 8, in dem jeder vorherige Baustein noch einmal kurz wiederholt wird, zur Zusammenfassung der Inhalte des 1. Bausteins.

Der folgende Abschnitt wurde von den Eltern vorbereitet!

Was wollen wir heute erreichen?

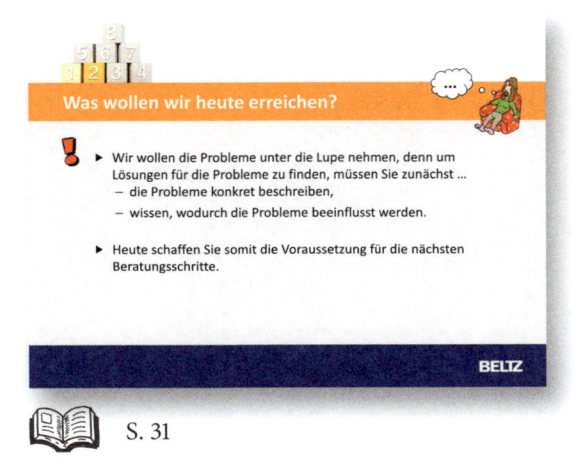

Zielsetzung
- Einführung in das Thema der 2. Gruppenstunde
- Motivierung der Eltern, zunächst die Probleme zu definieren, um später an diesen arbeiten zu können.

Tipp
- Wenn Sie auf den Comic oben rechts klicken, gelangen Sie zu einem Fallbeispiel, das den Einstieg in das neue Thema ggf. etwas lebhafter macht.
- Nutzen Sie dieses Fallbeispiel vor allem in ruhigeren Gruppen oder wenn zunächst noch Unsicherheit in der Gruppe in Bezug auf das neue Thema besteht. Die Eltern haben das Fallbeispiel in der Vorbereitung für die Gruppenstunde bereits gelesen. Sie können also auch nur kurz darauf zu sprechen kommen, ohne die Folie aufzurufen.

S. 31

⏱ **5–10 Minuten (inkl. verlinkter Folien)**

∞ **Kennen Sie das? (optional)**

Wir nehmen die Probleme unter die Lupe   71

∞ Kennen Sie das? (optional)

[Folie: "Kennen Sie das?"]

📖 S. 30

Zielsetzung:
▶ Einleitung des Themas der 2. Gruppenstunde
▶ Einführung eines Beispielfalls für sehr ruhige Gruppen
▶ Entlastung der Eltern durch Darstellung der »normalen« Probleme mit einem ADHS-Kind

Ab diesem Baustein wird im Elternarbeitsbuch anhand eines Beispielfalls in das neue Thema eingeleitet. Die kurzen Beschreibungen handeln von Niklas, einem Kind mit ADHS, und seiner Familie.

Beispielfall
▶ Niklas will nicht aufstehen und sich fertig machen, die Mutter ist schon morgens am Ende mit ihren Nerven (Beispiel für eine allgemeine, wenig klar definierte Problembelastung der Mutter).
▶ Der Vater hat wenig Zeit und wenn er Niklas sieht, geraten die beiden schnell in Streit (Beispiel für familiäre Belastung).
▶ Die Großmutter kritisiert die Mutter, die nicht wisse, wie man mit Niklas richtig umgeht (Beispiel für familiäre Belastung).

Tipp
▶ Wenn Sie auf den Pfeil unten rechts klicken, gelangen Sie zurück zur Ausgangsfolie.

Übersicht Gruppenstunde 2

[Folie: "Übersicht Baustein 2"]
1 Verschaffen Sie sich Klarheit über die Verhaltensprobleme Ihres Kindes
2 Erkennen Sie die Stärken und Schwächen Ihrer Familie

📖 S. 31   🕐 1–5 Minuten

∞ zu Teil 1 und Teil 2

Zielsetzung
▶ Übersicht über die inhaltlichen Teile dieser Gruppenstunde

Tipp
▶ Sie können die Kästen, in denen die beiden Teile dargestellt sind, anklicken und gelangen so zu dem jeweiligen Inhalt.

Einführung in Teil 1

S. 31 1–5 Minuten

Zielsetzung
▶ Gliederung der Gruppenstunde
▶ Einführung in das erste Teilthema: Verschaffen Sie sich Klarheit über die Verhaltensprobleme Ihres Kindes

Falls noch nicht geschehen …

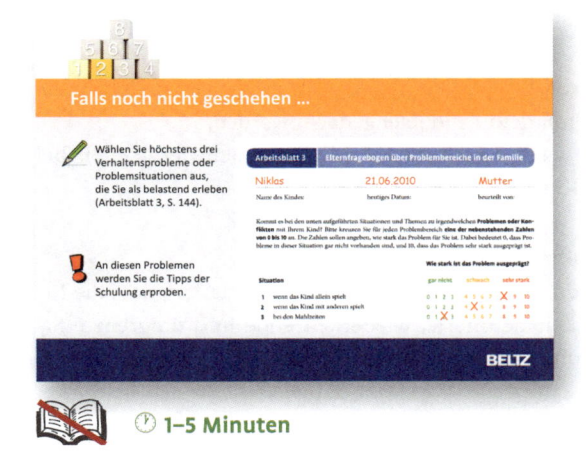

1–5 Minuten

Arbeitsblatt 3, S. 146

Zielsetzung
▶ Auswahl der drei Problembereiche, die für Arbeitsblatt 3 genau beschrieben werden sollen

Tipp
▶ Die Eltern wurden bei der Vorbereitung für diese Gruppenstunde in ihrem Elternarbeitsbuch dazu angeleitet, Arbeitsblatt 3 *Elternfragebogen über Problembereiche in der Familie* bereits zu Hause auszufüllen. Optimalerweise können die Eltern in der Gruppenstunde dann aufgrund ihrer Angaben auf Arbeitsblatt 3 die drei schwierigsten Problembereiche aussuchen.

Wir nehmen die Probleme unter die Lupe

Der folgende Abschnitt wurde von den Eltern *nicht* vorbereitet!

Problemliste (AB 4)

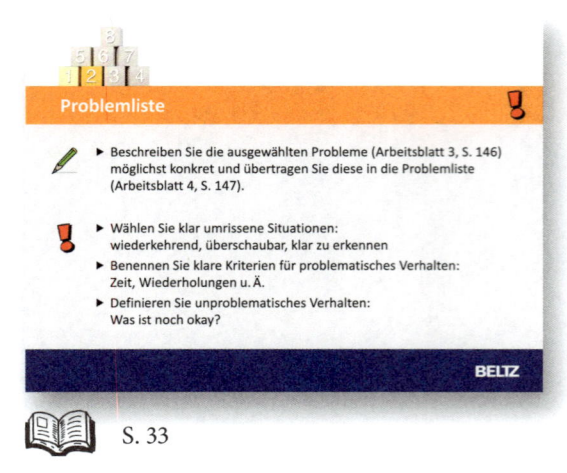

> **Problemliste**
>
> ▸ Beschreiben Sie die ausgewählten Probleme (Arbeitsblatt 3, S. 146) möglichst konkret und übertragen Sie diese in die Problemliste (Arbeitsblatt 4, S. 147).
>
> ▸ Wählen Sie klar umrissene Situationen: wiederkehrend, überschaubar, klar zu erkennen
> ▸ Benennen Sie klare Kriterien für problematisches Verhalten: Zeit, Wiederholungen u. Ä.
> ▸ Definieren Sie unproblematisches Verhalten: Was ist noch okay?
>
> BELTZ

S. 33

Arbeitsblatt 4: Problemliste, S. 147

⏱ **ca. 15–20 Minuten (inkl. verlinkter Folien)**

Material: Flipchartpapier oder Vordruck *Verhaltensprobleme in der Familie*

∞ Beispiele für konkrete Problembeschreibungen

Zielsetzung

▸ Unterstützung der Eltern bei der Erstellung einer individuellen Problemliste (AB 4 *Problemliste: Verhaltensprobleme meines Kindes*) für Probleme im häuslichen Kontext

Mögliche Schwierigkeiten

▸ **Eltern benennen Probleme in anderen Lebensbereichen als in der Familie.** Es ist nicht günstig, Probleme des Kindes in der Schule oder im Gleichaltrigenkontakt auf die elterliche Problemliste (AB 4) aufzunehmen. Zum einen können die Eltern den Verlauf dieser Probleme in der Regel nicht zuverlässig einschätzen, da sie in den Problemsituationen nicht selbst anwesend sind. Zum anderen lassen sich Schwierigkeiten in der Schule oder im Gleichaltrigenkontakt in der Regel nicht über Interventionen, die die Eltern umsetzen, verändern, sodass hier keine Besserung durch die Teilnahme an einer Elterngruppe zu erwarten ist. Stehen Gleichaltrigen- oder Schulprobleme im Vordergrund, sollte über direkte Interventionen in der Schule bzw. mit dem Kind nachgedacht werden.
▸ siehe auch Abschnitt 11.1 Mögliche Schwierigkeiten bei der Bearbeitung von Baustein 2 auf S. 65.

Weiterführende Informationen

▸ Achten Sie bei der Problemdefinition darauf, dass die Eltern klar definierte, wiederkehrende und umgrenzte Situationen auswählen.

Tipp

▸ Um die Eltern bei der Formulierung der Probleme zu unterstützen, können Sie die Problemdefinition beispielsweise mit einer Familie und einem in der Gruppe häufig genannten Problem (z. B. Umgang mit den Hausaufgaben) exemplarisch besprechen.
▸ Oftmals ist es aber dennoch schwierig für Eltern, die Probleme aufgrund eines Beispiels eigenständig zu definieren. In diesem Fall kann es sinnvoll sein, dass Sie als Therapeut mit jedem Elternteil kurz seine individuelle Problemliste (AB 4) besprechen. Wenn dies in der Gruppenstunde zeitlich nicht möglich ist, kann hier ein Einzelgespräch mit jedem Elternteil sehr sinnvoll sein.
▸ An der Problemliste (AB 4) sollen die Eltern den Erfolg ihrer Bemühungen in der Elterngruppe ablesen können. Es ist daher ratsam, bereits bei der Definition der Probleme mit darauf zu achten, dass sich die ausgewählten Probleme für die folgenden Interventionen der Elterngruppe eignen. Ermutigen Sie auch im weiteren Verlauf der Gruppe die Eltern immer wieder, zur Erprobung der Interventionen die Probleme von Arbeitsblatt 4 zu verwenden und nicht noch weitere Themen angehen zu wollen.

- Sammeln Sie die Problemsituationen der Gruppenteilnehmer auf einem Flipchartpapier oder auf dem Vordruck *Verhaltensprobleme in den Familien* (S. 193). So behalten Sie in den nächsten Gruppenstunden den Überblick, welcher Elternteil welche Probleme auf Arbeitsblatt 4 notiert hat, können die Eltern auf Ähnlichkeiten hinweisen oder häufige Problemthemen als Beispielsituationen wählen.
- Wenn Sie auf das Ausrufezeichen oben rechts klicken, gelangen Sie zu zwei Folien, auf denen Beispiele für mögliche Problemformulierungen zusammengefasst sind.

∞ Beispiele für konkrete Problembeschreibungen (optional)

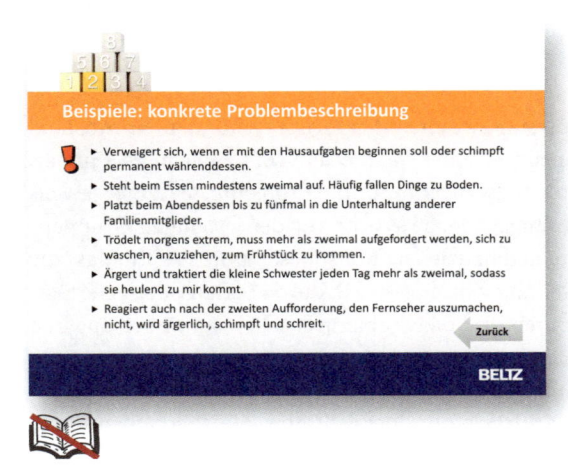

Zielsetzung
- Illustration möglicher Beschreibungen für Problemsituationen anhand von Beispielen

Weiterführende Informationen
- Weitere Beispiele für mögliche Problemdefinitionen sind:
  - »Ist fast den ganzen Tag auf Achse und kann sich selten länger als zehn Minuten beschäftigen.«
  - »Reagiert auch nach der zweiten Aufforderung, den Fernseher auszumachen, nicht, wird ärgerlich, schimpft und schreit.«
  - »Beachtet folgende Regeln in der Familie nicht: Straßenschuhe ausziehen, Hände vor dem Essen waschen, Spielsachen nicht im Wohnzimmer und in der Küche liegenlassen.«
  - »Ärgert und traktiert die kleine Schwester jeden Tag mehr als zweimal, sodass sie heulend zu mir kommt.«
  - »Lässt seinen kleinen Bruder nicht mitspielen.«
  - »Kommt nicht pünktlich nach Hause, sondern bleibt mehr als eine halbe Stunde länger weg.«
  - »Stört ständig und macht Lärm, wenn Besuch kommt.«
  - »Ist beim Essen sehr unruhig. Steht mindestens zweimal auf, häufig fallen Dinge auf den Boden.«
  - »Trödelt morgens extrem, muss mehr als zweimal aufgefordert werden, sich anzuziehen, zu waschen, zum Frühstück zu kommen.«
  - »Platzt ständig in die Unterhaltungen anderer Familienmitglieder.«
  - »Schreit sofort, wenn er etwas nicht bekommt oder tun darf (z. B. abends nicht mehr auf die Straße darf, keine Süßigkeiten bekommt).«
  - »Bekommt jeden Tag mindestens zwei heftige Wutausbrüche, wirft dann mit Gegenständen um sich und schreit bis zu einer halben Stunde lang.«
  - »Braucht für die Hausaufgaben länger als eine Stunde (bis zu drei Stunden), beschäftigt sich immer wieder mit anderen Dingen oder starrt Löcher in die Luft.«
  - »Schimpft oder mault während der Hausaufgaben fast unablässig.«
  - »Macht die Hausaufgaben extrem unordentlich. Texte sind meist nicht leserlich. Macht in fast jeder Rechenaufgabe Flüchtigkeitsfehler.«

– »Hat permanent ein extrem unordentliches Kinderzimmer. Der Boden ist mit Kleidungsstücken, Spielsachen und Essensresten übersät. Auf dem Schreibtisch türmt sich ein Berg von Spielsachen.«

Tipp
▶ Wenn Sie auf den grauen Pfeil unten rechts klicken, gelangen Sie zurück zur Ausgangsfolie.

Job der Woche: Arbeitsblatt 4

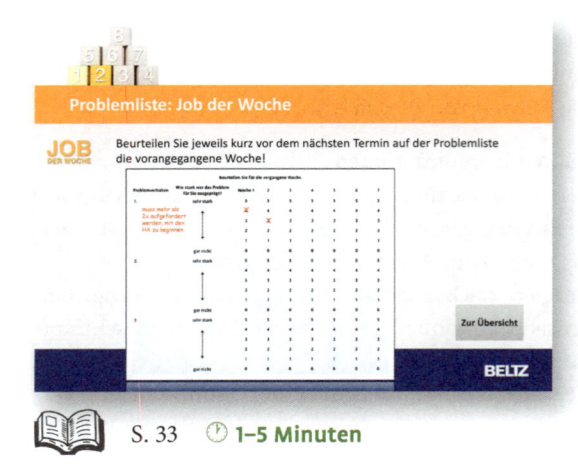

S. 33   1–5 Minuten

∞ zur Übersicht über die Teilthemen

Zielsetzung
▶ Erarbeitung des ersten Jobs der Woche (Therapieaufgabe für die Eltern): Die Beurteilung der Problemliste (AB 4) für die vorausgegangene Woche
▶ Dieser »Job der Woche« ist von den Eltern von nun an kurz vor jeder Gruppenstunde zu erledigen.

Tipp
▶ Auch wenn zwischen den Gruppenstunden ein Abstand von mehr als einer Woche sein sollte, macht es Sinn, als Beurteilungszeitraum für die Problemliste (AB 4) jeweils die vorangegangene Woche vor der jeweiligen Gruppenstunde heranzuziehen. Sonst besteht die Gefahr, dass die Beurteilungszeiträume, z. B. durch Ferien oder Feiertage, differieren und das Problemverhalten somit bei längeren Zeiträumen überschätzt wird.
▶ Wenn Sie auf die graue Box rechts unten klicken, gelangen Sie zurück zur Übersicht über die Teilthemen des 2. Bausteins.

Einführung in Teil 2

S. 34   1–5 Minuten

Zielsetzung
▶ Gliederung der Gruppenstunde
▶ Einführung in das zweite Teilthema: Erkennen Sie die Stärken und Schwächen Ihrer Familie
▶ Die kindlichen Verhaltensprobleme werden in Zusammenhang gestellt mit der elterlichen Wahrnehmung dieser Probleme, den Eigenschaften des Kindes und der Eltern sowie weiterer Belastungen.

Tipp
▶ Erläutern Sie anhand der Grafik auf der rechten Seite der Folie den Eltern das Störungskonzept: Die Wahrnehmung des kindlichen Verhaltens wird beeinflusst durch die Stärken und Schwächen der einzelnen Familienmitglieder und die aktuellen familiären Belastungen und Stärken. So wird beispielsweise das gleiche hyperkinetische Verhalten des Kindes beim Abendessen unterschiedlich störend von den Eltern wahrgenommen, je nachdem wie gut die Eltern organisiert sind, kann es natürlich dem

Kind mit ADHS leichter oder schwerer fallen, selbst strukturierter zu werden – in einer gut aufgeräumten und strukturierten Wohnung ist es leichter, die eigene Jacke wiederzufinden als in einer unaufgeräumten Wohnung. Und die Unordentlichkeit des Kindes stört Eltern, die selbst sehr gut organisiert und ordentlich sind, möglicherweise mehr als Eltern, die selbst chaotisch sind. Anhand dieser und ähnlicher Beispiele können Sie den Eltern einen lebhaften Eindruck davon geben, was mit dem Begriff »Störungskonzept« gemeint ist.

Stärken und Schwächen Ihrer Familie

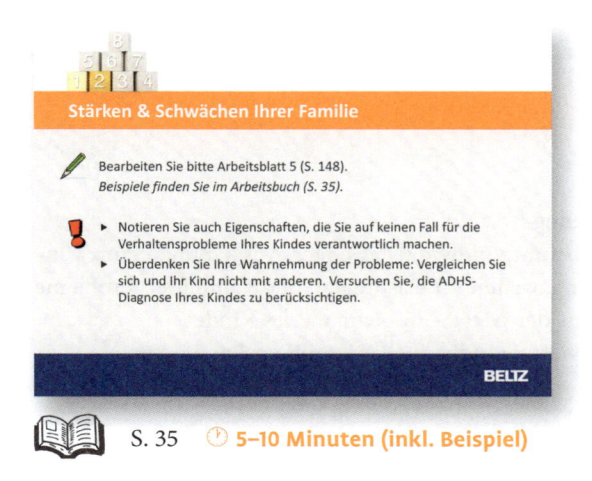

S. 35   5–10 Minuten (inkl. Beispiel)

Zielsetzung

▶ Erarbeitung eines individuellen Störungsmodells mit den Eltern
▶ Einbettung der kindlichen Verhaltensprobleme in den familiären Kontext

Mögliche Schwierigkeiten

▶ **Eltern fällt es schwer, zwischen den Verhaltensproblemen, ihrer Wahrnehmung der Verhaltensprobleme und der elterlichen Reaktion zu differenzieren.** Oftmals entstehen insbesondere bei der rechten Seite von Arbeitsblatt 5 Schwierigkeiten. Verweisen Sie in solchen Fällen auf das Beispiel (folgende Folie). Eine genauere Anleitung zum Ausfüllen der rechten Seite des Arbeitsblattes findet sich außerdem auf S. 36 des Elternarbeitsbuchs.

Beispiel Arbeitsblatt 5

S. 35

Zielsetzung

▶ Erleichterung der Bearbeitung von Arbeitsblatt 5 *Probleme und Stärken in unserer Familie*

Tipp

▶ Statt dieser Beispielfolie können Sie auch mit einem Elternteil dieses Arbeitsblatt exemplarisch durchgehen und z. B. Notizen auf einem Flipchart hierzu machen. Bei einer solchen gemeinsamen Erarbeitung haben Eltern häufig weniger Verständnisprobleme als wenn sie das Beispiel rein theoretisch nachvollziehen sollen.

Wir nehmen die Probleme unter die Lupe

Lösungsansätze für familiäre Probleme: Beispiele

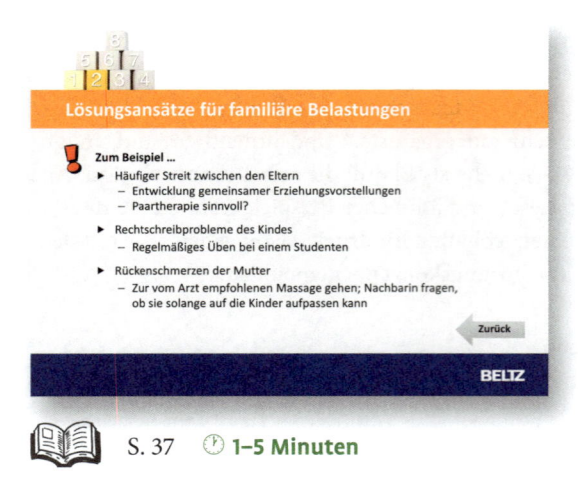

[Slide: Lösungsansätze für familiäre Belastungen

Zum Beispiel …
- Häufiger Streit zwischen den Eltern
  - Entwicklung gemeinsamer Erziehungsvorstellungen
  - Paartherapie sinnvoll?
- Rechtschreibprobleme des Kindes
  - Regelmäßiges Üben bei einem Studenten
- Rückenschmerzen der Mutter
  - Zur vom Arzt empfohlenen Massage gehen; Nachbarin fragen, ob sie solange auf die Kinder aufpassen kann]

S. 37   1–5 Minuten

Zielsetzung
- Darstellung von ersten Ansatzpunkten zur Minderung weiterer Belastungen und familiärer Probleme abseits der ADHS-Problematik des Kindes
- Darstellung von Möglichkeiten zur Aktivierung von Ressourcen

Tipp
- Lassen Sie an dieser Stelle ruhig auch eine längere Diskussion der Eltern über mögliche Lösungsansätze für familiäre Belastungen zu. Oftmals können Eltern hier von guten Ideen anderer Eltern profitieren.
- Verlagern Sie dieses Thema bei Bedarf auch in die 8. Elternsitzung. Aus Zeitgründen können Lösungsansätze an dieser Stelle oftmals nur unzureichend durchdacht werden.

Lösungsansätze für familiäre Probleme: eigene Überlegungen

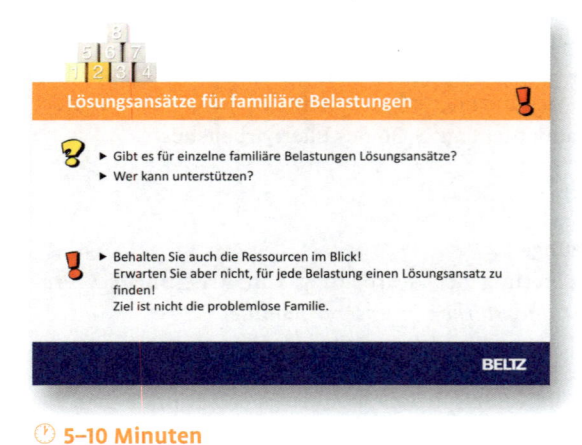

[Slide: Lösungsansätze für familiäre Belastungen
- Gibt es für einzelne familiäre Belastungen Lösungsansätze?
- Wer kann unterstützen?

- Behalten Sie auch die Ressourcen im Blick! Erwarten Sie aber nicht, für jede Belastung einen Lösungsansatz zu finden! Ziel ist nicht die problemlose Familie.]

5–10 Minuten

Zielsetzung
- Erarbeitung individueller erster Ansatzpunkte zur Minderung weiterer Belastungen und familiärer Probleme abseits der ADHS-Problematik des Kindes
- Aktivierung individueller familiärer Ressourcen

Tipp
- Machen Sie den Eltern Mut, ihre Ressourcen regelmäßig im Blick zu behalten, verdeutlichen Sie aber gleichzeitig, dass es für einige Probleme auch keine schnellen und einfachen Lösungen geben wird.

Zeitrahmen für Abschluss der Stunde: 🕐 5–10 Minuten

Fazit Baustein 2

- Ich kann ein Problem nur verändern, wenn ich es genau kenne.
- Die Probleme meines Kindes hängen zusammen …
  - mit seinen eigenen Stärken und Schwächen.
  - mit den Stärken und Schwächen von uns als Eltern.
  - mit familiären Stärken und Schwächen.
  - damit, wie man das Verhalten des Kindes wahrnimmt.
  - damit, wie man auf das Verhalten des Kindes reagiert.

NACHBEREITEN: Sie können das heutige Thema in Ihrem Arbeitsbuch noch einmal nachlesen

Nehmen Sie Ihre Erfolge bewusst wahr!

Ein nächster Schritt ist geschafft!
Sie können nun Ihre Checkliste (Arbeitsblatt 1) aktualisieren.

- Die eigenen Sichtweisen auf die Probleme zu erweitern und sich über Zusammenhänge klar zu werden, ist keine leichte Aufgabe.
- Ihr Engagement ist nicht selbstverständlich!

Ausblick: Teufelskreis und sich wieder mögen lernen

Woran sollten Sie zum 3. Termin denken?

Der nächste Termin findet statt am …

VORBEREITEN:
- Bereiten Sie den ersten Abschnitt von Baustein 3 in Ihrem Arbeitsbuch vor (S. 40–48).

JOB DER WOCHE:
- Bearbeiten Sie kurz vor dem nächsten Termin die Problemliste für die vorangegangene Woche (Arbeitsblatt 4, S. 147).

📖 S. 38

Auf Wiedersehen!

Wir nehmen die Probleme unter die Lupe

12 Gruppenstunde 3: Der Teufelskreis und der erste Schritt heraus: Sich wieder mögen lernen

12.1 Übersicht über Gruppenstunde 3

Zielsetzung von Gruppenstunde 3
- Entwicklung eines Störungskonzepts: Mikroperspektive – Analyse der familiären Interaktionen in Bezug auf aufrechterhaltende Faktoren der Problematik (Teufelskreis) und Ableitung von Interventionen des THOP-Elterngruppenprogramms
- Fokussierung der Eltern auf positive Aspekte der Eltern-Kind-Beziehung bzw. Stärkung der positiven Beziehung

Teilbereiche von Gruppenstunde 3
- Teil 1: Lernen Sie den Teufelskreis kennen
- Teil 2: Sich wieder mögen lernen

Materialien zu Gruppenstunde 2
- Materialien für Therapeuten: Manual, S. 80–94
- Materialien für Eltern: Elternarbeitsbuch, S. 39–53, darin:
  - Memokarte 1: *Sich wieder mögen lernen!*, S. 158
  - Protokoll 1: *Positiv-Liste*, S. 159
  - Arbeitsblatt 6: *Türschild Spaß- und Spielzeit*, S. 149
- Arbeitsblatt 1: *Checkliste THOP-Elterngruppenprogramm*, S. 143
- Arbeitsblatt 4: *Problemliste: Verhaltensprobleme meines Kindes*, S. 147

Vorbereitung der Eltern für Gruppenstunde 3
- Teil 1 (Teufelskreis) (S. 41–46)
- Von Teil 2 (Sich wieder mögen lernen) wird S. 46–48 vorbereitet. Darin: Punkte 1 bis 4 auf Memokarte 1: Ist-Analyse: Was macht Ihr Kind häufig? Was ist daran (auch) gut? Welche Kleinigkeiten und Selbstverständlichkeiten laufen im Alltag gut? Welche üblicherweise schwierigen Situationen laufen auch mal besser?

Mögliche Schwierigkeiten bei der Bearbeitung von Baustein 3

▶ **Eltern lehnen das Konzept der Stärkung der positiven Beziehung ab.** Ein Grund kann darin liegen, dass Eltern befürchten, ihrem Kind zu vermitteln, dass es alles richtig macht und sich zu Hause nichts ändern muss. Verweisen Sie darauf, dass die Rückmeldung negativer Verhaltensweisen selten vergessen wird. Positives Verhalten oder positive Seiten fallen dagegen weniger auf und können schlechter wahrgenommen werden, insbesondere wenn es häufig zu vielen Auseinandersetzungen kommt. Hier soll ein Ausgleich geschaffen werden. Die Motivation des Kindes, an problematischem Verhalten zu arbeiten, wird dadurch größer, nicht geringer. Ein weiterer Grund kann eine stark negative Interaktionsbilanz sein, die Eltern daran zweifeln lässt, überhaupt etwas Positives finden zu können. Verweisen Sie auf die »Wahrnehmungsfalle«, in die Eltern schnell geraten, wenn es gehäuft zu negativen Konflikten kommt. Erläutern Sie, dass sich die eigene Aufmerksamkeit zunehmend auf negative Ereignisse verschiebt, wenn es zu vielen Konflikten kommt. Ermutigen Sie die Eltern, sich auf kleine Dinge im Alltag zu konzentrieren, diese nicht als Selbstverständlichkeit hinzunehmen und die ADHS-Diagnose des Kindes mit zu bedenken. Erfahrungsgemäß wird die Wahrnehmung positiver Ereignisse oder Eigenschaften mit der Zeit wieder leichter.

▶ Siehe auch Kapitel 8 *Häufige Schwierigkeiten* (S. 33ff.)

Tipp

▶ Im Verlauf der THOP-Elterngruppe findet ein regelmäßiger Rückbezug auf den Teufelskreis statt, Interventionen werden daraus abgeleitet. Für eine gute Compliance ist daher zentral, dass dieser typische Interaktionsprozess nachvollzogen werden kann.

12.2 Durchführungsanleitung zu Gruppenstunde 3

Problemliste

📖 Arbeitsblatt 4, S. 147

Zielsetzung der Gruppenstunde
- ▶ Rückbezug auf die wichtigsten Verhaltensprobleme
- ▶ Erfassung der aktuellen Ausprägung der Hauptprobleme

Mögliche Schwierigkeiten
- ▶ **Eltern haben die Problemliste (AB 4) noch nicht zu Hause ausgefüllt.** Ermutigen Sie die Eltern vor dem Beginn der Gruppenstunde, die Problemliste, falls noch nicht geschehen, auszufüllen.
- ▶ Eltern haben Schwierigkeiten, die Probleme zu beurteilen. Siehe hierzu Abschnitt *Mögliche Schwierigkeiten bei der Bearbeitung von Baustein 2* auf S. 81.

Tipp
- ▶ Diese Folie wird ab jetzt zu Beginn jeder Gruppenstunde erscheinen, um die Eltern daran zu erinnern, die von ihnen ausgewählten Verhaltensprobleme ihres Kindes aktuell für die vorangegangene Woche zu beurteilen.

Baustein 3: Titel

📖 S. 39–53   🕐 1–5 Minuten

Zielsetzung
- ▶ siehe Abschnitt 12.1

Rückblick Baustein 2

⏱ ca. 10–15 Minuten (inkl. verlinkter Folien)

∞
Wissenstest
Ausführlicher Rückblick

Zielsetzung
- Rückblick auf Gruppenstunde 2
- Klärung offen gebliebener Fragen
- Aufarbeitung des Jobs der Woche (AB 4: *Problemliste*)

Auswertungsfragen
- Haben Sie Baustein 2 noch einmal anhand des Elternarbeitsbuchs nachvollzogen?
- Sind noch Fragen offen geblieben?
- Hat auch Ihr Partner (der evtl. nicht teilnehmende Elternteil) Baustein 2 gelesen? Konnte Ihr Partner die Informationen nachvollziehen?
- Haben Sie mit Ihrem Partner darüber gesprochen, wie die Stärken und Schwächen der Familie auch die Wahrnehmung der Verhaltensprobleme beeinflussen? Welche Zusammenhänge konnte Ihr Partner erkennen?
- Haben Sie bereits einzelne Lösungsansätze für familiäre Belastungen finden können?

Mögliche Schwierigkeiten
- **Die Fragen signalisieren generelle Verständnisschwierigkeiten.** Nehmen Sie sich möglichst die Zeit, Fragen zu klären, wenn nötig unter zu Hilfenahme von Baustein 2.

Tipp
- Über das graue Kästchen rechts unten gelangen Sie zum Wissenstest. Der Wissenstest überprüft das Verständnis von Kernaussagen des letzten Bausteins.
- Wenn Sie den Comic oben rechts anklicken, gelangen Sie zu einem ausführlicheren Rückblick zu Teil 2 von Baustein 2.

∞ Wissenstest (optional)

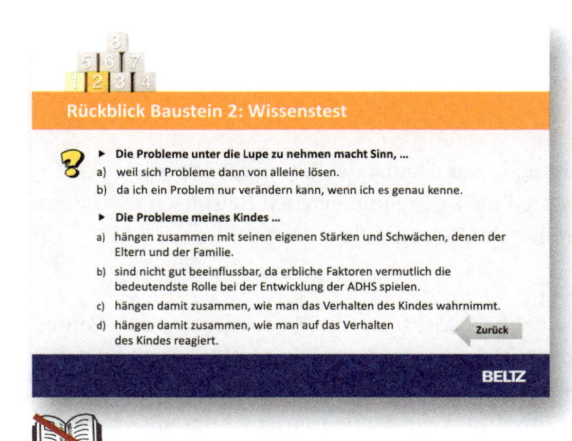

Zielsetzung
- spielerischer Rückblick auf die Inhalte der letzten Gruppenstunde
- Klärung häufiger Missverständnisse

Tipp
- Die jeweils richtige(n) Antwort(en) wird/werden bei Klick unterstrichen.
- Wenn Sie auf den Pfeil auf der rechten Seite der Folie des Wissenstests klicken, gelangen Sie zurück zur Ausgangsfolie.

∞ Rückblick Baustein 2 (optional)

Zielsetzung
▶ Wiederholung der wichtigsten Inhalte des 2. Bausteins und damit auch der 2. Gruppenstunde
▶ Wenn in der letzten Gruppenstunde Eltern gefehlt haben, können so noch einmal alle Teilnehmer kurz über die letzte Gruppenstunde informiert werden.

Tipp
▶ Wenn Sie auf den Pfeil unten rechts klicken, gelangen Sie zurück zur Ausgangsfolie.
▶ Diese Folie dient auch in Baustein 8, in dem jeder vorherige Baustein noch einmal kurz wiederholt wird, zur Zusammenfassung der Inhalte des 2. Bausteins.

Was wollen wir erreichen?

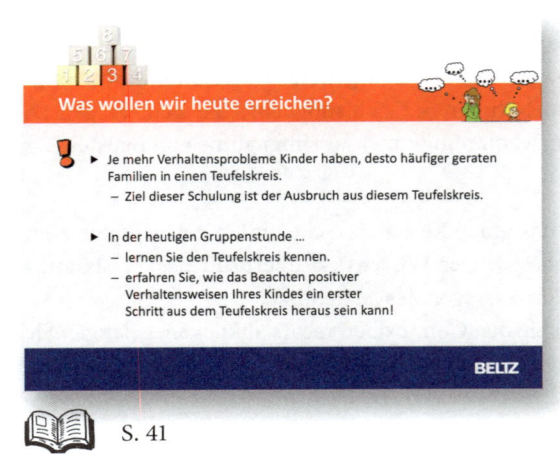

Zielsetzung
▶ Einführung in das Thema der 3. Gruppenstunde und Erläuterung der Zielsetzung

Tipp
▶ Wenn Sie auf den Comic oben rechts klicken, gelangen Sie zu einem Fallbeispiel, das Ihnen den Einstieg in die Thematik der Gruppenstunde erleichtern kann (»Kennen Sie das?«).
▶ Nutzen Sie dieses Fallbeispiel vor allem in ruhigeren Gruppen oder wenn zunächst noch Unsicherheit in der Gruppe in Bezug auf das neue Thema besteht. Die Eltern haben das Fallbeispiel in der Vorbereitung für die Gruppenstunde bereits gelesen. Sie können also auch nur kurz darauf zu sprechen kommen, ohne die Folie aufzurufen.

S. 41

🕐 1–5 Minuten (inkl. verlinkter Folien)

∞ Kennen Sie das?

∞ Kennen Sie das? (optional)

Zielsetzung
▶ Einleitung in das Thema der 3. Gruppenstunde
▶ Bei wenig Beteiligung und eigenen Beispielen der Eltern: Aufgreifen des Beispielfalls

Beispielfall
▶ Niklas reagiert nicht auf die Aufforderung der Mutter, sich die Hände zu waschen. Die Mutter wiederholt ihre Aufforderung und die Situation schaukelt sich auf bis zu einem Streit und die Mutter spricht Konsequenzen aus, die sie nicht durchsetzt (Beispiel für die negative Interaktion im Teufelskreis).
▶ Früher haben Niklas und die Mutter auch oft miteinander gespielt, jetzt gibt es nur noch Streit (Beispiel für eine beeinträchtigte Mutter-Kind-Beziehung mit wenigen positiven gemeinsamen Erlebnissen).

S. 40

Übersicht Gruppenstunde 3

Zielsetzung
▶ Übersicht über die Teilthemen von Baustein 3

⏱ **1–5 Minuten**

∞ zu Teil 1 und Teil 2

Teil 1

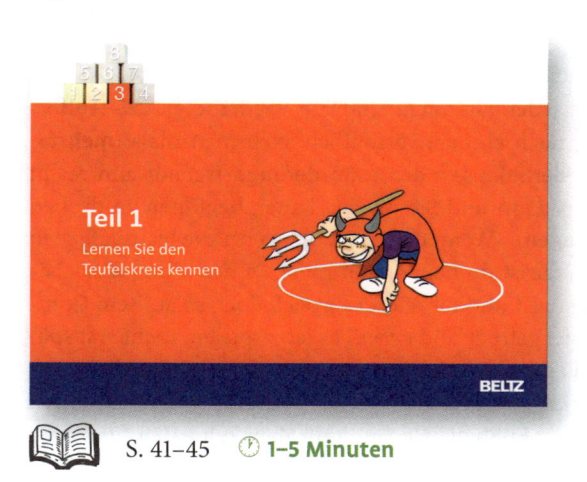

Zielsetzung
▶ Gliederung der Gruppenstunde
▶ Einführung in das erste Teilthema: Der Teufelskreis

S. 41–45 ⏱ **1–5 Minuten**

Der Teufelskreis

S.42 5–10 Minuten

Zielsetzung: Einführung des Teufelskreises
- Erläuterung des Teufelskreises als typische Interaktionsfalle im familiären Alltag, in die besonders häufig Familien mit external auffälligen Kindern geraten
- Betonung, dass diese Interaktionsprozesse zur Aufrechterhaltung und Verstärkung des Problemverhaltens führen
- Erläuterung des Teufelskreises anhand eines Problems aus der Top 5-Liste
- Wiedererkennen des Schemas durch die Eltern in der eigenen Familie

Beispiel zur Verdeutlichung des Teufelskreises

Die linke Seite des Teufelskreises

Sie sagen Niklas nach dem Mittagessen, dass er mit den Hausaufgaben beginnen soll (**Aufforderung**). Vielleicht räumen Sie gerade noch den Tisch ab und Niklas ist in Gedanken schon bei seinem tollen neuen Computerspiel. Niklas reagiert jedenfalls nicht und Sie wiederholen die Aufforderung noch einmal, vermutlich auch mehrmals (**mehrfache Wiederholungen der Aufforderung**). Irgendwann reicht es Ihnen dann und Sie werden lauter, beginnen zu drohen (**Drohungen**). ›Wenn du jetzt nicht sofort die Hausaufgaben machst, darfst du heute nicht mehr an den Computer.‹ Niklas quengelt und schreit. Er hat sich doch so auf sein Computerspiel gefreut und er will es jetzt spielen, nicht erst später und schon gar nicht erst morgen. Sie werden selbst ganz ungeduldig, schließlich müssen Sie Ihren kleinen Sohn gleich zum Fußball bringen und haben keine Zeit für solche Diskussionen und ein solches Theater. Sie sind ratlos und wissen nicht mehr weiter (**Ratlosigkeit**). Vielleicht rutscht Ihnen die Hand aus und siehe da ... Niklas setzt sich an die Hausaufgaben (**aggressive Durchsetzung**). Oder aber, Sie geben entnervt auf, schnappen sich Ihren kleinen Sohn und bringen ihn zum Fußball (**Nachgeben**). Niklas spielt sein Computerspiel und für Sie ist der Tag gelaufen.

Die rechte Seite des Teufelskreises

Was passiert aber, wenn Niklas zu irgendeinem Zeitpunkt Ihre Aufforderung befolgt? Er geht an seinen Tisch und macht maulend seine Hausaufgaben. Vermutlich werden Sie das registrieren, dann aber vielleicht so froh sein, dass Sie endlich zu dem kommen, was Sie schon die ganze Zeit erledigen wollten, dass Sie nicht weiter darauf reagieren. Vielleicht sind Sie zu diesem Punkt auch schon so genervt, dass Sie ihm nur noch ›Warum denn nicht gleich so‹ oder ›Du musst dabei nicht so meckern‹ hinterher rufen. Das ist verständlich, denn Ihr Alltag ist anstrengend und kostet sehr viel Kraft.

Welche Lernerfahrungen machen Niklas und Sie?

- Das mehrfache Wiederholen der Aufforderung führt dazu, dass Niklas zukünftig Ihrer Aufforderung erst recht nicht beim ersten Mal nachkommt.
- Durch Ihr Nachgeben lernt Niklas, dass Herauszögern, Quengeln und Diskutieren erfolgversprechend sind. Er kann die Hausaufgaben aufschieben und sich vielleicht sogar direkt an sein Computerspiel setzen. Selbstverständlich wird Niklas diese erfolgreiche Taktik beibehalten, Sie dagegen werden zunehmend ratloser werden und vielleicht die Erziehung ganz aufgeben.
- Wenn Sie Niklas Konsequenzen androhen, die Sie nicht einhalten können, weil Sie vielleicht gerade gar keine Zeit dazu haben oder aber die Konsequenz so groß ist, dass Sie diese kräftemäßig gar nicht durchsetzen können und wollen, dann lernt Niklas, dass er Ihre Ansagen nicht ernst nehmen muss, und wird das auch oft nicht tun.
- Wenn Sie Niklas durch eine Ohrfeige zwingen konnten, seine Hausaufgaben zu machen, erfährt er, dass derjenige, der am längeren Hebel sitzt und stärker oder mächtiger ist, bestimmen kann, was andere zu tun haben. Das wird er gleich bei seinem kleinen Bruder testen oder auch bei schwächeren Mitschülern. Sie erziehen Niklas so zu aggressiven Verhaltensweisen. Das merken Sie aber vielleicht erst zu spät, denn zunächst scheint die Ohrfeige ja das Einzige zu sein, das wirklich geholfen hat, sodass Sie beim nächsten Mal, wenn Sie nicht weiter wissen, vielleicht auch schneller zu diesem Mittel greifen.
- Niklas lernt zudem, dass es sich nicht lohnt, Aufforderungen zu befolgen, denn auch dann meckert die Mutter oder sagt, wenn es gut läuft, nichts. Es läuft für ihn also auf das Gleiche hinaus, nur, dass er nicht sofort spielen kann.

Das Ergebnis

Das Problemverhalten bleibt bestehen. Der Umgang miteinander ist überwiegend negativ und ermahnend. Das ist für Niklas und Sie gleichermaßen anstrengend und entmutigend. Es bleibt kaum Zeit, Kraft und Lust für ein positives Miteinander.

Weiterführende Informationen
▶ Für eine Zunahme des Problemverhaltens sind gelegentliche Interaktionsprozesse dieser Art ausreichend.
▶ Betonen Sie, dass auch Lehrer in diese Interaktionsfalle treten, und verdeutlichen Sie daran noch einmal, dass zur Verminderung von Verhaltensproblemen in der Schule eine enge Zusammenarbeit mit den Lehrern erforderlich ist.

Tipp
▶ Die Eltern wurden bei der Vorbereitung für diese Gruppenstunde schon sehr detailliert dazu angeleitet, ihre eigenen Interaktionen mit ihrem Kind anhand des Teufelskreis-Modells zu analysieren. Aufbauend hierauf können Sie auch exemplarisch den Teufelskreis anhand der Vorbereitungen der Eltern für einzelne Familien in der Gruppe durchsprechen.
▶ Geben Sie den Eltern auf jeden Fall die Möglichkeit, Rückfragen zu stellen, wenn bei der Vorbereitung auf diese Stunde Probleme aufgetreten sind oder Eltern die alleinige Bearbeitung der Fragen zum Teufelskreis im Elternarbeitsbuch schwerfiel.
▶ Wenn Sie den Beispielfall (»Kennen Sie das?«) eingeführt haben, können Sie den Teufelskreis anhand dieses Beispiels erläutern.

Ausbruch aus dem Teufelskreis

S. 45   1–5 Minuten

Zielsetzung: Vermittlung von Auswegen aus dem Teufelskreis
▶ Benennung späterer Ansatzpunkte zum Ausbruch aus dem Teufelskreis
▶ Ausblick auf weitere Themen der THOP-Elterngruppe

Tipp
▶ Verdeutlichen Sie den Unterschied meist impulsiv ausgesprochener Strafen und gezielt eingesetzter negativer Konsequenzen.

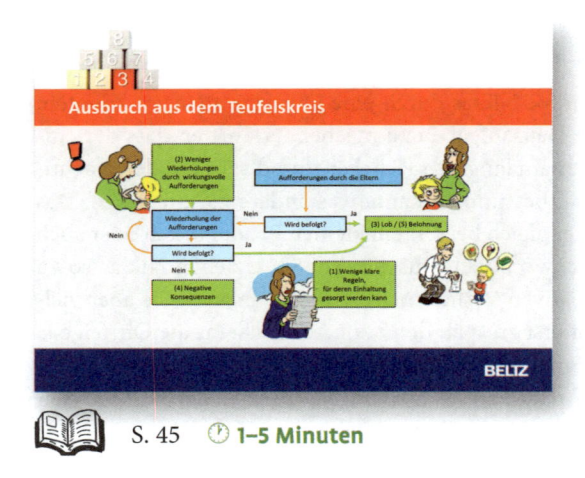

Zusammenfassung Teufelskreis

Folie: Zusammenfassung: Teufelskreis
- Es muss an verschiedenen Stellen des Teufelskreises angesetzt werden.
- Ab heute lernen Sie Schritt für Schritt, wie Sie aus dem Teufelskreis ausbrechen können.
- Was halten Sie davon?
- Kommt Ihnen der Teufelskreis bekannt vor?

S. 46   1–5 Minuten

Zielsetzung
- Verdeutlichung des Teufelskreises als Ausgangsbasis zur Ableitung von Interventionen

Tipp
- Betonen Sie die enorme Anstrengung und Selbstdisziplin, die Eltern aufbringen müssen, um festgefahrene Interaktionsmuster zu verändern, und verstärken Sie die Eltern für ihre Bereitschaft und ihre Bemühungen.
- Zur Übersicht gelangen Sie über das graue Kästchen rechts unten.

∞ zur Übersicht über die 3. Gruppenstunde

Teil 2

Folie: Teil 2 – Sich wieder mögen lernen

S. 46   1–5 Minuten

Zielsetzung
- Gliederung der Gruppenstunde
- Einführung in das zweite Teilthema: Sich wieder mögen lernen
- In diesem Teilabschnitt sollen die Eltern dazu angeleitet werden, positive Eigenschaften ihres Kindes sowie positives Verhalten wieder verstärkt wahrzunehmen und dem Kind auch zurückzumelden.

Ziel: Schieflage ausgleichen

Folie: Ziel: Schieflage ausgleichen
- Schieflage ausgleichen
  - (1) Sich wieder mögen lernen
  - (2) Fördern Sie die Stärken Ihres Kindes

S. 46   1–5 Minuten

Zielsetzung
- Verweisen Sie auf das Ergebnis des Teufelskreises. Negative Interaktionen rücken in den Vordergrund. In der THOP-Elterngruppe soll in mehreren Bausteinen an diesem Punkt angesetzt werden, indem positive Interaktionen wieder gestärkt werden. Eine positive Beziehung ist Voraussetzung dafür, dass die folgenden Interventionen, die am Problemverhalten ansetzen, wirken können.

Mögliche Schwierigkeiten
- **Eltern hinterfragen die Interventionen, da diese nicht am Problemverhalten ansetzen.** Verdeutlichen Sie nochmals die Zielsetzung des Bausteins.

Falls noch nicht geschehen …
(1)–(4)

Bearbeiten Sie bitte
Memokarte 1
(S. 158, Punkte 1–4)

S. 47   5–10 Minuten

Material: Memokarte 1 (S. 158)

Zielsetzung: Fokussierung auf positive Verhaltensanteile und Eigenschaften des Kindes

▶ Umdeutung von »Problemverhalten«: Verhalten ist nie nur schlecht. Es kommt auf den Kontext und auf die Situation an. Viele der Eigenschaften und Verhaltensweisen, die in manchen Situationen schwierig sind, sind in anderen Situationen besonders liebenswert und machen die Persönlichkeit des Kindes mit aus.

▶ Reduktion überhöhter Erwartungen oder Anforderungen an das Kind hinsichtlich lobenswerten Verhaltens sowie der Vergleiche mit Geschwisterkindern oder anderen Kindern ohne ADHS

▶ Fokussierung der Aufmerksamkeit auf kleine Verhaltensänderungen und deren Wertschätzung

▶ Fokussierung der Aufmerksamkeit auf kleine Fortschritte in schwierigen Situationen. Modifikation der Grundannahme »Mein Kind kann, aber will nur nicht« hin zu »Mein Kind muss sich wirklich besonders anstrengen und muss für diese Anstrengung belohnt werden«

Mögliche Schwierigkeiten

▶ **Die Eltern haben Schwierigkeiten in der Ableitung von Stärken des Kindes aus seinen häufigen Aktivitäten.** Häufiges Verhalten von Kindern mit ADHS ist oftmals gleichzeitig Problemverhalten. Daher erscheint es Eltern in der Regel unlogisch, nach positiven Aspekten des problematischen Verhaltens zu suchen. Aber auch Problemverhalten hat in der Regel seine guten Seiten: So sind hyperkinetische Kinder sehr aktiv und energievoll, was z. B. bei einer stürmischen Begrüßung nach einem langen Arbeitstag auch sehr schön sein kann. Kinder, die gern und gut am Computer spielen, kennen sich so auch gut mit Computern aus und können vielleicht den Eltern bei Computerproblemen sogar helfen.

▶ **Die Eltern sehen keine positiven Aspekte an ihrem Kind.** Hier kann die Diskussion in der Gruppe häufig helfen – es wirkt oftmals sehr ansteckend, wenn andere Eltern gute Seiten an ihren ebenfalls nicht immer unproblematischen Kindern benennen können. Wenn Sie als Therapeut die Kinder persönlich kennen, z. B. aus der Einzeltherapie, können Sie die Eltern unterstützen, indem Sie modellhaft positive Eigenschaften des Kindes benennen, die Ihnen auffallen.

Der folgende Abschnitt wurde von den Eltern *nicht* vorbereitet!

Sich wieder mögen lernen
(5) Positives rückmelden

S. 49   1–5 Minuten

Zielsetzung
- unmittelbare Rückmeldung positiver Verhaltensanteile und Eigenschaften des Kindes
- Finden von authentischen Rückmeldemöglichkeiten

Mögliche Schwierigkeiten
- **Die Eltern missverstehen die Intervention als Überbewertung angemessenen Verhaltens.** Zum einen ist es wichtig, den Eltern zu verdeutlichen, dass nicht alles, was als Selbstverständlichkeit wahrgenommen wird, für das Kind wirklich eine Selbstverständlichkeit darstellt. Zum anderen geht es nicht um Überbewertung, sondern um eine angemessene Rückmeldung. Diese soll authentisch vermittelt werden. Die Eltern sollen sich wohl damit fühlen, ebenso wie die Kinder.
- **Die Eltern haben die Erfahrung gemacht, dass ihr Kind keine Freude über Lob zeigt, sondern eher beschämt ist.** Erfahrungsgemäß müssen viele Kinder erst wieder lernen, Lob annehmen zu können. Ermutigen Sie die Eltern, auch ohne entsprechende Reaktion des Kindes. Positives zurückzumelden und unterschiedliche Rückmeldungen auszuprobieren.

Sich wieder mögen lernen
(6) Spaß- und Spielzeit

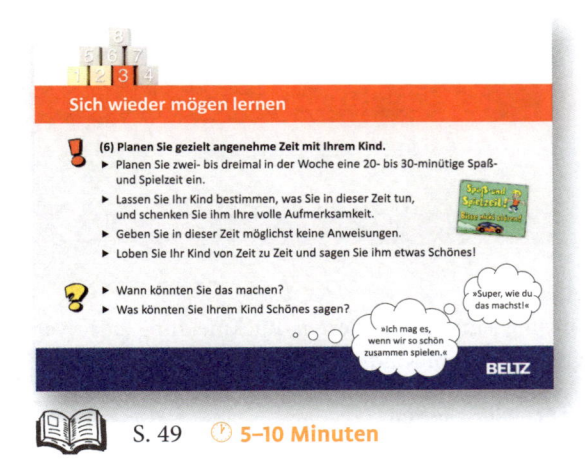

S. 49   5–10 Minuten

Material: Arbeitsblatt 6 (S. 149)

Zielsetzung
- Aufbau positiver Spielinteraktionen und konfliktfreier Zeit
- Ausgleich zu einem überwiegend negativ kontrollierenden Verhaltensmuster

Mögliche Schwierigkeiten
- **Zeitmangel der Eltern.** Zeigen Sie Verständnis, verweisen Sie aber darauf, dass mit einer solchen Spielzeit das Kind lernt, dass es nicht nur durch negatives Verhalten Aufmerksamkeit erlangen kann. Zur Reduktion des Problemverhaltens ist diese Erfahrung für das Kind wichtig.
- **Unterschätzung des Schwierigkeitsgrades.** Thematisieren Sie den hohen Schwierigkeitsgrad dieser Methode. Die Eltern müssen hier gewohnte Verhaltensweisen im Umgang mit dem Kind (ermahnen, anleiten, kritisieren) verändern. Weisen Sie darauf hin, dass zu Beginn häufig ein direktives Vorgehen beobachtet werden kann sowie die Äußerung von Kritik. Die Eltern sollen sich diesbezüglich genau beobachten.
- **Eltern haben Sorge, dass das Kind auch in anderen Situationen bestimmen möchte, was und wie gespielt wird.** Erfahrungsgemäß können Kinder sehr gut zwischen verschiedenen Formen des Spiels und des Umgangs miteinander trennen. Die Verwendung des Türschilds (AB 6) kann die Besonderheit der Spaß- und Spielzeit zusätzlich betonen.

Sich wieder mögen lernen: Job der Woche

[Screenshot: Folie "Sich wieder mögen lernen" – JOB DER WOCHE (7) Schreiben Sie auf, was gut gelaufen ist.
- Nehmen Sie sich 10 Minuten Zeit und gehen Sie den Tag noch einmal durch.
- Überlegen Sie, was heute mit Ihrem Kind gut oder besser als üblich gelaufen ist oder worüber Sie sich gefreut haben.
- Tragen Sie diese Ereignisse in Protokoll 1 (Rückseite von Memokarte 1, S. 159) ein.
- Notieren Sie auch, wie Sie reagiert haben.
? Wann können Sie sich die Zeit dafür nehmen?]

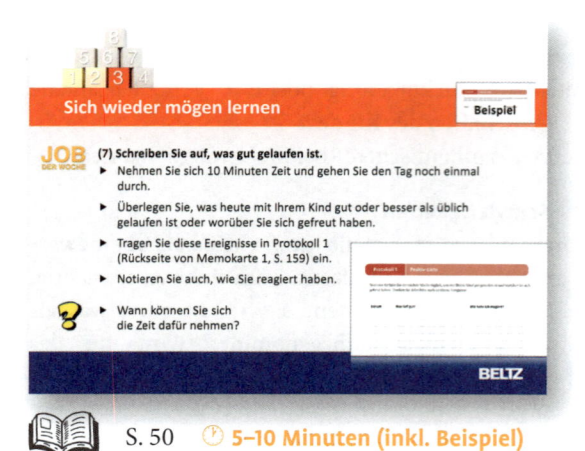

📖 S. 50   ⏱ **5–10 Minuten (inkl. Beispiel)**

Zielsetzung
▶ Planung der Umsetzung gezielter positiver Interaktionen im Alltag
▶ Reflexion positiver Ereignisse im Tagesverlauf sowie der eigenen Reaktionen

Tipp
▶ Lassen Sie den Eltern die Zeit, sich einen festen Zeitpunkt in ihrem Kalender zu notieren.
▶ Wenn Sie auf das Rechteck oben rechts (»Beispiel«) klicken, gelangen Sie zu einem beispielhaft ausgefüllten Protokoll.

∞ Beispiel

∞ Sich wieder mögen lernen: Beispiel Protokoll 1 (optional)

[Screenshot: Folie "Sich wieder mögen lernen: Beispiel Protokoll 1" mit ausgefülltem Protokoll 1 / Positiv-Liste]

📖 S. 51

Zielsetzung
▶ Verdeutlichung des Jobs der Woche (Protokoll 1) anhand eines Beispiels
▶ Aufbau einer realistischen Erwartungshaltung. Die Eltern sollen ermutigt werden, auch schwierige Tage zu protokollieren sowie ausbleibende Reaktionen.

Tipp
▶ Wenn Sie auf den Pfeil unten rechts klicken, gelangen Sie zurück zur Ausgangsfolie.

Sich wieder mögen lernen (8) Abendliche Rückmeldung

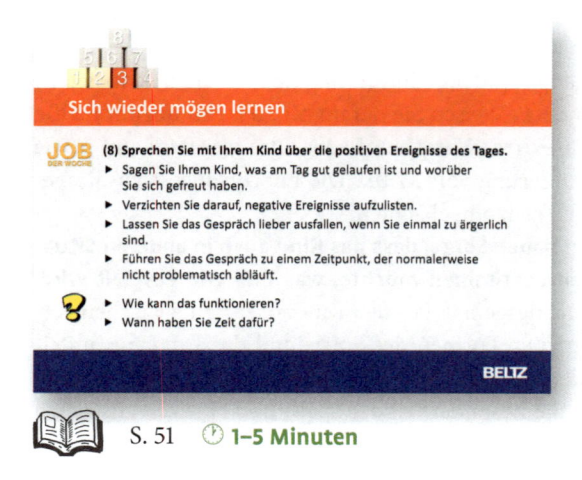

[Screenshot: Folie "Sich wieder mögen lernen" – JOB DER WOCHE (8) Sprechen Sie mit Ihrem Kind über die positiven Ereignisse des Tages.
- Sagen Sie Ihrem Kind, was am Tag gut gelaufen ist und worüber Sie sich gefreut haben.
- Verzichten Sie darauf, negative Ereignisse aufzulisten.
- Lassen Sie das Gespräch lieber ausfallen, wenn Sie einmal zu ärgerlich sind.
- Führen Sie das Gespräch zu einem Zeitpunkt, der normalerweise nicht problematisch abläuft.
? Wie kann das funktionieren? Wann haben Sie Zeit dafür?]

📖 S. 51   ⏱ **1–5 Minuten**

Zielsetzung
▶ Einführung einer ritualisierten Rückmeldung positiver Ereignisse mit dem Kind

Mögliche Schwierigkeiten
▶ **Die Eltern finden keinen festen Zeitpunkt und möchten jeden Tag spontan einen Zeitpunkt festlegen.** Verweisen Sie darauf, dass ein festgelegter Zeitpunkt zur Aufrechterhaltung des Gesprächs über einen längeren Zeitraum hinweg hilfreich sein kann.

Tipp
▶ Helfen Sie den Eltern an dieser Stelle, einen passenden Zeitpunkt für ein solches Gespräch in ihrem Tagesablauf zu finden. Im Verlauf der nächsten Bausteine wird dieses Gespräch um weitere Inhalte erweitert werden.
▶ Es ist günstig, wenn beide Eltern an diesem Gespräch teilnehmen können.

Sich wieder mögen lernen
(9) Erwarten Sie keine Wunder

[Memokarte: Sich wieder mögen lernen – (9) Erwarten Sie keine Wunder!]
- Diese Regeln können helfen, die Stimmung in der Familie zu verbessern.
- Manchmal vermindern sich auch die Probleme ein wenig – eine starke Verminderung ist aber nicht zu erwarten.
- Die Regeln stellen eine notwendige Grundlage für spätere Maßnahmen dar.
- Manchmal fällt es den Kindern auch schwer, Lob anzunehmen. Loben Sie Ihr Kind auch weiter, wenn es sich nicht offen darüber freut.

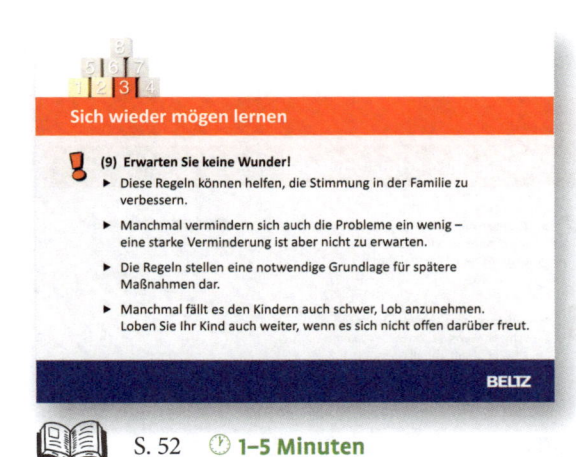

S. 52   1–5 Minuten

Zielsetzung
- Aufbau einer adäquaten Erwartungshaltung bezüglich dieser Intervention
- Wiederholung der Stärkung positiver Beziehungselemente als notwendige Voraussetzung für weitere Beratungsschritte
- Anleitung der Eltern zur Fokussierung auf kleine Fortschritte

---

Sich wieder mögen lernen: Generalprobe

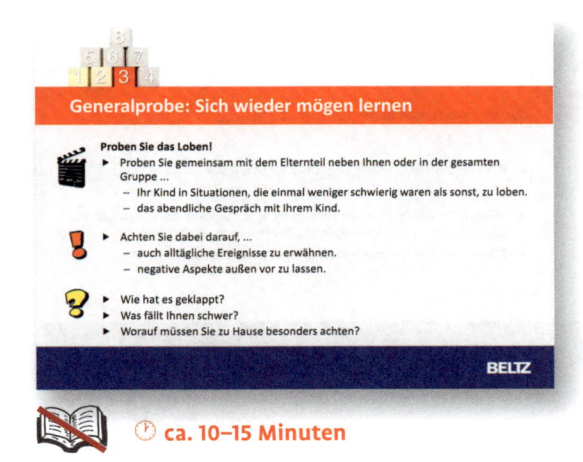

[Memokarte: Generalprobe: Sich wieder mögen lernen]
Proben Sie das Loben!
- Proben Sie gemeinsam mit dem Elternteil neben Ihnen oder in der gesamten Gruppe ...
  – Ihr Kind in Situationen, die einmal weniger schwierig waren als sonst, zu loben.
  – das abendliche Gespräch mit Ihrem Kind.
- Achten Sie dabei darauf, ...
  – auch alltägliche Ereignisse zu erwähnen.
  – negative Aspekte außen vor zu lassen.
- Wie hat es geklappt?
- Was fällt Ihnen schwer?
- Worauf müssen Sie zu Hause besonders achten?

ca. 10–15 Minuten

Zielsetzung
- Einübung positiver Rückmeldung bei geringerem Problemverhalten
- Einübung des abendlichen Gesprächs

Mögliche Schwierigkeiten
- siehe Abschnitt *Häufige Schwierigkeiten bei der Umsetzung der Inhalte: Rollenspiel kommt nicht in Gang* (S. 39)

Tipp
- Sie können die Eltern als Vorbereitung dazu anleiten, gedanklich einen typischen Tagesablauf durchzugehen und dabei auch regelmäßige Auseinandersetzungen nicht außen vor zu lassen. Die Eltern sollen sich vorstellen, dass sich das Problemverhalten in der Konfliktsituation etwas geringer zeigt (z. B. hört das Kind schon auf die zweite Aufforderung, ohne dass es zu Drohungen kommt). Anschließend können die Eltern ihre Notizen auf Memokarte 1 noch einmal durchgehen, bevor sie mit der Übung beginnen.

Zeitrahmen für Abschluss der Stunde: 🕐 5–10 Minuten

Fazit Baustein 3

- Sehen Sie Ihr Kind wieder in einem positiven Licht:
  - Auch an problematischen Verhaltensweisen oder Interessen lassen sich positive Anteile finden.
- Die Positiv-Liste kann ein Weg aus dem Teufelskreis sein, …
  - weil die guten Eigenschaften und unproblematisches Verhalten wieder mehr gesehen werden,
  - weil die Bilanz von positiven und negativen Erlebnissen wieder ausgeglichener wird.

NACHBEREITEN: Sie können das heutige Thema in Ihrem Arbeitsbuch noch einmal nachlesen.

Nehmen Sie Ihre Erfolge bewusst wahr!

- Ein nächster Schritt ist geschafft! Sie können nun Ihre Checkliste (Arbeitsblatt 1) aktualisieren.
- Auf Positives zu achten, fällt oft schwer, wenn es so viele Probleme gibt, aber der Versuch lohnt sich!
- Damit gehen Sie in Vorleistung für Ihr Kind.

Ausblick: Sorgen Sie für klare Regeln

Teil 1: Familienregeln einführen

Teil 2: Geben Sie wirkungsvolle Aufforderungen!

Woran sollten Sie zum 4. Termin denken?

Der nächste Termin findet statt am …

VORBEREITEN:
- Bereiten Sie den ersten Teil von Baustein 4 vor (S. 56–61).

JOB DER WOCHE:
- Führen Sie die Positivliste (Protokoll 1, S. 159, auf der Rückseite von Memokarte 1) und sprechen Sie mit Ihrem Kind darüber.
- Planen Sie mit Ihrem Kind eine regelmäßige Spaß- & Spielzeit.

📖 S. 53

Auf Wiedersehen!

12 Gruppenstunde 3

13 Gruppenstunde 4: Sorgen Sie für klare Regeln

13.1 Übersicht über Gruppenstunde 4

Zielsetzung von Gruppenstunde 4
- Absprache über wichtige Familienregeln zwischen den Eltern, um ein einheitliches Regelsystem zu erschaffen
- Vereinbarung von Familienregeln mit dem Kind, um dem Kind klare Strukturen aufzuzeigen und elterliche Erwartungen explizit zu machen
- Einsetzen von effektiven Aufforderungen zur Minderung von Problemen, die aufgrund der Aufmerksamkeitsproblematik zustande kommen

Teilbereiche von Gruppenstunde 4
- Teil 1: Familienregeln überdenken
- Teil 2: Familienregeln einführen
- Teil 3: Geben Sie wirkungsvolle Aufforderungen

Materialien zu Gruppenstunde 4
- Materialien für Therapeuten: Manual, S. 95–110
- Materialien für Eltern: Elternarbeitsbuch, S. 55–67, darin:
  - Memokarte 2: *Sorgen Sie für klare Regeln!*
  - Memokarte 3: *Geben Sie wirkungsvolle Aufforderungen!*
  - Protokoll 3 auf Memokarte 3: *Geben Sie wirkungsvolle Aufforderungen!*, S. 163
- Arbeitsblatt 1: *Checkliste THOP-Elterngruppenprogramm*, S. 143

Vorbereitung der Eltern für Gruppenstunde 4
- Teil 1 (Familienregeln überdenken) (S. 58–61), darin:
  - Protokoll 2 auf Memokarte 2: *Sorgen Sie für klare Regeln!*, S. 161
- Arbeitsblatt 4: *Problemliste: Verhaltensprobleme meines Kindes*, S. 147

Mögliche Schwierigkeiten bei der Bearbeitung von Baustein 4
- **Vereinbarung von Regeln bei getrennt lebenden Eltern.** Auch wenn Eltern getrennt leben, ist es günstig, wenn in beiden Haushalten ähnliche Regeln gelten. Zumindest die wichtigsten Regeln sollten übereinstimmen. Dies ist insbesondere bei Kindern mit ADHS wichtig, die klare Strukturen benötigen. Ist die Situation zwischen den getrennt lebenden Eltern sehr angespannt, kann es sinnvoll sein, das Gespräch über Regeln im Beisein einer neutralen Person zu führen, z. B. eines Paar- oder Familienberaters, Mediators, Therapeuten oder Arzt.

▶ **Eltern sind unterschiedlich »streng«.** Wenn Eltern sehr unterschiedliche Vorstellungen davon haben, wie streng oder freigiebig sie in ihrer Erziehung sein wollen, sollten Sie sich an dieser Stelle ausreichend Zeit nehmen, sich über diese Punkte auszutauschen. Verdeutlichen Sie, dass jede Familie ihre eigenen Regeln und Grenzen finden muss, es kein Richtig und Falsch gibt, jedoch ein Gleichgewicht zwischen Freiheiten und Grenzen dabei eingehalten werden sollte und einige zentrale Regeln auch von beiden Eltern vertreten werden sollten. Ermutigen Sie die Eltern, ein ausführliches Gespräch über ihre jeweiligen Vorstellungen zu führen, und raten Sie ihnen, erst dann die Regeln mit ihrem Kind zu besprechen, wenn sie eine gemeinsame Linie gefunden haben.

▶ **Eltern legen sehr viele Regeln fest.** Leiten Sie die Eltern dazu an, sich zunächst auf maximal drei Regeln zu einigen, die sie mit ihrem Kind vereinbaren wollen. Jede weitere Regel erfordert auch von den Eltern viel Einsatz und Energie, da ihre Einhaltung zuverlässig nachgehalten werden muss. Wenn die ersten drei Regeln in der Familie problemlos funktionieren, können jederzeit weitere Regeln definiert werden.

▶ **Eltern möchten auf feste Regeln verzichten.** Eltern, deren Kinder ADHS haben, haben oftmals auch selbst Defizite in der Selbstorganisation und -strukturierung und es fällt ihnen schwer, klare Strukturen und Regeln vorzugeben. Andere Eltern möchten aus Prinzip in ihrer Erziehung auf Regeln verzichten. Für Kinder mit ADHS, die klare Strukturen benötigen, um sich zurechtzufinden, ist aber ein allzu großer Freiraum zumeist überfordernd. Erläutern Sie den Eltern diese Argumentation und ermutigen Sie sie, zumindest wenige sehr wichtige Regeln zu erarbeiten.

▶ siehe außerdem Kapitel 8 *Häufige Schwierigkeiten* (S. 35ff.).

Tipp

▶ Da es in der 4. Gruppenstunde um das Aufstellen klarer Regeln in der Familie geht, ist es wünschenswert, wenn an dieser Stunde beide Elternteile teilnehmen können.

13.2 Durchführungsanleitung zu Gruppenstunde 4

Erinnerung Problemliste

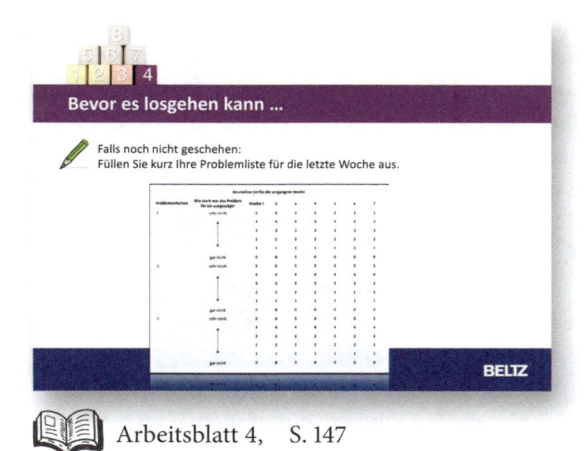

Arbeitsblatt 4, S. 147

Zielsetzung der Gruppenstunde
▶ Erinnerung an die Bearbeitung der individuellen Problemliste (AB 4)

Tipp
▶ Sie können diese Folie vor Beginn der Gruppenstunde bereits aufrufen, sodass die Eltern, wenn sie den Gruppenraum betreten und sich für die Stunde einrichten, noch einmal an die Problemliste (AB 4) erinnert werden und diese so vor Beginn der Stunde ausfüllen können.

Baustein 4: Titel

S. 55–67   1–5 Minuten

Zielsetzung
▶ siehe Abschnitt 13.1

Rückblick Baustein 3

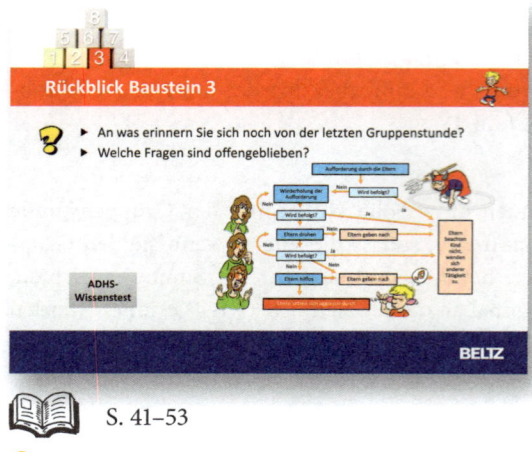

S. 41–53

⏱ ca. 10-20 Minuten (inkl. verlinkter Folien)

∞
Wissenstest
Ausführlicher Rückblick

Zielsetzung
▶ kurze Wiederholung der Inhalte der 3. Gruppenstunde
▶ Klärung offener Fragen aus der 3. Stunde

Tipp
▶ Oftmals haben Eltern zwar spontan keine Fragen zum »Teufelskreis«, haben das Prinzip des Teufelskreises aber dennoch noch nicht verinnerlicht. An dieser Stelle kann es daher sinnvoll sein, wenn Sie als Therapeut die Inhalte des Bausteins 3 noch einmal kurz zusammenfassen, auch wenn die Eltern keine Fragen dazu stellen. Auch die Verwendung des Wissenstests und der ausführlichen Zusammenfassung kann hilfreich sein.
▶ Über das graue Kästchen links unten gelangen Sie zum Wissenstest. Der Wissenstest überprüft das Verständnis von Kernaussagen des letzten Bausteins.
▶ Wenn Sie auf den Comic oben rechts klicken, gelangen Sie zu einer ausführlicheren Zusammenfassung der Inhalte des zweiten Teils des 3. Bausteins (Sich wieder mögen lernen). Den ersten Teil des 3. Bausteins können Sie anhand der Grafik zum Teufelskreis, die Sie bereits auf dieser Folie sehen, rekapitulieren.

∞ Wissenstest Baustein 3 (optional)

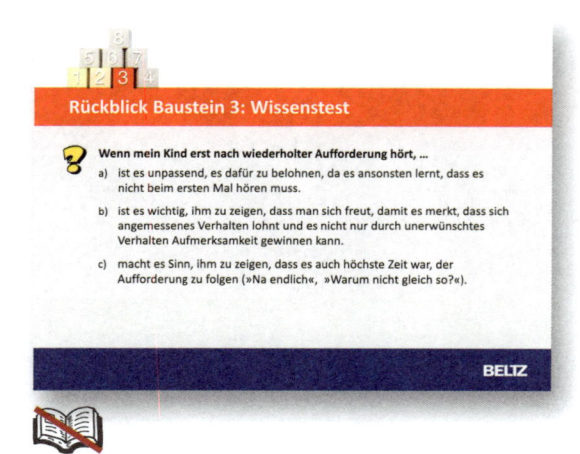

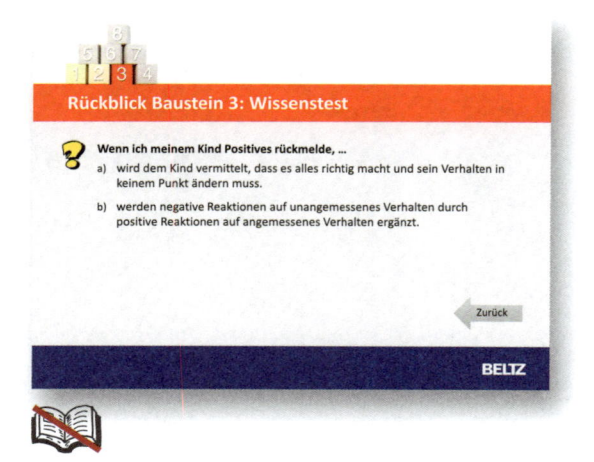

Zielsetzung
▶ spielerischer Rückblick auf die Inhalte der letzten Gruppenstunde
▶ Klärung häufiger Missverständnisse

Tipp
▶ Die jeweils richtige(n) Antwort(en) wird/werden bei Klick unterstrichen.
▶ Wenn Sie auf den Pfeil auf der rechten Seite der zweiten Folie des Wissenstests klicken, gelangen Sie zurück zum Rückblick auf Baustein 3.

∞ Ausführlicher Rückblick Baustein 3, Teil 2 (optional)

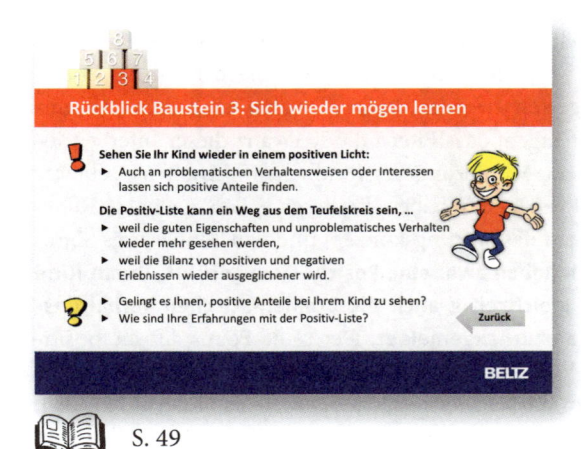

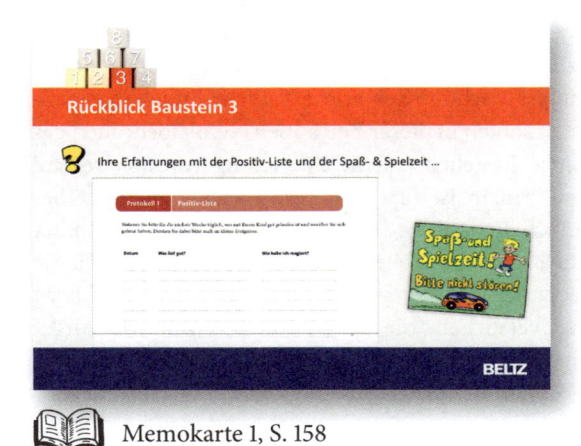

S. 49

Zielsetzung
- Wiederholung der wichtigsten Inhalte des zweiten Teils des 3. Bausteins und damit auch des zweiten Teils der 3. Gruppenstunde
- Wenn in der letzten Gruppenstunde Eltern gefehlt haben, können so noch einmal alle Teilnehmer kurz über die letzte Gruppenstunde informiert werden.

Tipp
- Wenn Sie auf den Pfeil unten rechts klicken, gelangen Sie zurück zur Ausgangsfolie.
- Diese Folie dient auch in Baustein 8, in dem jeder vorherige Baustein noch einmal kurz wiederholt wird, zur Zusammenfassung der Inhalte des zweiten Teils von Baustein 3.

Rückblick Baustein 3, Teil 2

Memokarte 1, S. 158

Zielsetzung
- Diskussion über die ersten Erfahrungen der Eltern in der Umsetzung von Baustein 3
- Erfahrungsaustausch über Positiv-Liste und Spaß- und Spielzeit

Auswertungsfragen
- Haben Sie Baustein 3 zu Hause noch einmal nachgelesen?
- Haben Sie die Positiv-Liste umgesetzt?
- Wie schwer ist es Ihnen gefallen, positive Erlebnisse zu finden?
- Haben Sie auch Kleinigkeiten notiert?
- Konnten Sie Ihrem Kind die positiven Erfahrungen auch zurückmelden?
- Haben Sie abends (oder zu einem anderen Tageszeitpunkt) noch einmal mit Ihrem Kind über die Positiv-Liste gesprochen?
- Wie haben Sie und Ihr Kind diese abendliche Rückmeldung erlebt?
- Haben Sie die Spaß- und Spielzeit ausprobiert?
- Wie häufig?
- Was wurde gespielt?
- Hatten Sie den Eindruck, dass Sie sich an die Regeln der Spaß- und Spielzeit halten konnten (keine negativen Rückmeldungen, das Kind bestimmt die Regeln usw.)?
- Hat die Spielzeit Ihnen und Ihrem Kind gefallen?
- Sind Schwierigkeiten aufgetreten?
- Wie hat Ihr Kind auf die Interventionen reagiert?

Mögliche Schwierigkeiten

▶ **Eltern haben die Interventionen nicht umgesetzt.** Trotz aller guten Vorsätze geraten manche Interventionen schnell wieder in Vergessenheit. Wenn insbesondere diese Interventionen zur Stärkung der Eltern-Kind-Beziehung »vergessen« wurden, kann dies aber auch damit zusammenhängen, dass Eltern die Relevanz dieser Interventionen zur Minderung der kindlichen Verhaltensprobleme nicht verstanden haben. In diesen Fällen macht ein Rückgriff auf das Störungskonzept und den Teufelskreis Sinn.

▶ **Eltern haben zwar eine Positiv-Liste geführt, ihrem Kind aber gleichzeitig auch die problematischen Verhaltensweisen zurückgemeldet.** Der reine Fokus auf die positiven Verhaltensweisen und »guten Ausnahmen« ist für Eltern oft schwierig. Ermutigen Sie die Eltern dennoch, sich einmal konsequent nur auf das positive Verhalten des Kindes zu konzentrieren. Die negativen Verhaltensweisen erwähnen die Eltern in der Regel sowieso.

▶ **Eltern haben Fragen zur Unterscheidung der Spaß- und Spielzeit von einem normalen Spiel mit dem Kind.** Das Prinzip der Spaß- und Spielzeit ist, dass das Kind eine bedingungslos schöne Zeit erlebt. Jegliche Erziehungsmaßnahmen sollten in dieser Zeit außen vor bleiben; auch das elterliche Bestehen auf die Einhaltung von Spielregeln! Dieses Prinzip ist für die Eltern oftmals zunächst befremdlich. Ermutigen Sie die Eltern in diesem Fall, andere Spiele als Regelspiele zu wählen, und vereinbaren Sie ggf. auch ein »Verhaltensexperiment«, bei dem die Eltern einmal versuchen, die Spaß- und Spielzeit wie vorgeschlagen umzusetzen und ihre Erfahrungen mit dieser Intervention in die nächste Gruppenstunde einbringen.

Der folgende Abschnitt wurde von den Eltern vorbereitet!

Was wollen wir heute erreichen?

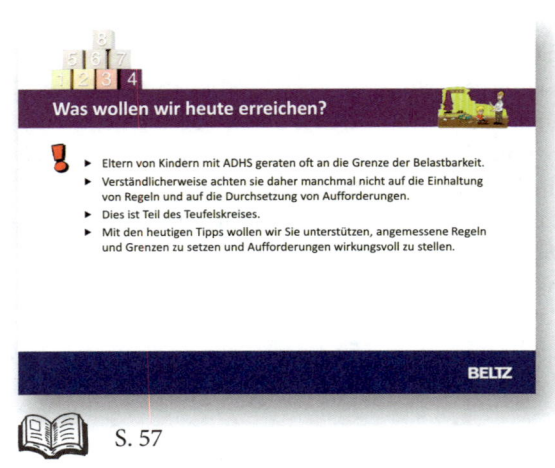

S. 57

⏱ **1–5 Minuten (inkl. verlinkter Folien)**

∞ Kennen Sie das?

Zielsetzung
▶ Einführung in das Thema der 4. Gruppenstunde
▶ Motivierung der Eltern, über die Regeln in ihrer Familie sowie ihre Art, Aufforderungen zu stellen, nachzudenken

Tipp
▶ Wenn Sie auf den Comic oben rechts klicken, gelangen Sie zu einem Fallbeispiel, das Ihnen den Einstieg in das neue Thema erleichtern kann.
▶ Nutzen Sie dieses Fallbeispiel vor allem in ruhigeren Gruppen oder wenn zunächst noch Unsicherheit in der Gruppe in Bezug auf das neue Thema besteht. Die Eltern haben das Fallbeispiel in der Vorbereitung für die Gruppenstunde bereits gelesen. Sie können also auch nur kurz darauf zu sprechen kommen, ohne die Folie aufzurufen.

∞ Kennen Sie das? (optional)

📖 S. 56

Zielsetzung
- ▶ Einleitung des Themas der 4. Gruppenstunde
- ▶ Einführung eines Beispielfalls für sehr ruhige Gruppen
- ▶ Entlastung der Eltern durch Darstellung der »normalen« Probleme mit einem ADHS-Kind

Beispielfall
- ▶ Die Mutter achtet je nach Tagesform unterschiedlich streng darauf, dass Regeln eingehalten werden, z. B. das Händewaschen vor dem Essen oder pünktlich nach Hause zu kommen (Beispiel für unklare und nicht durchgängig verfolgte Regeln).
- ▶ Niklas hört nicht auf folgende Aufforderung: »Jetzt liegen schon wieder deine Schuhe im Flur! Ich habe dir schon tausendmal gesagt, dass die auf die Fußmatte gehören« (Beispiel für uneindeutige Aufforderungen).

Tipp
- ▶ Wenn Sie auf den Pfeil unten rechts klicken, gelangen Sie zurück zur Ausgangsfolie.

An welchem Teil des Teufelskreises setzt das heutige Thema an?

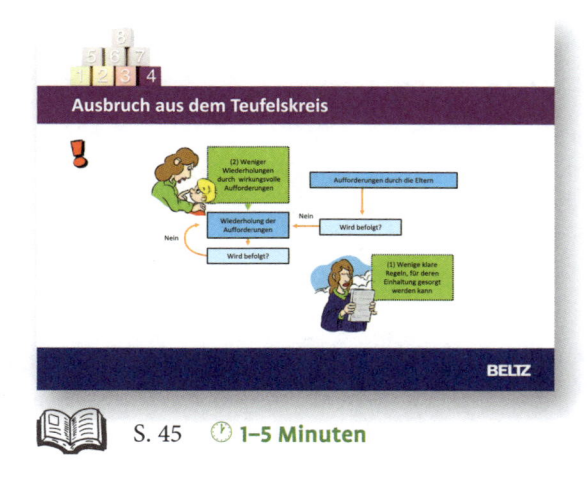

📖 S. 45   🕐 **1–5 Minuten**

Zielsetzung
- ▶ Einbettung des Themas der 4. Gruppenstunde in das Gesamt-Störungskonzept
- ▶ Aufzeigen von Wegen aus dem Teufelskreis durch
  - die Vereinbarung klarer Regeln
  - das Stellen effektiver Aufforderungen

Tipp
- ▶ Diese Folie stellt einen inhaltlichen Rückbezug auf den ersten Teil des 3. Bausteins dar, in dem der Teufelskreis und Wege aus dem Teufelskreis erläutert wurden. Auf dieser Folie sind nun nur diejenigen Auswege aus dem Teufelskreis herausgegriffen, die in Baustein 4 beschritten werden sollen. Eine Gesamtübersicht über alle möglichen Wege aus dem Teufelskreis findet sich auf S. 45 des Elternarbeitsbuchs.

Übersicht Gruppenstunde 4

[Abbildung: Übersicht Baustein 4]
1 Familienregeln überdenken
2 Familienregeln einführen
3 Geben Sie wirkungsvolle Aufforderungen

⏱ 1–5 Minuten

∞ zu Teil 1, Teil 2 und Teil 3

Zielsetzung
▶ Übersicht über die inhaltlichen Teile dieser Gruppenstunde

Tipp
▶ Sie können die Kästen, in denen die drei Teile dargestellt sind, anklicken und gelangen so zu dem jeweiligen Inhalt.

Einführung in Teil 1

[Abbildung: Teil 1 – Familienregeln überdenken]

S. 58   ⏱ 1–5 Minuten

Zielsetzung
▶ Gliederung der Gruppenstunde
▶ Einführung in das erste Teilthema: Familienregeln überdenken

Familienregeln überdenken

📖 S. 58–61, Memokarte 2, S. 160

🕐 **5–10 Minuten (inkl. verlinkter Folie)**

∞ Regeln und Grenzen

Zielsetzung
- Reflexion der ausgesprochenen und auch impliziten Familienregeln
- Priorisierung der Familienregeln
- Überprüfung der Um- und Durchsetzbarkeit der Regeln
- Erarbeitung eines Regelsystems, das von beiden Eltern gleichermaßen unterstützt wird

Tipp
- Auch wenn die Eltern sich bereits als Vorbereitung der Gruppenstunde mit Memokarte 2 auseinandergesetzt haben, gehen Sie diese ruhig noch einmal Punkt für Punkt durch. So gehen Sie sicher, dass alle Eltern auf dem gleichen Stand sind.
- Wenn Sie auf die Box unten rechts (»Warum sind Regeln wichtig?«) klicken, gelangen Sie auf die untenstehende Folie mit dem Titel *Regeln und Grenzen …*
- Achten Sie darauf, dass die Eltern, wenn möglich, Regeln zu den von ihnen ausgewählten Problemsituationen der Problemliste (AB 4) formulieren. Es ist günstig, wenn die Eltern über die THOP-Elterngruppe hinweg stringent an einzelnen Themen arbeiten und nicht für jede Intervention ein neues Thema wählen.
- Im Elternarbeitsbuch findet sich ein langer Abschnitt zur Erläuterung von Memokarte 2 (S. 59).

∞ Regeln und Grenzen (optional)

📖 S. 58

Zielsetzung
- Begründung der Relevanz von Regeln im Allgemeinen und im Umgang mit ADHS-Kindern im Speziellen

Weiterführende Informationen
- Bei ADHS handelt es sich im Wesentlichen um eine Störung der Selbststeuerung. Es ist daher für Kinder mit ADHS besonders wichtig, dass Eltern die Außensteuerung erhöhen, um dem Kind einen sicheren Rahmen zu geben, in dem es sich frei bewegen kann.

Tipp
- Zeigen Sie diese Folie in Gruppen, in denen die Eltern eher die Haltung haben, dass Regeln den Alltag allzu sehr einschränken und dass sie lieber »spontan« reagieren wollen.
- Wenn Sie auf den Pfeil unten rechts klicken, gelangen Sie zurück zur Ausgangsfolie.

Familienrat proben

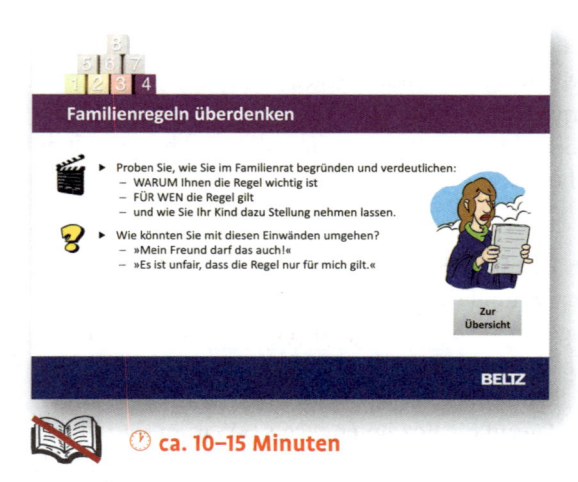

Zielsetzung
- Einübung des Familienrats
- Herausarbeiten möglicher Schwierigkeiten und Stolpersteine

Tipp
- siehe auch Kapitel 8 *Häufige Schwierigkeiten* (S. 35ff.)

ca. 10–15 Minuten

∞ zur Übersicht über die Teilthemen

Der folgende Abschnitt wurde von den Eltern *nicht* vorbereitet!

Einführung in Teil 2

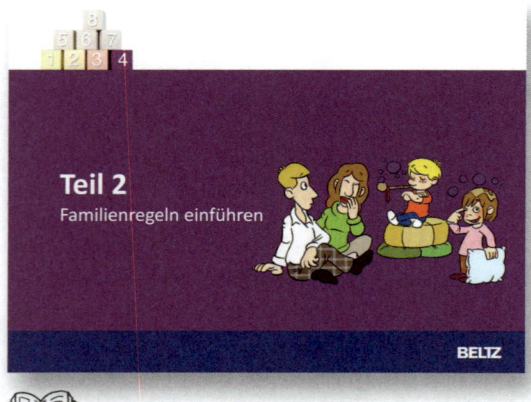

Zielsetzung
- Gliederung der Gruppenstunde
- Einführung in das zweite Teilthema: Familienregeln einführen

S. 62–67   1–5 Minuten

Familienregeln einführen

S. 62, Memokarte 2 (S. 160)

1–5 Minuten

Zielsetzung
- Übersicht über die Teilschritte bei der Einführung von Familienregeln
- Rückbezug auf Memokarte 2 *Sorgen Sie für klare Regeln!*

Weiterführende Informationen
- Besprechen Sie mit den Eltern, wie sie mit ihrem Kind einen Zeitpunkt für einen Familienrat zur Absprache der Familienregeln finden können. Günstig ist es, wenn die Eltern ihrem Kind gegenüber den Zeitpunkt dafür nicht vorgeben, sondern gemeinsam mit ihrem Kind beratschlagen, wann ein guter Termin wäre.
- Diskutieren Sie, wie die Eltern ihren Kindern den Familienrat ankündigen können. Hierbei sollte die Betonung darauf liegen, dass die Eltern gemeinsam mit den Kindern Lösungen für wiederkehrende schwierige Situationen finden möchten.
- Unter bestimmten Umständen macht es Sinn, Geschwisterkinder nicht in den Familienrat einzubeziehen, z. B. wenn sie noch sehr jung oder auch bereits junge Erwachsene sind. In der Regel sollten aber alle Familienmitglieder an dem Rat teilnehmen.
- Während des Familienrats sollten die Eltern zunächst die Kinder wichtige Themen benennen lassen und erst im Anschluss weitere Themen benennen. Ebenso sollten die Eltern die Kinder nach Lösungsmöglichkeiten fragen – eine Lösung wird eher akzeptiert, wenn die Kinder sie selbst benannt haben.
- Ermutigen Sie die Eltern dazu, die vereinbarten Regeln auch schriftlich zu fixieren. Bei jüngeren Kindern können die Regeln auch aufgemalt werden.
- Die Regeln in der Wohnung aufzuhängen ist nicht jedermanns Sache und dies sollte auf jeden Fall mit dem Kind abgestimmt werden. Wenn die Regeln in der Wohnung aufgehängt werden, ist dies aber eine gute Gedankenstütze für alle Familienmitglieder und es hilft, dass die Regeln auch tatsächlich im Alltag umgesetzt werden.

Mögliche Schwierigkeiten
- **Im Familienrat werden spontan mehr Regeln aufgestellt als geplant.** Auch wenn die Eltern im ersten Teil dieses Bausteins geplant haben, nur wenige Regeln festzulegen, kann es während des Familienrats dazu kommen, dass doch mehr Regeln aufgeschrieben werden als eigentlich geplant, z. B. weil die Eltern begeistert sind, welche zusätzlichen Regeln ihr Kind noch vorschlägt. Ermutigen Sie die Eltern daher, sich nicht zu viel gleichzeitig vorzunehmen! Es ist auch möglich, eine Liste mit vielen Regeln aufzuschreiben, aber dennoch zunächst nur einzelne Regeln herauszugreifen, die besonders wichtig sind und unmittelbar eingehalten werden sollen. Später können weitere Regeln hinzugenommen werden.

Job der Woche: Familienregeln einführen

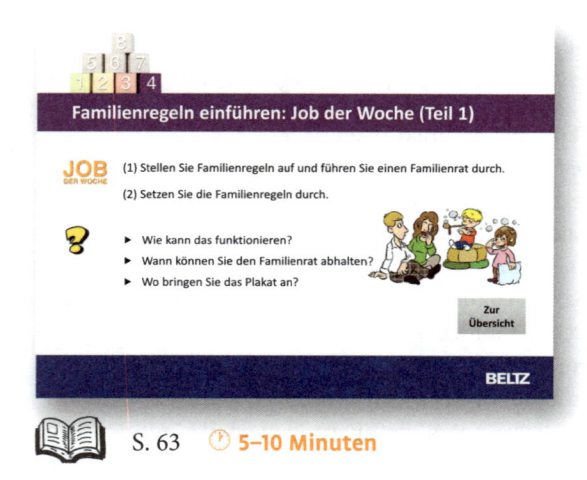

S. 63   5–10 Minuten

∞ Übersicht über die Teilthemen

Einführung in Teil 3

S. 64–66   1–5 Minuten

Zielsetzung
▶ Planung der Umsetzung des Familienrats in den Familien
  - Überlegung eines möglichen Zeitpunkts
  - Überlegung der konkreten Umsetzung während des Familienrats

Mögliche Schwierigkeiten
▶ Getrennt lebende Eltern (s. o., S. 37)

Tipp
▶ Wenn Sie auf das graue Rechteck unten rechts klicken, gelangen Sie zurück zur Übersicht über die Teilthemen des 4. Bausteins.

Zielsetzung
▶ Gliederung der Gruppenstunde
▶ Einführung in das dritte Teilthema: Geben Sie wirkungsvolle Aufforderungen

Wirkungsvolle Aufforderungen: Auswahl individueller Probleme für diese Übung

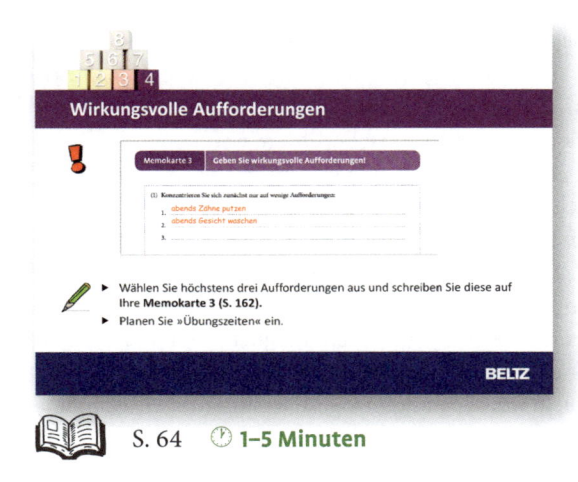

📖 S. 64 ⏱ 1–5 Minuten

Zielsetzung
▶ Fokussierung der Eltern auf konkrete Problemsituationen, in denen sie die Technik des wirkungsvollen Aufforderns einüben möchten

Tipp
▶ Vereinbaren Sie für diese Übung mit den Eltern möglichst dieselben Problemsituationen, die sie schon auf der Problemliste (AB 4) aufgenommen haben und für die sie unter Umständen auch schon Familienregeln aufgestellt haben.
▶ Zudem ist es bei dieser Intervention günstig, eine Situation als Übungssituation auszuwählen, die an einem festen Zeitpunkt im Tagesablauf auftritt. So müssen die Eltern nicht den ganzen Tag daran denken, wie sie auffordern wollen (was z. B. der Fall wäre, wenn die Übungssituation sich auf die Aufforderung bezieht, dass das Kind aufhören soll, den Bruder zu ärgern), sondern die Eltern können sich gezielt vor der Situation noch einmal die wichtigsten Punkte anschauen oder vergegenwärtigen und auch im Anschluss das Protokoll ausfüllen.

Wirkungsvolle Aufforderungen: Memokarte 3

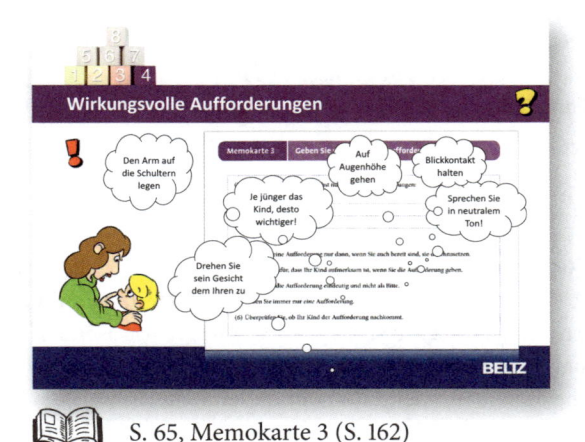

📖 S. 65, Memokarte 3 (S. 162)

⏱ **5–10 Minuten (inkl. verlinkter Folie)**

∞ Blitzumfrage

Zielsetzung
▶ Erleichterung der Bearbeitung von Memokarte 3

Tipp
▶ Anders als in anderen Bausteinen folgen an dieser Stelle keine weiteren Folien zu den einzelnen Unterpunkten dieser Memokarte. Erläutern Sie die Unterpunkte daher an dieser Stelle ruhig ausführlich. Die sich ein- und ausblendenden Beispiel-Wolken können Ihnen hierbei helfen.
▶ Wenn Sie auf das Fragezeichen rechts oben klicken, gelangen Sie zu einer weiteren Folie, die Ihnen helfen kann, die Diskussion mit den Eltern über wirkungsvolle Aufforderungen zu führen.

Weiterführende Informationen
▶ Diese Intervention stellt einen Ausweg aus dem Teufelskreis dar, da Wiederholungen von Aufforderungen reduziert werden sollen und so weniger »Schleifen« im Teufelskreis gedreht werden.
▶ Ein wichtiger Aspekt hierbei ist es, die Zahl der Aufforderungen zu reduzieren, die Eltern an ihr Kind stellen. Ermutigen Sie die Eltern daher, auch einmal Bitten an ihr Kind zu stellen und auch, wenn sie aufgrund einer schlechten Tagesform nicht in der Lage sind, die Aufforderung letztlich durchzusetzen, auf diese zu verzichten.

Sorgen Sie für klare Regeln

- ▶ Durch diese Intervention soll zudem verhindert werden, dass das Kind aufgrund seiner ADHS-Symptomatik die Aufforderung der Eltern nicht richtig mitbekommt und ihr deshalb nicht nachkommt. Gerade bei Kindern mit einer ADHS kann es sinnvoll sein, zusätzlich zum akustischen Reiz der Aufforderung auch taktile Reize zu verwenden, das Kind also zu berühren, wenn eine Aufforderung gestellt wird, um sich so seiner Aufmerksamkeit zu versichern.
- ▶ Wenn die Eltern eine Aufforderung stellen, sollten sie auf jeden Fall zeitnah kontrollieren, ob ihr Kind der Aufforderung nachkommt. Ist diese Kontrolle aus zeitlichen oder örtlichen Gründen nicht möglich, sollten die Eltern lieber auf die Aufforderung verzichten.
- ▶ Beispiele für eher ungünstige Formulierungen von Aufforderungen sind:
  - »Der Tisch müsste noch gedeckt werden.«
  - »Meinst du nicht, du hast jetzt mal genug ferngesehen?«
  - »Jetzt hast du immer noch nicht mit den Hausaufgaben angefangen.«
  - »Du könntest ruhig ab und zu mal mit anpacken.«
- ▶ Beispiele für eher günstige Formulierungen von Aufforderungen sind:
  - »Stell doch bitte die Gläser und Teller auf den Tisch.«
  - »Mach jetzt bitte den Fernseher aus.«
  - »Fang jetzt mit den Hausaufgaben an.«

∞ Wirkungsvolle Aufforderungen: Blitzumfrage (optional)

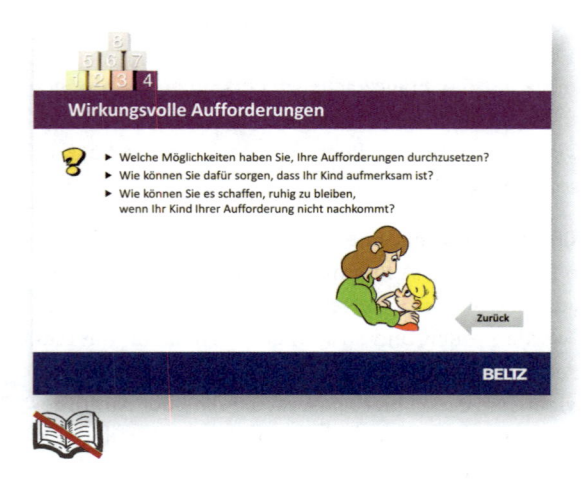

Zielsetzung
- ▶ Erarbeitung individueller Ansatzpunkte für die Umsetzung wirkungsvoller Aufforderungen

Weiterführende Informationen
- ▶ Sie können die Elterngruppe gut dafür nutzen, dass die Eltern sich gegenseitig Strategien vermitteln, wie es ihnen gelingt, eine Aufforderung ruhig und sachlich zu stellen.
- ▶ Erarbeiten Sie mit den Eltern an dieser Stelle, in welchen Situationen sie vielleicht besser einmal kurz den Raum verlassen sollen, was sie tun können, wenn leichter Ärger aufkommt (z. B. tief durchatmen, erst mal bis drei zählen, bevor sie antworten usw.) und wann sie sich von wem Unterstützung holen sollten (z. B. vom Partner).

Tipp
- ▶ Wenn Sie auf den Pfeil unten rechts klicken, gelangen Sie zurück zur Ausgangsfolie.

Generalprobe: Wirkungsvolle Aufforderungen

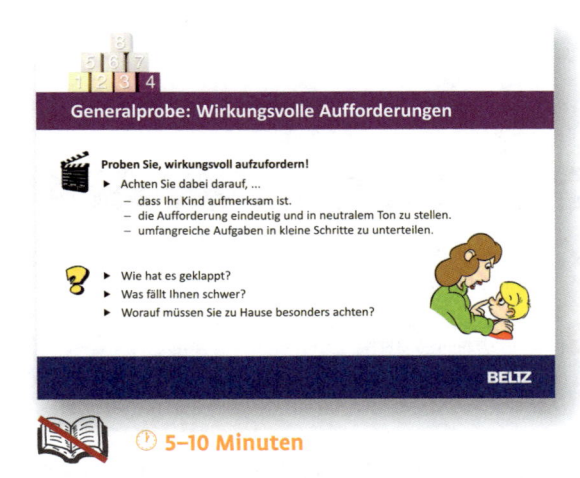

⏱ 5–10 Minuten

Zielsetzung
▶ Vorbereitung der Umsetzung der Intervention »Wirkungsvolle Aufforderungen«

Mögliche Schwierigkeiten
▶ siehe Kapitel 8 *Häufige Schwierigkeiten* (S. 35ff.)

Tipp
▶ Insbesondere bei der Generalprobe zu wirkungsvollen Aufforderungen macht es Sinn, dass Sie als Therapeut modellhaft Beispiele für mögliche Fehler bei der Formulierung von Aufforderungen und auch Beispiele für richtige Formulierungen liefern. So gelingt es teilweise, Eltern auf humorvolle Art darauf aufmerksam zu machen, dass ihnen manchmal ungünstige Formulierungen »rausrutschen«.

Wirkungsvolle Aufforderungen: Job der Woche

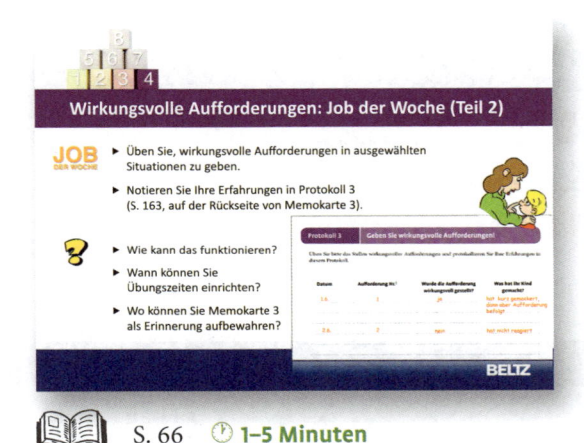

S. 66   ⏱ 1–5 Minuten

Zielsetzung
▶ Planung der Umsetzung der wirkungsvollen Aufforderungen im Alltag

Tipp
▶ Motivieren Sie die Eltern an dieser Stelle unbedingt dazu, sich festzulegen, für welche Problemsituation sie diese Technik ausprobieren möchten. Dies erhöht die Wahrscheinlichkeit, dass die Eltern diesen Job der Woche auch tatsächlich umsetzen.

Sorgen Sie für klare Regeln

Zeitrahmen für Abschluss der Stunde: ⏱ **5–10 Minuten**

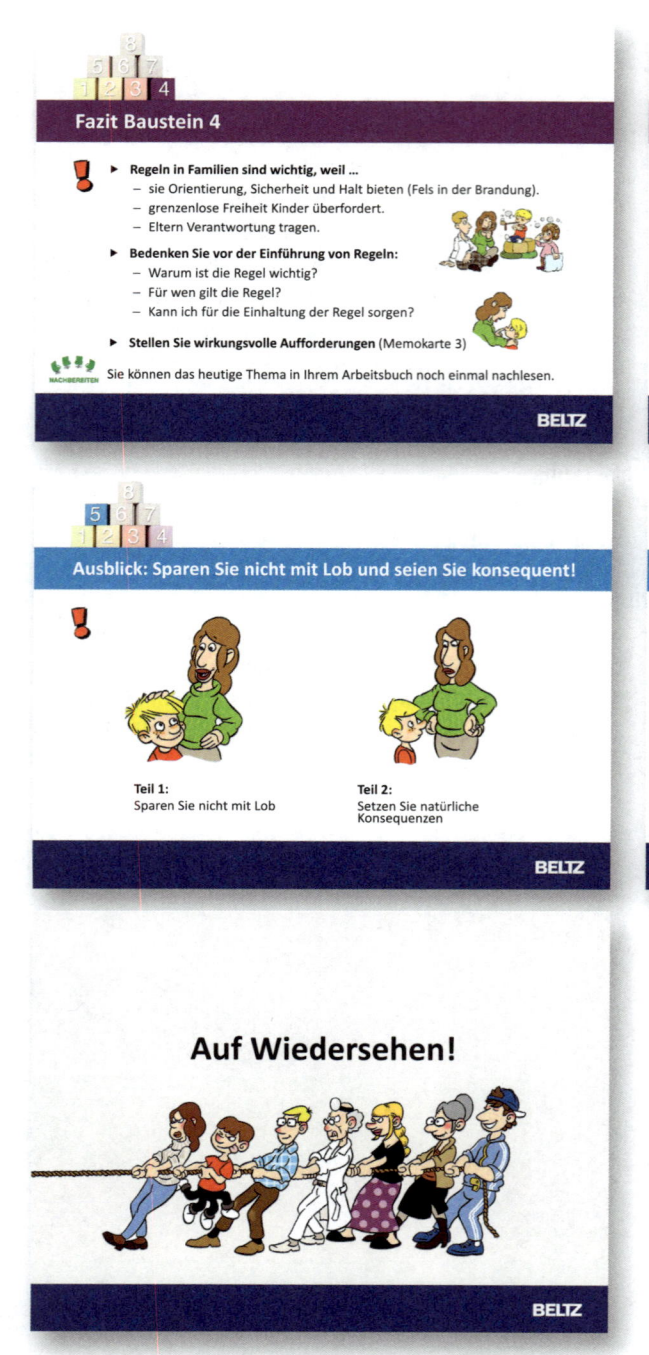

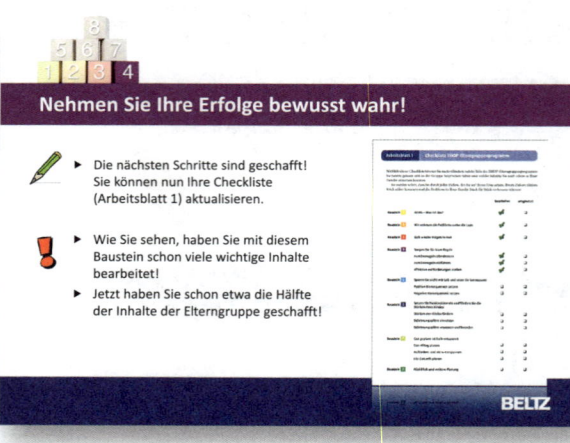

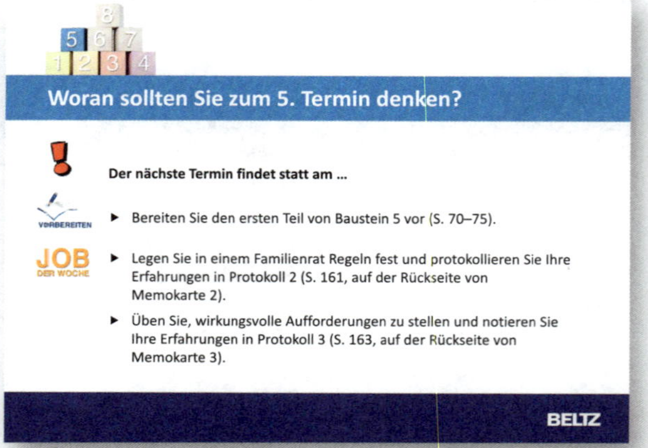

Fazit Baustein 4

- **Regeln in Familien sind wichtig, weil ...**
  – sie Orientierung, Sicherheit und Halt bieten (Fels in der Brandung).
  – grenzenlose Freiheit Kinder überfordert.
  – Eltern Verantwortung tragen.
- **Bedenken Sie vor der Einführung von Regeln:**
  – Warum ist die Regel wichtig?
  – Für wen gilt die Regel?
  – Kann ich für die Einhaltung der Regel sorgen?
- **Stellen Sie wirkungsvolle Aufforderungen** (Memokarte 3)

NACHBEREITEN: Sie können das heutige Thema in Ihrem Arbeitsbuch noch einmal nachlesen.

Nehmen Sie Ihre Erfolge bewusst wahr!

- Die nächsten Schritte sind geschafft! Sie können nun Ihre Checkliste (Arbeitsblatt 1) aktualisieren.
- Wie Sie sehen, haben Sie mit diesem Baustein schon viele wichtige Inhalte bearbeitet!
- Jetzt haben Sie schon etwa die Hälfte der Inhalte der Elterngruppe geschafft!

Ausblick: Sparen Sie nicht mit Lob und seien Sie konsequent!

Teil 1: Sparen Sie nicht mit Lob

Teil 2: Setzen Sie natürliche Konsequenzen

Woran sollten Sie zum 5. Termin denken?

Der nächste Termin findet statt am ...

- VORBEREITEN: Bereiten Sie den ersten Teil von Baustein 5 vor (S. 70–75).
- JOB DER WOCHE: Legen Sie in einem Familienrat Regeln fest und protokollieren Sie Ihre Erfahrungen in Protokoll 2 (S. 161, auf der Rückseite von Memokarte 2).
- Üben Sie, wirkungsvolle Aufforderungen zu stellen und notieren Sie Ihre Erfahrungen in Protokoll 3 (S. 163, auf der Rückseite von Memokarte 3).

📖 S. 67

Auf Wiedersehen!

14 Gruppenstunde 5: Sparen Sie nicht mit Lob und seien Sie konsequent!

14.1 Übersicht über Gruppenstunde 5

Zielsetzung von Gruppenstunde 5
- Einübung regelmäßiger positiver Rückmeldungen bei angemessenem Verhalten auf ausgewählte Aufforderungen sowie Generalisierung in den Alltag
- Überprüfung bisheriger negativer Konsequenzen sowie Anpassung oder Erarbeitung angemessener Konsequenzen für ausgewähltes Problemverhalten, Einübung sowie Generalisierung in den Alltag

Teilbereiche von Gruppenstunde 5
- Teil 1: Sparen Sie nicht mit Lob
- Teil 2: Setzen Sie natürliche negative Konsequenzen

Materialien zu Gruppenstunde 5
- Materialien für Therapeuten: Manual, S. 111–132
- Materialien für Eltern: Elternarbeitsbuch, S. 69–87, darin:
  - Memokarte 4: *Sparen Sie nicht mit Lob!*, S. 164
  - Memokarte 5: *Setzen Sie natürliche Konsequenzen!*, S. 165
  - Protokoll 4: *Sparen Sie nicht mit Lob und setzen Sie natürliche Konsequenzen!*, S. 166
- Arbeitsblatt 1: *Checkliste THOP-Elterngruppenprogramm*, S. 143
- Arbeitsblatt 4: *Problemliste: Verhaltensprobleme meines Kindes*, S. 147

Vorbereitung der Eltern für Gruppenstunde 5
- Die Eltern haben die Seiten 72–75 aus dem Elternarbeitsbuch vorbereitet, darin:
  - Memokarte 4: *Sparen Sie nicht mit Lob!* Dabei wurde erläutert, warum Lob generell wichtig ist und wie sie ihr Kind konkret loben können. Zudem wurden die Eltern aufgefordert, konkrete Situationen zu definieren, in denen sie das Loben üben möchten.

Mögliche Schwierigkeiten bei der Bearbeitung von Baustein 5
- **Eltern sehen gelegentliche Inkonsequenz als unproblematisch an.** Ermutigen Sie die Eltern, ihre Erfahrungen in Gruppendiskussionen aktiv einzubringen. Verweisen Sie gleichzeitig darauf, dass bei Kindern mit ADHS aufgrund ihrer Problematik gelegentliche Inkonsequenz, die auch bei einem allgemein konsequenten Erziehungsstil vorkommt, sich deutlich negativer auswirkt, sodass oft ein gezieltes Vorgehen notwendig wird. Zudem ist ein konsequenter Erziehungsstil bei Kindern mit ADHS viel schwieriger durchzuhalten.
- siehe außerdem Kapitel 8 *Häufige Schwierigkeiten*, S. 35 ff.
- Weitere Schwierigkeiten bei der Bearbeitung dieses Bausteins werden bei den jeweiligen inhaltlichen Teilen beschrieben.

14.2 Durchführungsanleitung zu Gruppenstunde 5

Erinnerung Problemliste

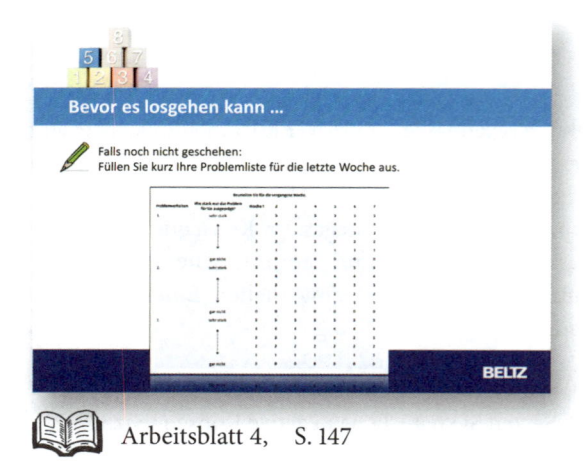

Arbeitsblatt 4, S. 147

Zielsetzung
- Erinnerung an die Bearbeitung der individuellen Problemliste

Tipp
- Sie können diese Folie vor Beginn der Gruppenstunde bereits aufrufen, sodass die Eltern, wenn sie den Gruppenraum betreten und sich für die Stunde einrichten, noch einmal an die Problemliste (AB 4) erinnert werden und diese so vor Beginn der Stunde ausfüllen können.

Baustein 5: Titel

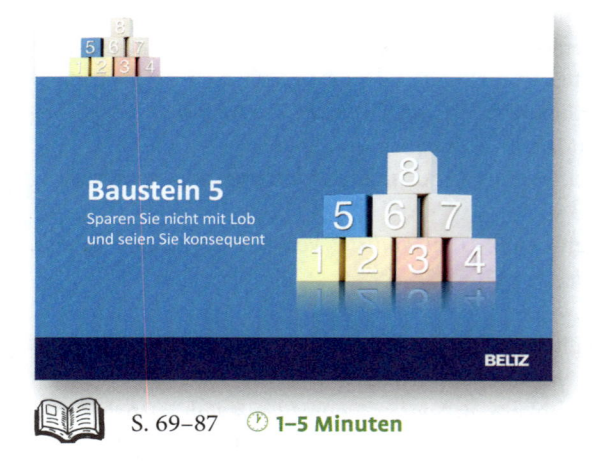

S. 69–87   1–5 Minuten

Zielsetzung der Gruppenstunde
- siehe Abschnitt 14.1

Rückblick Baustein 4

Zielsetzung
- kurze Wiederholung der Inhalte der 4. Gruppenstunde
- Klärung offener Fragen aus der 4. Stunde

Tipp
- Über das graue Kästchen rechts oben gelangen Sie zum Wissenstest. Der Wissenstest überprüft das Verständnis von Kernaussagen des letzten Bausteins.
- Es kann auch sinnvoll sein, die Eltern aus dem Gedächtnis wiederholen zu lassen, was beim Stellen von wirkungsvollen Aufforderungen zu beachten ist, und so herauszufinden, welche Punkte Sie nochmals aufgreifen müssen.
- Wenn Sie auf den Comic oben rechts klicken, gelangen Sie zu einem ausführlichen Rückblick über die Inhalte des 4. Bausteins.

S. 56–67

ca. 10–20 Minuten (inkl. verlinkter Folien)

∞
Wissenstest
Ausführlicher Rückblick

∞ Wissenstest (optional)

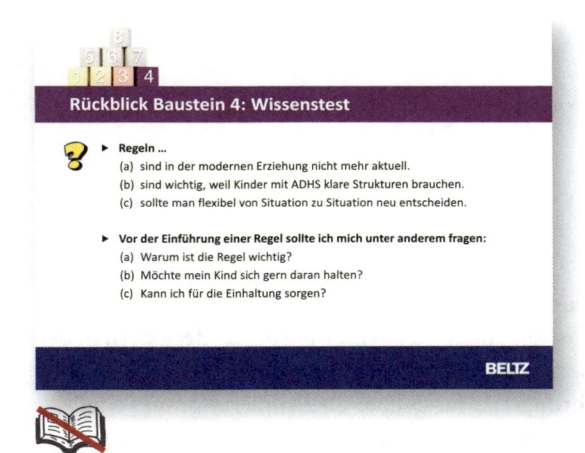

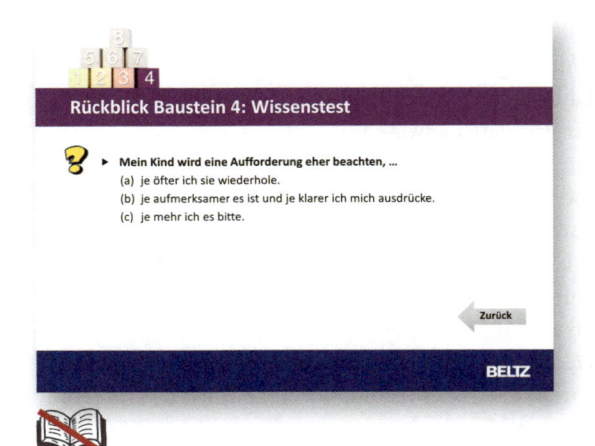

Zielsetzung
- spielerischer Rückblick auf die Inhalte der letzten Gruppenstunde
- Klärung häufiger Missverständnisse

Tipp
- Die jeweils richtige(n) Antwort(en) wird/werden bei Klick unterstrichen.
- Wenn Sie auf den Pfeil auf der rechten Seite der zweiten Folie des Wissenstests klicken, gelangen Sie zurück zum Rückblick auf Baustein 4.

Sparen Sie nicht mit Lob und seien Sie konsequent!

∞ **Ausführlicher Rückblick Baustein 4 (optional)**

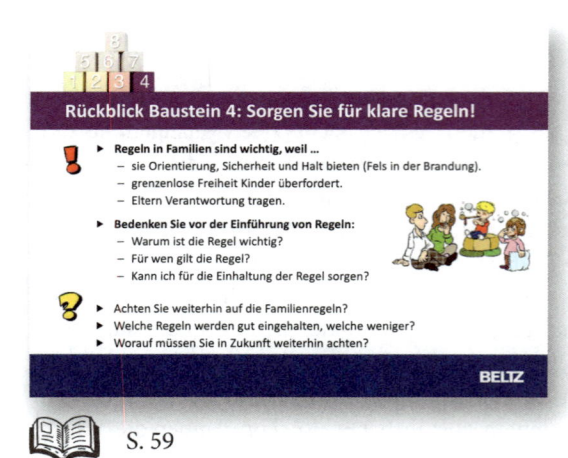

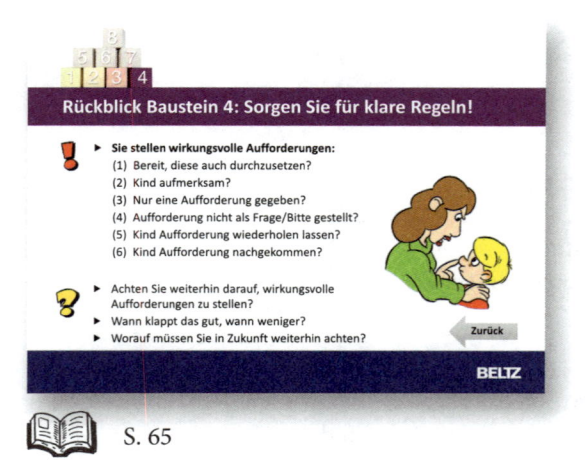

Zielsetzung
▶ Wiederholung der wichtigsten Inhalte des 4. Bausteins und damit auch der 4. Gruppenstunde
▶ Wenn in der letzten Gruppenstunde Eltern gefehlt haben, können so noch einmal alle Teilnehmer kurz über die letzte Gruppenstunde informiert werden.

Tipp
▶ Wenn Sie auf der zweiten Folie des Rückblicks auf den Pfeil unten rechts klicken, gelangen Sie zurück zur Ausgangsfolie.
▶ Diese beiden Folien dienen auch in Baustein 8, in dem jeder vorherige Baustein noch einmal kurz wiederholt wird, zur Zusammenfassung der Inhalte des 4. Bausteins.

S. 59

S. 65

Rückblick Baustein 4, Teil 2

Zielsetzung
▶ Diskussion über die ersten Erfahrungen der Eltern in der Umsetzung von Baustein 4
▶ Erfahrungsaustausch über die Etablierung von Familienregeln und das Setzen wirkungsvoller Aufforderungen

Auswertungsfragen
▶ Familienrat: Bitten Sie die Eltern, Protokoll 2 *Sorgen Sie für klare Regeln!* hervorzuholen:
 - Haben Sie einen Familienrat abgehalten?
 - Wer war dabei anwesend?
 - Hat eine Person die Gesprächsleitung übernommen? Sind alle zu Wort gekommen?
 - Wurden durch die Kinder neue Vorschläge eingebracht?
 - Welche Regeln haben zu Diskussionen geführt?
 - Konnten Regeln festgelegt werden? Welche? Wo wurden sie aufgeschrieben?
 - Wie haben alle Beteiligten den Familienrat empfunden?
 - Wurde bereits ein Termin für den nächsten Familienrat festgelegt?
 - Konnten Sie für die Einhaltung der festgelegten Regeln sorgen? Wie?

Wirkungsvolle Aufforderungen:

▶ Bitten Sie die Eltern, Protokoll 3 *Geben Sie wirkungsvolle Aufforderungen!* hervorzuholen:
- Konnten Sie die Aufforderungen wirkungsvoll stellen? Haben Sie sich dabei wohl gefühlt oder hatten Sie das Gefühl, die Aufforderungen nicht authentisch zu stellen?
- Wie haben die Kinder reagiert?
- Haben Sie bereits Veränderungen bemerkt?

Frühere Jobs der Woche:

▶ Führen Sie noch die Positiv-Liste?
▶ Achten Sie weiterhin darauf, positive Rückmeldungen zu geben?
▶ Besprechen Sie weiterhin abends die positiven Ereignisse des Tages?

Der folgende Abschnitt wurde von den Eltern vorbereitet!

Was wollen wir heute erreichen?

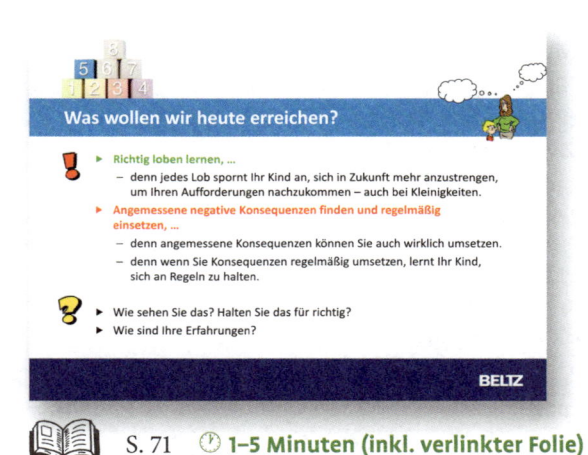

S. 71   1–5 Minuten (inkl. verlinkter Folie)

∞ Kennen Sie das?

Zielsetzung

▶ Einführung in das Thema der 5. Gruppenstunde
▶ Diskussion unterschiedlicher Erziehungsvorstellungen und Motivierung der Eltern, über Sinn und Zweck von positiven und negativen Konsequenzen nachzudenken

Mögliche Schwierigkeiten

▶ **Eltern äußern Bedenken, ihr Kind für Selbstverständliches zu loben.** Verdeutlichen Sie, dass es für das Kind offensichtlich keine Selbstverständlichkeit darstellt, besondere Anstrengung aber wertgeschätzt werden muss, und greifen Sie anhand der nächsten Folie die Bedeutung von Lob als Ausbruch aus dem Teufelskreis auf (s. a. Kapitel 8, S. 35ff).

▶ **Eltern halten harte Strafen in der Erziehung für wichtig.** Unterscheiden Sie zwischen Strafe und natürlichen negativen Konsequenzen. Strafen ziehen meist auf die Person ab, negative Konsequenzen auf das Problemverhalten. Beim Strafen geht es eher darum, dem Kind zu zeigen, dass es sich unterordnen muss, beim Einsatz regelmäßiger negativen Konsequenzen geht es darum, die Häufigkeit und Intensität des Problemverhaltens zu vermindern. Strafen dienen oftmals auch der eigenen Ärgerabfuhr der Eltern. Ihr Einsatz ist aber gerade bei Kindern mit ADHS als sehr kritisch anzusehen, da ihr Selbstbewusstsein oftmals sowieso schon durch zahlreiche negative Rückmeldungen sehr gelitten hat und durch jede Abwertung nur weiter Schaden nimmt.

∞ Kennen Sie das? (optional)

S. 70

Tipp
- Wenn Sie auf den Comic oben rechts klicken, gelangen Sie zu einem Fallbeispiel, das den Einstieg in die Thematik dieses Bausteins erleichtern kann.
- Nutzen Sie dieses Fallbeispiel vor allem in ruhigeren Gruppen oder wenn zunächst noch Unsicherheit in der Gruppe in Bezug auf das neue Thema besteht. Die Eltern haben das Fallbeispiel in der Vorbereitung für die Gruppenstunde bereits gelesen. Sie können also auch nur kurz darauf zu sprechen kommen, ohne die Folie aufzurufen.

Zielsetzung
- Einleitung des Themas der 5. Gruppenstunde
- Einführung eines Beispielfalls für sehr ruhige Gruppen
- Entlastung der Eltern durch Darstellung der »normalen« Probleme mit einem ADHS-Kind

Beispielfall
- Wenn Niklas eine Aufforderung befolgt, ist die Mutter zu erschöpft oder zu beschäftigt damit, die Wäsche zu machen bzw. das Essen vorzubereiten, um zu reagieren (Beispiel für ausbleibende positive Konsequenzen).
- Die Mutter reagiert unterschiedlich darauf, dass Niklas sein Saftglas umstößt – mal passiert gar nichts, mal schreit sie und schickt ihn in sein Zimmer. Dort bleibt er aber oft nicht lang, weil die Mutter zu viel zu tun hat, um zu kontrollieren, ob er die Strafe »absitzt« (Beispiel für ausbleibende und ungünstige negative Konsequenzen).

Tipp
- Wenn Sie auf den Pfeil unten rechts klicken, gelangen Sie zurück zur Ausgangsfolie.

An welchem Teil des Teufelskreises setzt das heutige Thema an?

S. 71   1–5 Minuten

Zielsetzung
- Einbettung des Themas der 5. Gruppenstunde in das Gesamt-Störungskonzept
- Aufzeigen von Wegen aus dem Teufelskreis durch
  - Lob
  - angemessene negative Konsequenzen

Tipp
- Diese Folie stellt einen inhaltlichen Rückbezug auf den ersten Teil des 3. Bausteins dar, in dem der Teufelskreis und Wege aus dem Teufelskreis erläutert wurden. Auf dieser Folie sind nun nur diejenigen Auswege aus dem Teufelskreis herausgegriffen, die in Baustein 5 beschritten werden sollen. Eine Gesamtübersicht über alle möglichen Wege aus dem Teufelskreis findet sich auf S. 45 des Elternarbeitsbuchs.

Übersicht Gruppenstunde 5

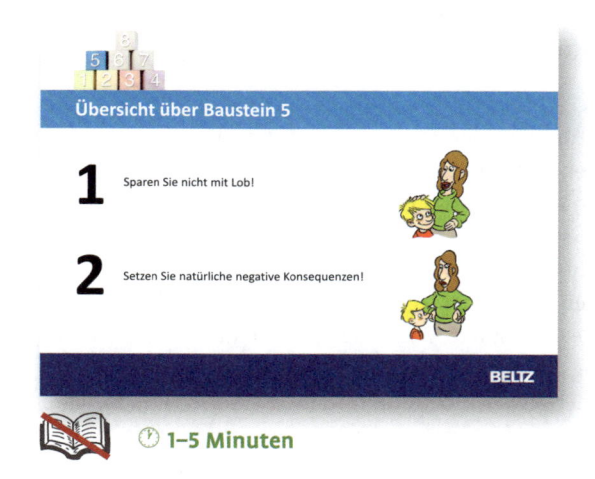

[Folie: Übersicht über Baustein 5
1 Sparen Sie nicht mit Lob!
2 Setzen Sie natürliche negative Konsequenzen!]

📖 🕐 1–5 Minuten

∞ zu Teil 1 und Teil 2

Zielsetzung
▶ Übersicht über die inhaltlichen Teile dieser Gruppenstunde

Tipp
▶ Sie können die Kästen, in denen die beiden Teile dargestellt sind, anklicken und gelangen so zu dem jeweiligen Inhalt.

Einführung in Teil 1

[Folie: Teil 1 – Sparen Sie nicht mit Lob!]

📖 S. 72–75   🕐 1–5 Minuten

Zielsetzung
▶ Gliederung der Gruppenstunde
▶ Einführung in das erste Teilthema: Sparen Sie nicht mit Lob!

Mögliche Schwierigkeiten in Teil I
▶ **Eltern lehnen ein Extra-Lob als übertrieben ab.** Siehe Abschnitt 8.2, Abschnitt: *Hohe Erwartungen der Eltern an ihre Kinder* (S. 36),
▶ **Eltern fürchten, dass sich Geschwisterkinder benachteiligt fühlen könnten, wenn das ADHS-Kind vermehrt gelobt wird.** Beziehen Sie sich auf die besonderen Schwierigkeiten, die die ADHS-Diagnose mit sich bringt und die damit verbundene besondere Anstrengung, die das ADHS-Kind zeigen muss, um erwünschtes Verhalten zu zeigen. Überlegen Sie aber auch mit den Eltern, für welches Verhalten die Geschwisterkinder sich anstrengen müssten, und ermutigen Sie die Eltern, bei diesen Themen auch die Geschwisterkinder gezielt zu loben. Manchmal kann auch ein gemeinsames Gespräch mit allen Kindern über die Diagnose hilfreich sein, in dem auch den Geschwisterkindern noch einmal verdeutlicht wird, welche besonderen Schwierigkeiten die ADHS-Diagnose mit sich bringt. In der Regel werden die Geschwisterkinder sowieso schon mehr von ihren Eltern gelobt, da sie mehr erwünschtes Verhalten zeigen. Es geht darum, das Verhältnis von Lob und Tadel für alle Kinder gleich zu halten – da die ADHS-Kinder meist mehr getadelt werden, sollten sie auf der anderen Seite auch mehr gelobt werden.

(1) Auswahl individueller Probleme für diese Übung

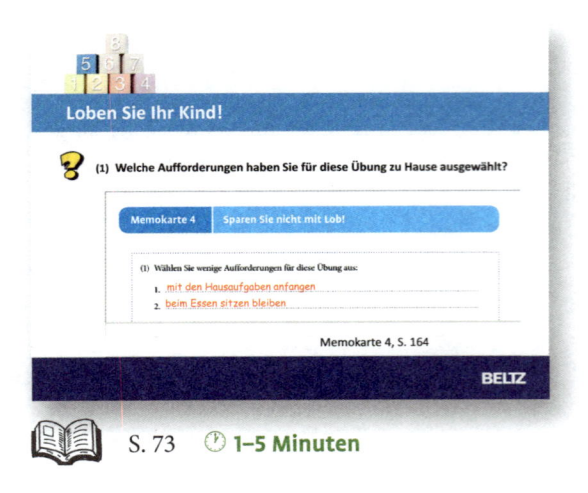

S. 73   1–5 Minuten

Zielsetzung

▶ Auswahl geeigneter problematischer Aufforderungssituationen

Tipp

▶ Die Auswahl der Problemsituationen für diese Übung sollte bereits in der Vorbereitung der Stunde erfolgen.

▶ Nach Möglichkeit sollte es sich dabei um die gleichen Problemsituationen handeln, die die Eltern auch auf Arbeitsblatt 4 regelmäßig bewerten.

▶ Achten Sie bei der Auswahl der Eltern darauf, dass auch kleine und kurze Aufforderungssituationen mit hoher Erfolgswahrscheinlichkeit gewählt wurden.

▶ Bei der Problemdefinition kann es hilfreich sein, eine größere Aufforderungssituation in Unterschritte zu unterteilen und einen Teilschritt als Übungssituation auszuwählen, der dem Kind weniger schwerfällt, z. B. statt der gesamten Ins-Bettgeh-Situation nur das Anziehen des Schlafanzugs. Es kann auch eine an die Problemsituation angrenzende Aufforderungssituation gewählt werden, die das Kind schnell befolgen kann, z. B. statt »beim Essen sitzen bleiben« zunächst einmal »nach dem Essen den Teller in die Küche bringen«.

▶ Sie können mit den Eltern besprechen, wie sie den Schwierigkeitsgrad der Aufforderungssituation nach erfolgreicher Durchführung schrittweise erhöhen können.

(2) Aufforderungen wirkungsvoll stellen

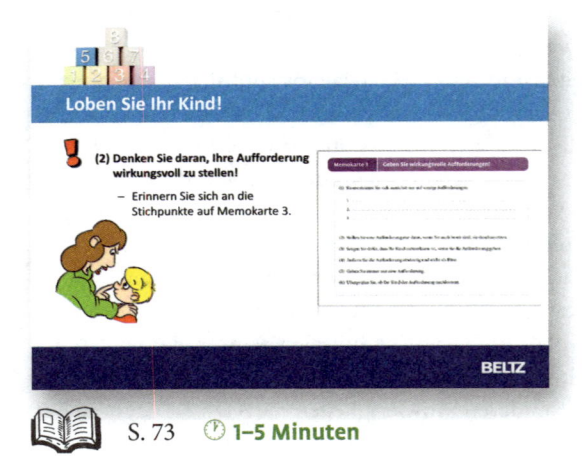

S. 73   1–5 Minuten

Zielsetzung

▶ Wiederholung der wesentlichen Regeln für wirkungsvolle Aufforderungen

Tipp

▶ Bevor Sie die Memokarte einblenden, können Sie die wesentlichen Regeln in der Gruppe erfragen, um bessere Lerneffekte zu erzielen. Die Eltern sollten die folgenden Punkte nennen können:
- Aufforderungen eindeutig stellen
- sich der Aufmerksamkeit des Kindes vergewissern
- dabei bleiben und auf die Durchführung der Aufforderung achten

(3) Loben

Loben Sie Ihr Kind!

(3) Loben Sie Ihr Kind, sobald es die Aufforderung befolgt!
- Bleiben Sie dabei, wenn Sie eine Aufforderung gestellt haben, und loben Sie Ihr Kind sofort, wenn es damit beginnt.

▶ Notieren Sie für die Aufforderungen, die Sie ausgewählt haben, jeweils eine positive Konsequenz.

📖 S. 74 ⏱ 1–5 Minuten

Zielsetzung
- ▶ Erweiterung des Fokus der Eltern in Aufforderungssituationen auf positive Zuwendung beim Befolgen von Aufforderungen
- ▶ Vorbereitung der Übungssituationen bezüglich des elterlichen Verhaltens in der Aufforderungssituation (dabei bleiben, sofortige positive Rückmeldung, Art und Weise des Lobens)

Weiterführende Informationen
- ▶ Wie die Eltern bereits beim Stellen von wirkungsvollen Aufforderungen erfahren haben, ist die räumliche Nähe zum Kind in Aufforderungssituationen Voraussetzung, um adäquat und unmittelbar auf das Verhalten des Kindes reagieren und so zur Verminderung des Problemverhaltens beitragen zu können.

Mögliche Schwierigkeiten
- ▶ Die Übungssituationen werden in der Gruppenstunde nicht ausreichend vorgeplant (s. Kap. 8 *Häufige Schwierigkeiten*, S. 35).

Tipp
- ▶ Beachten Sie unterschiedliche Ausdrucksformen des Lobs, z. B. nonverbale (Gestik, Mimik) und verbale Formen des Lobs. Im Elternarbeitsbuch sind Beispiele aufgeführt.

Der folgende Abschnitt wurde von den Eltern *nicht* vorbereitet!

(4) Abendliche Rückmeldung

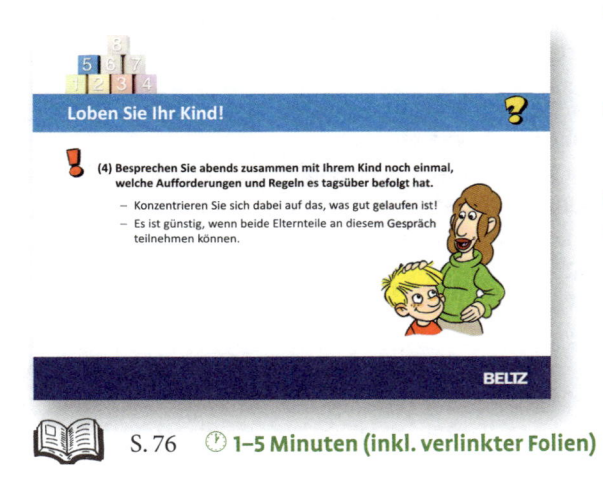

Loben Sie Ihr Kind!

(4) Besprechen Sie abends zusammen mit Ihrem Kind noch einmal, welche Aufforderungen und Regeln es tagsüber befolgt hat.
- Konzentrieren Sie sich dabei auf das, was gut gelaufen ist!
- Es ist günstig, wenn beide Elternteile an diesem Gespräch teilnehmen können.

📖 S. 76 ⏱ 1–5 Minuten (inkl. verlinkter Folien)

∞ Blitzumfrage

Zielsetzung
- ▶ Erweiterung des abendlichen Rückmeldegesprächs (bisher: Positiv-Liste, Baustein 3) um die Rückmeldung befolgter Aufforderungen
- ▶ Stärkung der Motivation und Kooperationsbereitschaft des Kindes und zeitliche Einplanung des Gesprächs

Weiterführende Informationen
- ▶ Der Fokus des Gesprächs soll weiterhin auf positive Aspekte und Erfolge gelenkt werden. Es geht nicht darum, Bilanz zu ziehen, sondern die Anstrengungsbereitschaft des Kindes zu honorieren und weiter zu verstärken. Wenn nicht befolgte Aufforderungen zur Sprache kommen, sollte das Kind nicht ermahnt, sondern ermutigt werden, beim nächsten Mal auch auf diese zu achten.

Sparen Sie nicht mit Lob und seien Sie konsequent!

Tipp
► Das Kind kann zusätzlich verstärkt werden, indem zum Beispiel eine Extra-Geschichte vorgelesen wird.
► Nehmen Sie an dieser Stelle Rückbezug auf Baustein 3, in dem auch bereits eine abendliche Rückmeldung angeregt wurde. Erkundigen Sie sich, inwieweit die Eltern diese nach wie vor durchführen, und ermutigen Sie sie, in Zukunft diesen weiteren Aspekt einzubeziehen.
► Wenn Sie auf das Fragezeichen oben rechts klicken, gelangen Sie zu einer weiteren Folie mit Fragen für eine Blitzumfrage zum Thema abendliche Rückmeldung.

(4) Abendliche Rückmeldung: ∞ Blitzumfrage (optional)

Zielsetzung
► Austausch der Eltern über ihre bisherigen Erfahrungen mit der abendlichen Rückmelderunde und die Organisation dieser im Alltag

Tipp
► Wenn Sie auf den Pfeil unten rechts klicken, gelangen Sie zurück zur Ausgangsfolie.

(5) Lob bei selbstständiger Erfüllung von Aufgaben

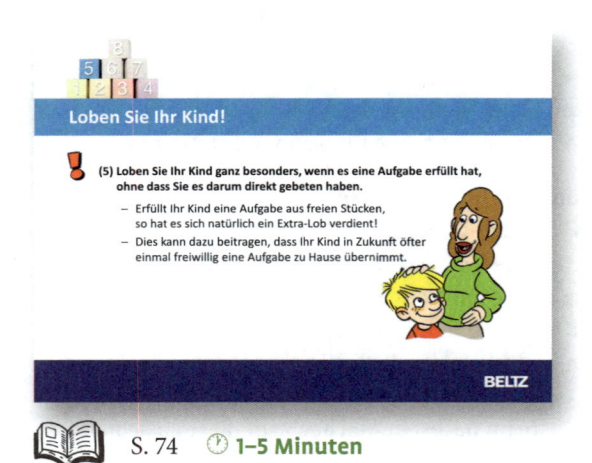

S. 74   1–5 Minuten

Zielsetzung
► Schulung der Wahrnehmung unaufgeforderter Aufgabenerfüllung sowie Verstärkung dieser durch positive Zuwendung

Mögliche Schwierigkeiten
► **Eltern sehen gelegentliche, unaufgeforderte Aufgabenerledigungen als Selbstverständlichkeit an** (s. Abschn. 8.2 *Schwierigkeiten durch inadäquate Erwartungshaltungen der Eltern*, S. 36)

Generalprobe

*[Folie: Generalprobe: Loben Sie Ihr Kind!
Proben Sie das Loben!
• Proben Sie gemeinsam mit dem Elternteil neben Ihnen oder in der gesamten Gruppe das abendliche Gespräch mit Ihrem Kind.
• Probieren Sie verschiedene Arten des Lobs aus und finden Sie heraus, was Ihnen liegt.
• Wie hat es geklappt?
• Was fällt Ihnen schwer?
• Worauf müssen Sie zu Hause besonders achten?
Zur Übersicht]*

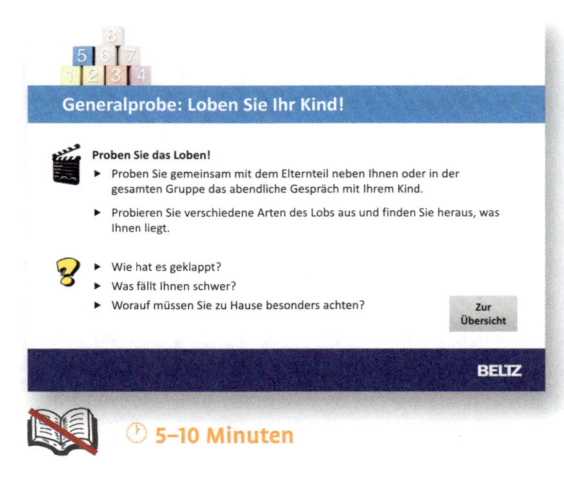

5–10 Minuten

∞ zur Übersicht über die Teilthemen

Zielsetzung
▶ Einübung der Intervention »Sparen Sie nicht mit Lob« als Vorbereitung der Umsetzung im Alltag

Mögliche Schwierigkeiten
▶ Das Rollenspiel kommt nicht in Gang (s. Abschn. 8.4 *Gruppendynamische Schwierigkeiten*, S. 37).

Tipp
▶ Leiten Sie die Eltern dazu an, an alle Ebenen der Kommunikation zu denken, also nicht nur auf den verbalen Ausdruck, sondern auch auf Tonlage, Blick, Gesichtsausdruck, Körperhaltung, Gestik.
▶ Bieten Sie sich im Rollenspiel als Modell für die Eltern an und stellen Sie sie auf die Probe, indem Sie einmal die Regeln des Lobens einhalten und ein andermal gezielt Fehler einbauen (z. B. aus der Ferne reagieren, ein »halbherziges« oder übertriebenes Lob äußern).
▶ Wenn Sie auf die graue Box unten rechts (»zur Übersicht«) klicken, gelangen Sie zurück zu der Übersichtsfolie über die beiden Teilbereiche dieses 5. Bausteins.

Einführung in Teil 2

[Folie: Teil 2 – Setzen Sie natürliche negative Konsequenzen!]

S. 77–87   1–5 Minuten

Zielsetzung
▶ Gliederung der Gruppenstunde
▶ Einführung in das zweite Teilthema: Setzen Sie natürliche negative Konsequenzen!

Mögliche Schwierigkeiten
(a) Einwände der Eltern
▶ **Eltern sehen negative Konsequenzen als ungeeignetes Erziehungsmittel, da sie vom Kind erwarten, dass es sein Verhalten aus Einsicht ändert.** Im Familienrat sollen Regeln diskutiert und vor allem begründet werden – hiermit wird häufig auch die Einsicht des Kindes für bestimmte Regeln gefördert, indem Regeln nicht willkürlich gesetzt erscheinen. Eine Verhaltensänderung alleine aus Einsicht ist jedoch nicht zu erwarten! Geben Sie zu bedenken, dass auch Erwachsene in manchen Alltagssituationen nicht aus Einsicht handeln, sondern um negative Konsequenzen zu vermeiden. Zum Beispiel würden sich viele Erwachsene wohl auch nicht an die Geschwindigkeitsbegrenzungen im Straßenverkehr halten, wenn Verstöße nicht durch negative Konsequenzen (Geldstrafen, Punkte) geahndet würden, auch wenn die meisten Erwachsenen durchaus eine Einsicht in die Notwendigkeit einer solchen Begrenzung haben.

- **Eltern befürchten, dass das Kind sich durch negative Konsequenzen abgelehnt fühlt.** Negative Konsequenzen zielen auf das Verhalten, nicht auf die Person. Die gleichzeitige Vermittlung, das Kind zu mögen, aber ein bestimmtes Verhalten nicht zu tolerieren, ist möglich. Die Erfahrung des Kindes, dass nach einer negativen Konsequenz die Eltern sich nicht nachtragend verhalten, sondern das Problem nach der Konsequenz erledigt ist, trägt zur Unterscheidung zwischen Ablehnung der Person und des Verhaltens bei.
- **Eltern halten harte negative Konsequenzen für wirkungsvoller.** Verdeutlichen Sie, dass eine Konsequenz dadurch wirksam ist, dass sie regelmäßig, geplant und unmittelbar erfolgt. Dies ist bei harten Konsequenzen meist nicht der Fall. Harte Konsequenzen empfinden Kinder zudem eher auf ihre Person bezogen als auf das Problemverhalten, weil der inhaltliche Bezug zum Problemverhalten meist nicht so eng ist oder aufgrund der Dauer oder des zeitlichen Abstands zum Problemverhalten nicht mehr mit diesem in Zusammenhang gebracht wird. Und nicht zuletzt nehmen sich Eltern durch sehr lang anhaltende und harte Konsequenzen die Möglichkeit, innerhalb der Dauer dieser Konsequenz diese erneut einzusetzen.

(b) Durchführungsprobleme

- **Die kontinuierliche Durchführung negativer Konsequenzen auf ausgewähltes Problemverhalten ist anstrengend.** Durchführungsprobleme sind eher die Regel als die Ausnahme. Ermutigen Sie die Eltern dazu, sich bezogen auf das Problemverhalten gut zu überlegen, ob sie diesbezüglich diesen Aufwand erbringen können und möchten oder ob das Problemverhalten für sie nicht ausreichend belastend ist, um diesen Aufwand auf sich zu nehmen. Suchen Sie mit den Eltern nach einem Problemverhalten, bei dem sie zur kontinuierlichen Durchführung der Konsequenzen ausreichend motiviert sind und auch die Möglichkeit haben, sich ihrem Kind gegenüber tatsächlich durchzusetzen.

- **Austestung der Grenzen von Regeln – wo beginnt die Regelverletzung?** Es empfiehlt sich zu Beginn eine restriktivere Auslegung, die meist klarere Formulierungen zulässt und weniger Interpretationsspielraum bietet. Später ist eine liberalere Auslegung gut denkbar.
- **Kinder signalisieren, dass ihnen die negative Konsequenz nichts ausmacht.** Hier gilt in aller Regel die Aussage »Steter Tropfen höhlt den Stein«. Viele Kinder haben die Erfahrung gemacht, dass ihre Eltern eine Konsequenz nicht weiter verfolgen, wenn sie ihnen nur glaubhaft versichern, dass ihnen diese »eh egal« sei. Wenn die Eltern die Konsequenz aber dennoch weiterhin zuverlässig einsetzen, zeigt sich meist doch ein Effekt. Der Erfolg einer Konsequenz sollte an mittelfristigen Veränderungen bemessen werden, nicht an der unmittelbaren Reaktion des Kindes. Wenn aber mittelfristig (d. h. nach zwei bis drei Wochen) keine Veränderung in Häufigkeit und Intensität des Problemverhaltens eintritt, sollte die Intervention überprüft werden.

Bisherige Konsequenzen ins Gedächtnis rufen

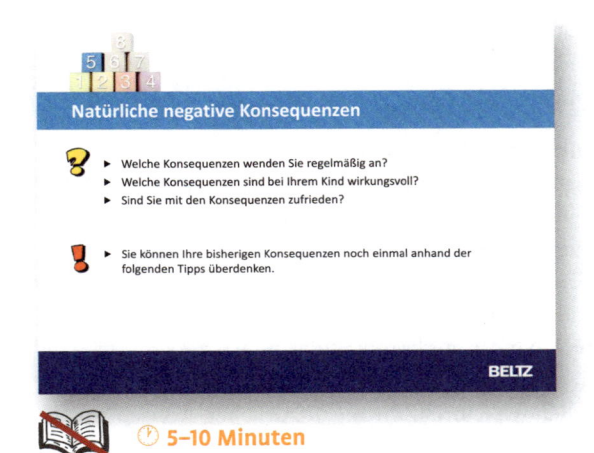

Natürliche negative Konsequenzen

- Welche Konsequenzen wenden Sie regelmäßig an?
- Welche Konsequenzen sind bei Ihrem Kind wirkungsvoll?
- Sind Sie mit den Konsequenzen zufrieden?

! Sie können Ihre bisherigen Konsequenzen noch einmal anhand der folgenden Tipps überdenken.

5–10 Minuten

Material: Flipchart

Zielsetzung
- Sammlung der bisher angewandten Konsequenzen zur Überprüfung an den nachfolgenden Tipps.

Tipp
- Schreiben Sie, wenn möglich, die bisherigen Konsequenzen der Eltern auf ein Flipchart. So können Sie nachher auf die einzelnen Konsequenzen zurückkommen und noch einmal gemeinsam mit den Eltern überprüfen, wie sie diese weiter optimieren können.

(1) Auswahl individueller Probleme für diese Übung

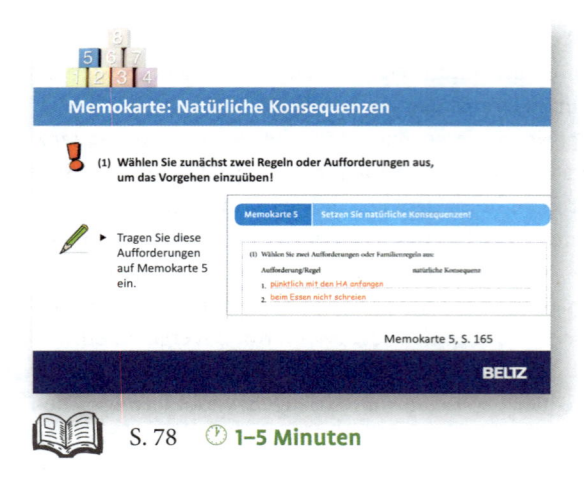

📖 S. 78 ⏱ 1–5 Minuten

Zielsetzung
▶ Auswahl geeigneter problematischer Aufforderungssituationen

Tipp
▶ Hier eignen sich Aufforderungen, die Eltern als eher schwer durchsetzbar erleben und die häufig nicht beachtet wurden.
▶ Dennoch sollten die Aufforderungen so gewählt werden, dass Eltern eine realistische Chance haben, mit natürlichen negativen Konsequenzen Veränderungen zu erreichen. Es sollten also nicht zu umfassende, festgefahrene Probleme gewählt werden, sondern eher zeitlich überschaubare, nicht allzu konflikthafte Themen.
▶ Auch hier bietet es sich an, dass die Eltern dieselben Themen auswählen, die sie auch auf Arbeitsblatt 4 *Problemliste* aufgeführt haben und für die sie bereits Regeln aufgestellt, effektive Aufforderungen geübt und positive Konsequenzen formuliert haben.
▶ Für sehr festgefahrenes Problemverhalten kann in Baustein 6 ein Punkteplan eingeführt werden.

(2) Lob

📖 S. 79 ⏱ 1–5 Minuten

Zielsetzung
▶ Verdeutlichung der Rangfolge der Interventionen dieser Gruppenstunde

Weiterführende Informationen
▶ Im ersten Schritt wird immer versucht, die Wahrscheinlichkeit für angemessenes Verhalten durch positive Zuwendung beim Befolgen von Aufforderungen zu erhöhen. Das Kind soll lernen, dass angemessenes Verhalten von den Eltern wertgeschätzt wird und es eine Chance auf positive Aufmerksamkeit der Eltern hat (rechte Seite des Teufelskreises).
▶ Die alleinige Durchführung natürlicher Konsequenzen würde dahingehend wirken, dass das Kind immer noch die Erfahrung machen würde, lediglich eine Chance auf negative Aufmerksamkeit bei den Eltern zu haben. Die Anstrengungsbereitschaft für angemessenes Verhalten könnte in diesem Fall nicht erhöht werden.

(3) Durchführbarkeit der Konsequenzen prüfen

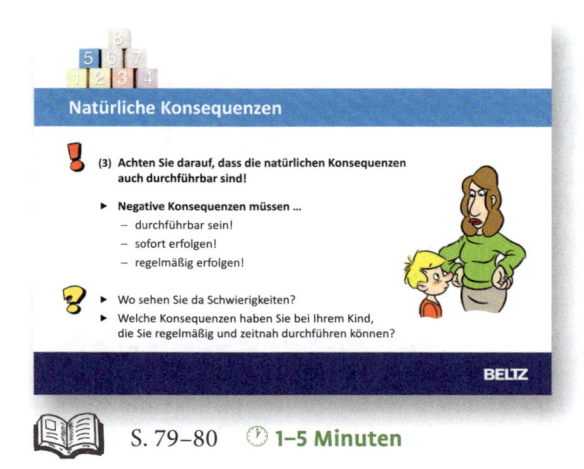

Natürliche Konsequenzen

(3) Achten Sie darauf, dass die natürlichen Konsequenzen auch durchführbar sind!

▶ Negative Konsequenzen müssen …
 – durchführbar sein!
 – sofort erfolgen!
 – regelmäßig erfolgen!

▶ Wo sehen Sie da Schwierigkeiten?
▶ Welche Konsequenzen haben Sie bei Ihrem Kind, die Sie regelmäßig und zeitnah durchführen können?

BELTZ

📖 S. 79–80   🕐 **1–5 Minuten**

Zielsetzung
▶ Erarbeitung wesentlicher Charakteristika geeigneter, natürlicher Konsequenzen
▶ Überprüfung der bisher angewandten Konsequenzen bezüglich dieser Charakteristika, Anpassung und Ergänzung des Repertoires der Eltern

Weiterführende Informationen: Beispiele zur Begründung der einzelnen Charakteristika

▶ Die **Durchführbarkeit** von Konsequenzen wirkt sich auf die Glaubwürdigkeit der Eltern aus. Bloße Androhungen sind ein Teil des Teufelskreises und werden dazu führen, dass die Kinder angekündigte Konsequenzen nicht mehr ernst nehmen werden. Die Durchführbarkeit hängt von vielen Faktoren ab, u.a. von der eigenen Befindlichkeit. Wenn Eltern sich in der Situation nicht in der Lage fühlen, eine Konsequenz durchzuführen, oder es zeitlich nicht schaffen, ist es wichtig, die Konsequenz auch nicht auszusprechen. Dies sollte jedoch nicht zu häufig passieren, denn Konsequenzen müssen regelmäßig und sofort erfolgen.

▶ Wenn Konsequenzen nicht **sofort erfolgen**, verlieren sie an Wirksamkeit. Je größer der zeitliche Abstand zwischen Problemverhalten und Konsequenz ist, desto weniger wirksam ist die Konsequenz. Wenn die Situation eine unmittelbare Konsequenz nicht zulässt, ist eine Ankündigung sinnvoll, wann die Konsequenz (so zeitnah wie möglich) erfolgen wird (z. B. nach Rückkehr der Eltern).

▶ Die **Regelmäßigkeit** der Konsequenz macht diese erst wirksam. Die Härte der Konsequenz spielt dagegen keine Rolle, sodass möglichst kleine Konsequenzen gefunden werden müssen, denn nur diese lassen sich regelmäßig durchführen und sind auch vertretbar. Im Bestfall sollte das Kind genau wissen, welche Konsequenz die Eltern ergreifen werden, wenn es ein bestimmtes Problemverhalten zeigt. Nur so kann es sich gezielt anstrengen, um die Konsequenz zu umgehen.

▶ Ein **inhaltlicher Zusammenhang mit dem Problemverhalten** führt zu höherer Akzeptanz und die Konsequenz bleibt besser im Gedächtnis (z. B. zu lange fernsehen: am nächsten Tag kürzer fernsehen statt weniger Taschengeld). Allerdings ist es nicht immer möglich, eine solche Konsequenz zu finden. Einige Beispiele für mögliche natürliche Konsequenzen, die sich aus dem Problemverhalten ergeben, finden Sie weiter unten.

- Weder die **Härte** noch die **Dauer** machen eine Konsequenz wirkungsvoll. Zeitlich unbegrenzte oder lang andauernde Konsequenzen führen dazu, dass in Vergessenheit gerät, auf welches Problemverhalten sich die Konsequenz bezieht. Positive Interaktionen werden erschwert, eine positive Beziehung ist jedoch die Basis aller Interventionen. Zudem stellen lang andauernde Konsequenzen einen Freifahrtschein für das zugrundeliegende Problemverhalten für diese Zeit dar, schließlich kann die Konsequenz nicht erneut ausgesprochen werden und eine Verlängerung demotiviert das Kind nur weiter, sich zukünftig anzustrengen. Die Gefahr des Nachgebens ist bei lang andauernden Konsequenzen groß, da Eltern über Tage in einem ständigen Kampf über die Konsequenz sein werden. Eine besondere Schwierigkeit ergibt sich hier bei getrennt lebenden Eltern, wenn ein häufiger Wechsel zwischen den Haushalten der Eltern besteht und sich ein Kind z. B. auch dadurch einer lang andauernden Konsequenz entziehen kann, dass sie vom anderen Elternteil nicht mitgetragen wird. Hier ist es sinnvoll, die Dauer der Konsequenz auf jeden Fall an den Aufenthalt des Kindes anzupassen. Bestehende Konsequenzen vom anderen Elternteil durchführen zu lassen ist immer schwierig und sollte möglichst vermieden werden.
- Negative Konsequenzen müssen auf das Verhalten abzielen, nicht auf die Person. Das Kind muss genau benennen können, für welches Verhalten es welche Konsequenz bekommt und wie es sich verhalten muss, um die Konsequenz zukünftig zu umgehen. Dabei muss dem Kind zu jeder Zeit klar sein, dass es aufgrund seines Problemverhaltens nicht weniger geliebt wird, sondern die Konsequenz eine Maßnahme darstellt, es zu unterstützen, sich zukünftig angemessen zu verhalten, weil dieses Verhalten dem Kind langfristig nutzt.

Tipp
- Hier können die Eltern besonders gut vom Gruppenkontext profitieren. Der Austausch ermöglicht es den Eltern, ihre eigenen bisherigen Konsequenzen zu erweitern und anzupassen.

(4) Verschieden Formen der Konsequenzen beachten

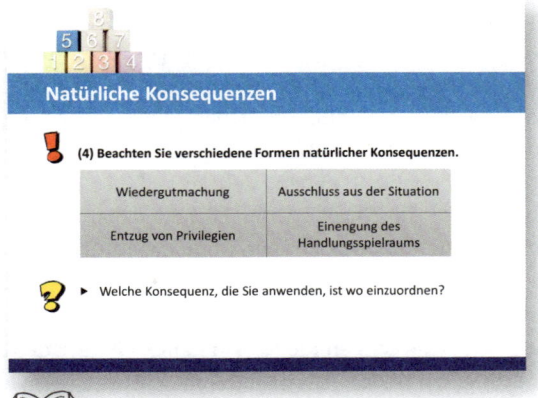

📖 S. 81–85

⏱ **ca. 10–15 Minuten (inkl. verlinkter Folien)**

∞
Wiedergutmachung
Ausschluss aus der Situation
Entzug von Privilegien
Einengung des Handlungsspielraums

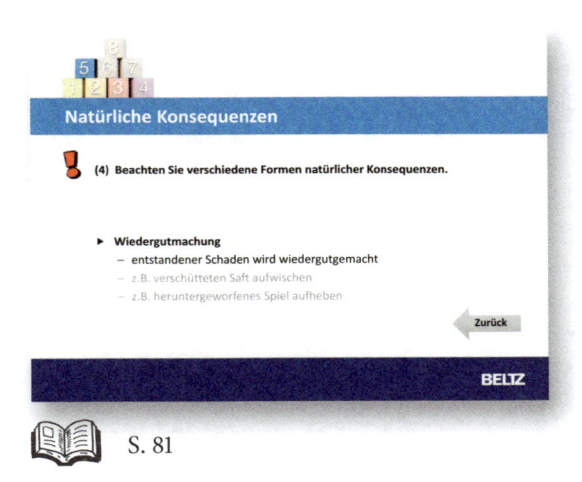

∞ **Wiedergutmachung**

📖 S. 81

Zielsetzung
▶ Zuordnung der angewandten Konsequenzen zu den unterschiedlichen Formen natürlicher Konsequenzen

Tipp
▶ Hier können die Eltern besonders gut vom Gruppenkontext profitieren. Der Austausch ermöglicht es den Eltern, ihre eigenen bisherigen Konsequenzen zu erweitern und anzupassen.
▶ Wenn Sie auf die vier grauen Felder mit den vier Formen natürlicher Konsequenzen klicken, gelangen Sie zu ausführlicheren Informationen zu den einzelnen Konsequenzen.

Weiterführende Informationen
▶ **Wiedergutmachung.** Der durch das Problemverhalten entstandene Schaden wird wieder gutgemacht. Diese Konsequenz sollte unmittelbar erfolgen, meist müssen die Eltern dabei bleiben, bis die Wiedergutmachung beendet ist. Wenn sich das Kind weigert, müssen weitere Konsequenzen folgen, z.B. indem der Handlungsspielraum eingrenzt wird. Die Eltern begleiten das Kind bei der Wiedergutmachung eng (v. a. bei kleineren Kindern möglich). Eventuell kann auch ein Ausschluss aus der Situation als weiterführende Konsequenz günstig sein oder der Entzug von Privilegien.
Beispiele:
- etwas verschüttet → aufwischen
- etwas kaputt gemacht → ersetzen
- jemanden gehauen → sich entschuldigen und ihm etwas Gutes tun

Tipp
▶ Wenn Sie auf den Pfeil unten rechts klicken, gelangen Sie zurück zur Ausgangsfolie.

Sparen Sie nicht mit Lob und seien Sie konsequent!

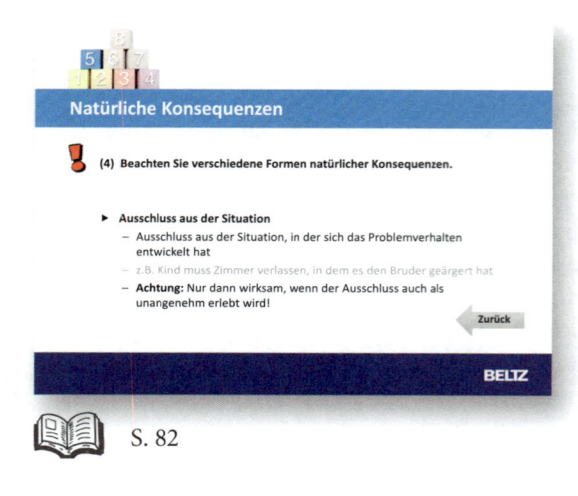

∞ **Ausschluss aus der Situation**

S. 82

▶ **Ausschluss aus der Situation.** Kurzzeitiger Ausschluss aus der Situation, in der das Problemverhalten stattgefunden hat. Der Ausschluss aus der Situation ist eine Form der Auszeit. Er ist vor allem hilfreich, um fortgesetztes Problemverhalten zunächst zu unterbrechen. Die Dauer sollte nicht zu lang (max. 1 Minute pro Lebensjahr des Kindes) und vorher definiert sein. Außerdem sollte das Kind jederzeit die Möglichkeit haben, den Ausschluss zu beenden, wenn es die Regel wieder einhalten kann. Der Ausschluss kann nur wirksam sein, wenn das Kind diesen als unangenehm erlebt.

Beispiele:
- beim Essen sich nicht an die Regeln halten → kurz den Raum verlassen oder allein in anderem Zimmer essen
- Streit mit dem Bruder/der Schwester gehabt → eine Weile allein spielen müssen, da ein gemeinsames Spiel offensichtlich im Moment nicht möglich ist
- zu großer Lärm beim Familien-Fernsehabend → kurz den Raum verlassen müssen

Tipp
▶ Wenn Sie auf den Pfeil unten rechts klicken, gelangen Sie zurück zur Ausgangsfolie.

∞ **Entzug von Privilegien**

S. 82

▶ **Entzug von Privilegien.** Angenehme Situationen werden unterbrochen bzw. angekündigte Privilegien zurückgenommen: kein Nachtisch, bevor der Teller nicht leer gegessen wird; kein Kinderfilm, weil der Bruder heftig geschlagen wurde – sinnvoller kann es sein, die Zeit einzuschränken, z. B. indem der Fernseher erst fünf Minuten später angestellt werden darf; keinen Freund besuchen, bevor nicht die Hausaufgaben erledigt sind; die Spielsachen, die nicht aufgeräumt wurden, werden in einen Sack gesteckt. Wichtig ist hierbei besonders, dass der zeitliche Abstand gering ist (der Entzug des Kinobesuchs am Wochenende ist weniger geeignet als eine Verkürzung der Fernsehzeit an diesem Tag).

Beispiele:
- zu lange am PC gespielt → entsprechend kürzer am nächsten Tag spielen dürfen
- zu spät nach Hause gekommen → am nächsten Tag entsprechend früher da sein müssen
- bei den Hausaufgaben getrödelt → das geplante Spiel danach nicht spielen können, da keine Zeit mehr da ist

Tipp
▶ Wenn Sie auf den Pfeil unten rechts klicken, gelangen Sie zurück zur Ausgangsfolie.

∞ **Einengung des Handlungsspielraums**

[Foliendarstellung: Natürliche Konsequenzen
(4) Beachten Sie verschiedene Formen natürlicher Konsequenzen.
▶ Einengung des Handlungsspielraums
– negative Konsequenz durch eigene Handlung der Eltern
(z. B. die Hand des Kindes beim Aufräumen führen)]

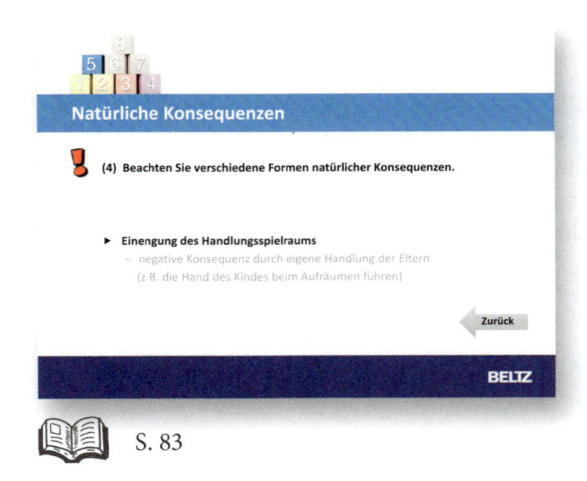

📖 S. 83

(5) Erarbeitung von Konsequenzen für Problemverhalten

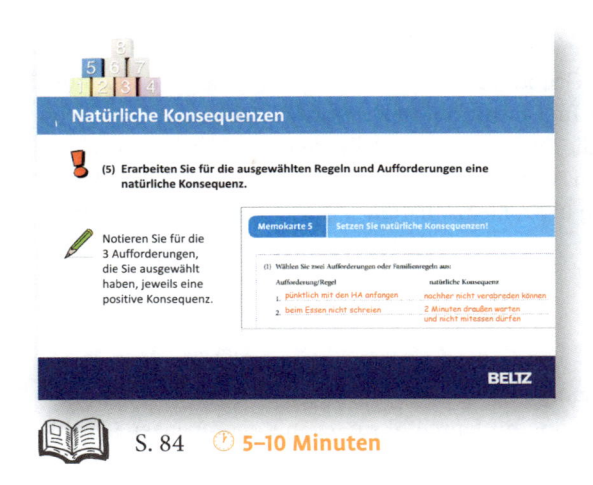

[Foliendarstellung: Natürliche Konsequenzen
(5) Erarbeiten Sie für die ausgewählten Regeln und Aufforderungen eine natürliche Konsequenz.
Notieren Sie für die 3 Aufforderungen, die Sie ausgewählt haben, jeweils eine positive Konsequenz.]

📖 S. 84   ⏱ **5–10 Minuten**

▶ **Einengung des Handlungsspielraums.** Diese Konsequenz eignet sich bei jüngeren Kindern. Lautstarkes Argumentieren und Schimpfen sind die Kinder meist gewohnt, sodass sie nicht darauf reagieren. Das Durchsetzen von Regeln und Aufforderungen durch eigene Handlungen, ohne große Worte, ist meist hilfreicher: Das Kind wird an der Hand zu den Schuhen geführt, die es aufräumen soll; die Hand des Kindes wird beim Aufräumen geführt.
Beispiele:
- nicht aufräumen wollen → Eltern führen die Hand des Kindes beim Aufräumen
- Kind weigert sich, z. B. etwas wegzuräumen, wegzuwischen oder in sein Zimmer zu gehen → Eltern nehmen das Kind an der Hand und führen es dort hin

Tipp
▶ Wenn Sie auf den Pfeil unten rechts klicken, gelangen Sie zurück zur Ausgangsfolie.

Zielsetzung
▶ Erarbeitung konkreter natürlicher Konsequenzen für die individuellen Problemsituationen
▶ Übertrag des bisher Besprochenen auf die individuelle Situation der teilnehmenden Eltern

Tipp
▶ Überprüfen Sie mit den Eltern, für welches Problemverhalten sich welche Form der Konsequenz eignet. Leiten Sie die Eltern durch Fragen zur selbstständigen Entwicklung von Konsequenzen an: z. B. beim Entzug von Privilegien:
- Was macht Ihr Kind gerne, welche Privilegien hat Ihr Kind?
- Welche Fernsehsendungen schaut Ihr Kind regelmäßig?
- Welche Unternehmungen stehen im Anschluss an häufige Problemsituationen an?
- Welche Unternehmungen können an diese Stelle gesetzt werden, die notfalls auch gestrichen werden können?
- Welche Privilegien eignen sich zum Entzug, welche weniger (Bedenken von kurzfristigen und langfristigen Auswirkungen der Konsequenz: z. B. Verkürzung der Fernsehzeit schadet dem Kind nicht, Verabredungen absagen müssen schadet, wenn die Konsequenz häufig eingesetzt werden muss und wenig Sozialkontakte bestehen)?

(6) Konsequenzen durchführen

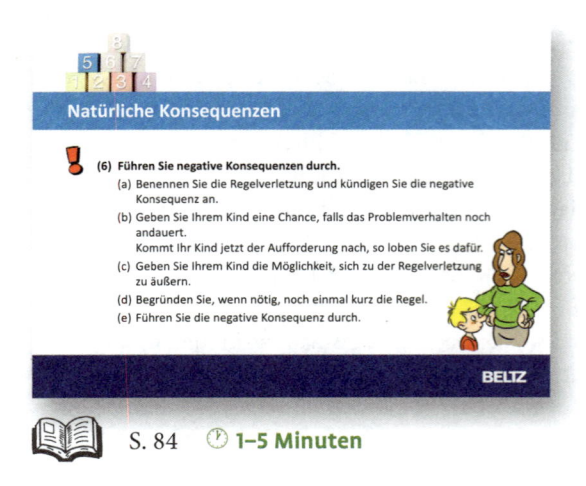

Natürliche Konsequenzen

(6) Führen Sie negative Konsequenzen durch.
(a) Benennen Sie die Regelverletzung und kündigen Sie die negative Konsequenz an.
(b) Geben Sie Ihrem Kind eine Chance, falls das Problemverhalten noch andauert.
Kommt Ihr Kind jetzt der Aufforderung nach, so loben Sie es dafür.
(c) Geben Sie Ihrem Kind die Möglichkeit, sich zu der Regelverletzung zu äußern.
(d) Begründen Sie, wenn nötig, noch einmal kurz die Regel.
(e) Führen Sie die negative Konsequenz durch.

S. 84   1–5 Minuten

Zielsetzung
▶ Anleitung zur Durchführung von Konsequenzen

Tipp
▶ Lassen Sie die Eltern zunächst Vorschläge zur Durchführung von Konsequenzen machen, bevor Sie die einzelnen Punkte durchgehen. So erhalten Sie einen Überblick über Differenzen zum hier beschriebenen Vorgehen und können die entsprechenden Punkte besser herausgreifen.

(7) Diskussionen vermeiden

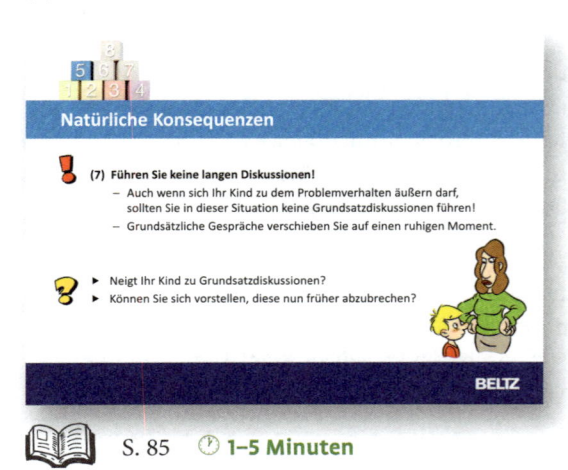

Natürliche Konsequenzen

(7) Führen Sie keine langen Diskussionen!
– Auch wenn sich Ihr Kind zu dem Problemverhalten äußern darf, sollten Sie in dieser Situation keine Grundsatzdiskussionen führen!
– Grundsätzliche Gespräche verschieben Sie auf einen ruhigen Moment.

▶ Neigt Ihr Kind zu Grundsatzdiskussionen?
▶ Können Sie sich vorstellen, diese nun früher abzubrechen?

S. 85   1–5 Minuten

Zielsetzung
▶ Vermeidung von Grundsatzdiskussionen in Problemsituationen und diesbezügliche Vorbereitung der Übungssituation

Tipp
▶ Nutzen Sie den Gruppenkontext, um Ideen zu sammeln, wie Grundsatzdiskussionen unterbrochen werden können. Im Familienrat ist Zeit für Diskussionen. Motivieren Sie die Eltern an dieser Stelle, den Familienrat in regelmäßigen Abständen durchzuführen, um Grundsatzdiskussionen in Problemsituationen besser unterbrechen zu können.

(8) Konsequenzen ruhig durchführen

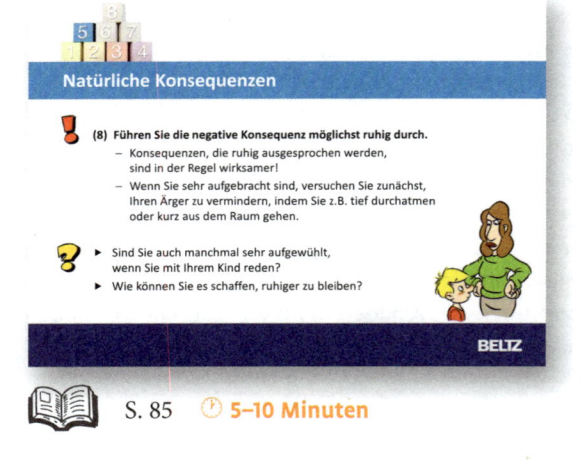

Natürliche Konsequenzen

(8) Führen Sie die negative Konsequenz möglichst ruhig durch.
– Konsequenzen, die ruhig ausgesprochen werden, sind in der Regel wirksamer!
– Wenn Sie sehr aufgebracht sind, versuchen Sie zunächst, Ihren Ärger zu vermindern, indem Sie z.B. tief durchatmen oder kurz aus dem Raum gehen.

▶ Sind Sie auch manchmal sehr aufgewühlt, wenn Sie mit Ihrem Kind reden?
▶ Wie können Sie es schaffen, ruhiger zu bleiben?

S. 85   5–10 Minuten

Zielsetzung
▶ Anleitung zur Durchführung von Konsequenzen in ruhiger Tonlage
▶ Erarbeitung von Strategien der Emotionsregulation

Weiterführende Informationen
▶ Eine ruhige Durchführung der Konsequenz ist schwierig. Vermitteln Sie den Eltern, dass eine ruhige Durchführung die Wirksamkeit der Konsequenz oftmals erhöht. Eine laute und aggressive Aussprache hat die Funktion, den eigenen Ärger abzubauen. Diesbezüglich sind daher alternative Strategien zu erarbeiten.
▶ Nutzen Sie den Gruppenkontext, um Möglichkeiten zu sammeln, in Konfliktsituationen ruhiger reagieren zu können – oftmals können die Eltern hier gut voneinander profitieren und sich gegenseitig Strategien der Emotionsregulation und Impulskontrolle vermitteln.

Generalprobe

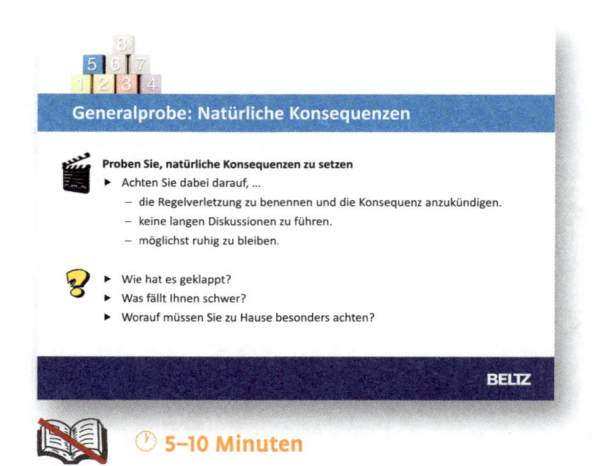

Generalprobe: Natürliche Konsequenzen

Proben Sie, natürliche Konsequenzen zu setzen
- Achten Sie dabei darauf, ...
  - die Regelverletzung zu benennen und die Konsequenz anzukündigen.
  - keine langen Diskussionen zu führen.
  - möglichst ruhig zu bleiben.

- Wie hat es geklappt?
- Was fällt Ihnen schwer?
- Worauf müssen Sie zu Hause besonders achten?

⏱ 5–10 Minuten

Zielsetzung
▶ Einübung der Intervention *Natürliche negative Konsequenzen* als Vorbereitung der Umsetzung im Alltag

Tipp
▶ Ermutigen Sie die Eltern auch, die Strategien, um ruhig und sachlich zu bleiben, im Rollenspiel einzuüben, und bieten Sie sich im Zweifelsfall als Modell hierfür an.

Mögliche Schwierigkeiten
▶ Das Rollenspiel kommt nicht in Gang (s. Abschn. 8.5 *Schwierigkeiten bei der Durchführung*, S. 39)

Job der Woche

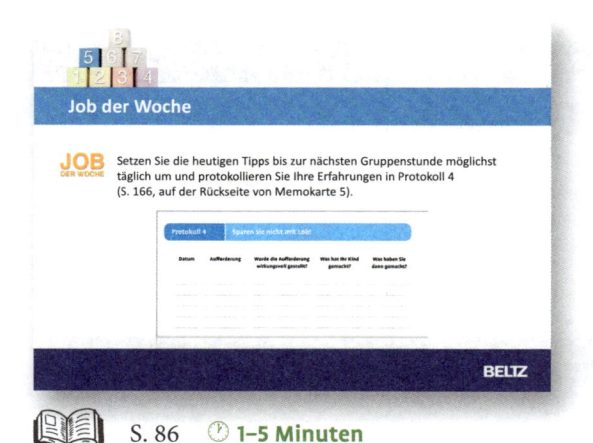

Job der Woche

JOB DER WOCHE Setzen Sie die heutigen Tipps bis zur nächsten Gruppenstunde möglichst täglich um und protokollieren Sie Ihre Erfahrungen in Protokoll 4 (S. 166, auf der Rückseite von Memokarte 5).

S. 86 ⏱ 1–5 Minuten

Zielsetzung
▶ Planung der Einübung positiver und negativer Konsequenzen in ausgewählten Übungssituationen im Alltag

Tipp
▶ Lassen Sie den Eltern die Zeit, sich günstige Zeitpunkte für tägliche Übungssituationen in ihrem Kalender zu notieren.

Zeitrahmen für Abschluss der Stunde: ⏱ **5–10 Minuten**

Tipp

Bitten Sie die Eltern, zur nächsten Gruppenstunde, wenn vorhanden, aktuelle oder auch frühere Punktepläne mitzubringen und zwar unabhängig davon, ob mit diesen Punkteplänen Erfolge erzielt werden konnten.

15 Gruppenstunde 6: Setzen Sie Punktepläne ein und fördern Sie die Stärken Ihres Kindes

15.1 Übersicht über Gruppenstunde 6

Zielsetzung von Gruppenstunde 6
- Kenntnis über die Entwicklung und Durchführung effektiver Punktepläne; Stärkung der Compliance für Punktepläne durch Analyse von bisherigen Misserfolgserfahrungen und Diskussion häufiger Einwände
- Ziel ist nicht unbedingt die Entwicklung eines Punkteplans. Die Eltern sollen dazu angeleitet werden, den richtigen Zeitpunkt für einen Punkteplan zu finden und zu diesem Zeitpunkt den Punkteplan wirkungsvoll entwickeln und durchführen zu können.
- Im zweiten Teil werden unterschiedliche Themen mit häufiger Relevanz bei Kindern mit ADHS aufgegriffen. Hierbei geht es um die Förderung und den Ausbau der Stärken des Kindes durch einen förderlichen Umgang mit häufigen Verhaltensweisen des Kindes.

Teilbereiche von Gruppenstunde 6
- Teil 1: Setzen Sie Punktepläne ein
- Teil 2: Fördern Sie die Stärken Ihres Kindes

Materialien zu Gruppenstunde 6
- Materialien für Therapeuten: Manual, S. 133–156
- Materialien für Eltern: Elternarbeitsbuch, S. 89–115, darin:
  - Arbeitsblatt 7: *Mein Punkteplan: Spielregeln*, S. 150
  - Arbeitsblatt 8: *Meine Punkte-Schlange*, S. 151
  - Arbeitsblatt 9: *Mein Punkte-Konto*, S. 152
  - Memokarte 6: *Entwicklung und Durchführung eines Punkteplans*, S. 167
- Arbeitsblatt 1: *Checkliste THOP-Elterngruppenprogramm*, S. 143
- Arbeitsblatt 4: *Problemliste: Verhaltensprobleme meines Kindes*, S. 147

Vorbereitung der Eltern für Gruppenstunde 6
- Einleitender Teil: S. 90–91
- Teil 2 (!): Fördern Sie die Stärken Ihres Kindes: S. 103–112

Mögliche Schwierigkeiten bei der Bearbeitung von Baustein 6

▶ Dieser Baustein beinhaltet insgesamt sehr viele Informationen und viel Material. Sie als Therapeut werden daher (gemeinsam mit den teilnehmenden Eltern) inhaltliche Schwerpunkte setzen und einzelne Teilbereiche herausgreifen müssen. Es ist sinnvoll, das Thema Punkteplan ausführlich zu besprechen und im zweiten Teil (Förderung der Stärken des Kindes) nur einzelne Themen herauszugreifen. Da die Eltern diesen zweiten Teil zu Hause vorbereitet haben, haben sie evtl. ja schon konkrete Anliegen mitgebracht, über welche Themen sie sprechen möchten. Gegebenenfalls können Sie auch in der 8., weitgehend themenoffenen Gruppenstunde noch einmal auf die Förderung der kindlichen Stärken zurückkommen.

▶ siehe außerdem Kapitel 8 *Häufige Schwierigkeiten* (S. 35ff.).

15.2 Durchführungsanleitung zu Gruppenstunde 6

Erinnerung Problemliste

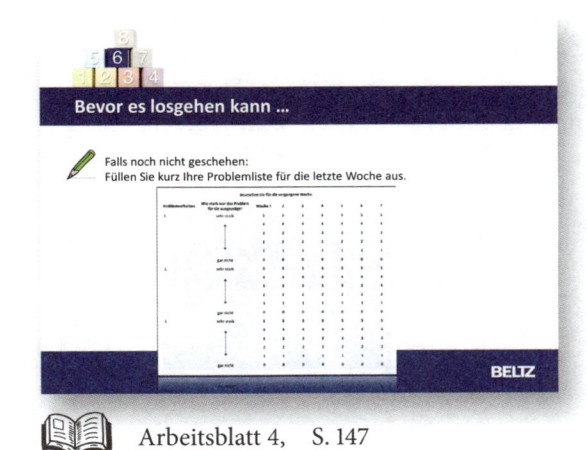

Arbeitsblatt 4, S. 147

Zielsetzung der Gruppenstunde
- Erinnerung an die Bearbeitung der individuellen Problemliste (AB 4)

Tipp
- Sie können diese Folie vor Beginn der Gruppenstunde bereits aufrufen, sodass die Eltern, wenn sie den Gruppenraum betreten und sich für die Stunde einrichten, noch einmal an die Problemliste (AB 4) erinnert werden und diese so vor Beginn der Stunde ausfüllen können.

Baustein 6: Titel

S. 89–115   1–5 Minuten

Zielsetzung
- siehe Abschnitt 15.1

Rückblick Baustein 5

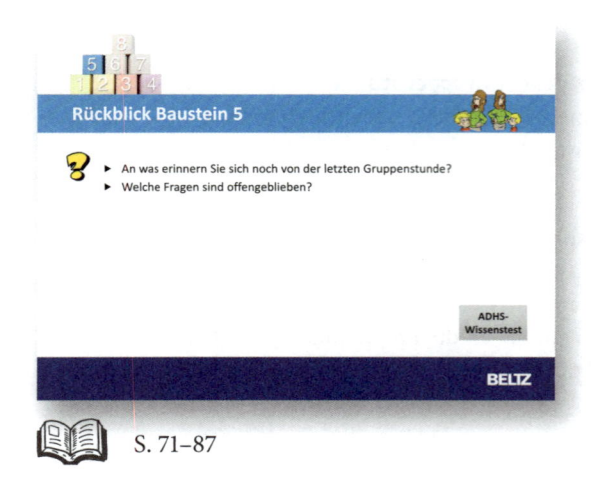

S. 71–87

ca. 10–15 Minuten (inkl. verlinkter Folien)

∞
Wissenstest
Ausführlicher Rückblick

Zielsetzung
- kurze Wiederholung der Inhalte der 5. Gruppenstunde
- Klärung offener Fragen aus der 5. Stunde

Tipp
- Über das graue Kästchen rechts unten gelangen Sie zum Wissenstest. Der Wissenstest überprüft das Verständnis von Kernaussagen des letzten Bausteins.
- Wenn Sie auf den Comic oben rechts klicken, gelangen Sie zu einem ausführlicheren Rückblick über die Inhalte des 5. Bausteins.

∞ Wissenstest (optional)

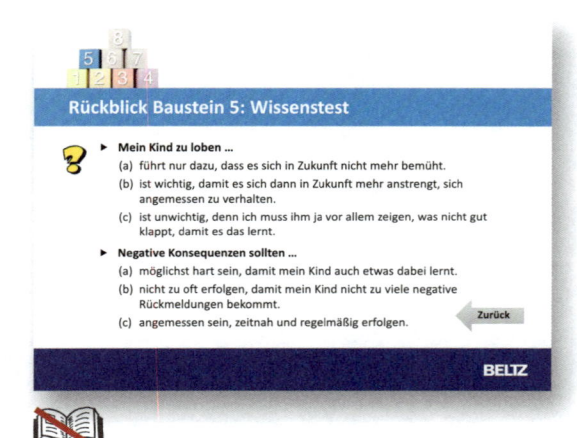

Zielsetzung
- spielerischer Rückblick auf die Inhalte der letzten Gruppenstunde
- Klärung häufiger Missverständnisse

Tipp
- Die jeweils richtige(n) Antwort(en) wird/werden bei Klick unterstrichen.
- Wenn Sie auf den Pfeil auf der rechten Seite der Folie des Wissenstests klicken, gelangen Sie zurück zum Rückblick auf Baustein 5.

∞ Ausführlicher Rückblick Baustein 5 (optional)

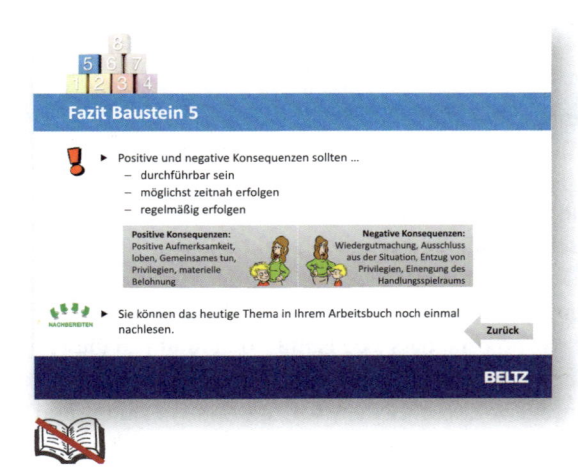

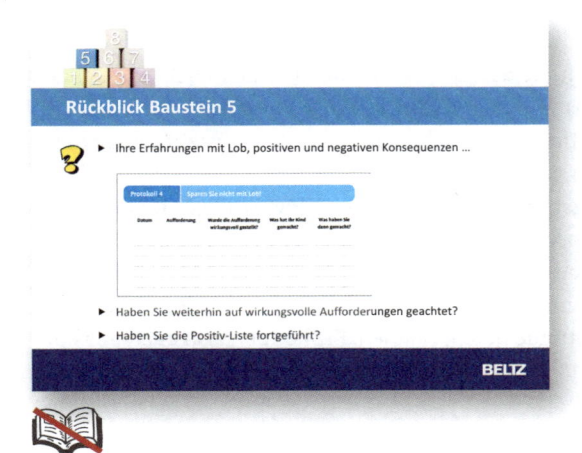

Zielsetzung
▶ Wiederholung der wichtigsten Inhalte des 5. Bausteins und damit auch der 5. Gruppenstunde
▶ Wenn in der letzten Gruppenstunde Eltern gefehlt haben, können so noch einmal alle Teilnehmer kurz über die letzte Gruppenstunde informiert werden.

Tipp
▶ Wenn Sie auf den Pfeil unten rechts klicken, gelangen Sie zurück zur Ausgangsfolie.
▶ Diese Folie dient auch in Baustein 8, in dem jeder vorherige Baustein noch einmal kurz wiederholt wird, zur Zusammenfassung der Inhalte des 5. Bausteins.

∞ Rückblick Baustein 5

Zielsetzung
▶ Diskussion über die ersten Erfahrungen der Eltern in der Umsetzung von Baustein 5
▶ Erfahrungsaustausch über das Setzen positiver und negativer Konsequenzen

Auswertungsfragen
▶ Waren Sie mit dem Schwierigkeitsgrad der Übungssituationen zufrieden?
▶ Haben Sie daran gedacht zu loben, wenn das Kind die Aufforderung befolgte?
▶ Haben Sie die Konsequenz kontinuierlich durchgeführt?
▶ Haben Sie das abendliche Rückmeldegespräch um die Rückmeldung über positiv verlaufene Aufforderungssituationen erweitert?
▶ Welche Probleme sind aufgetreten?
▶ Konnten Diskussionen vermieden werden?
▶ Sind Anpassungen der Übungssituation notwendig?
Frühere Jobs der Woche
▶ Führen Sie noch die Positiv-Liste, geben den Kindern positive Rückmeldungen und besprechen abends die positiven Ereignisse?
▶ Gab es bereits einen weiteren Familienrat?
▶ Denken Sie noch daran, Aufforderungen wirkungsvoll zu stellen?

**Achtung: Der folgende Abschnitt wurde von den Eltern *nicht* vorbereitet!
Der vorbereitete Abschnitt findet sich in diesem Baustein im zweiten Teil.**

Was wollen wir heute erreichen?

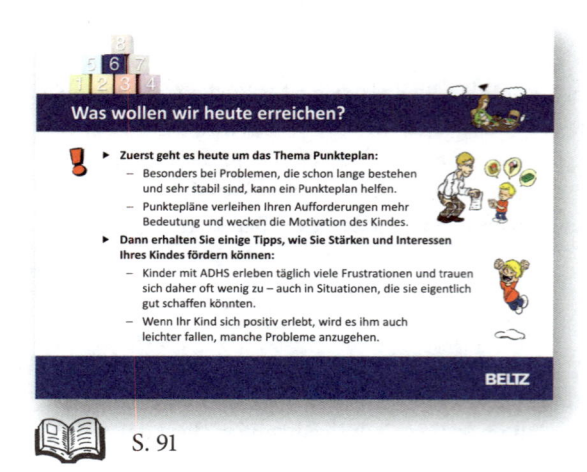

S. 91

⏱ **1–5 Minuten (inkl. verlinkter Folie)**

∞ Kennen Sie das?

∞ **Kennen Sie das? (optional)**

S. 90

Zielsetzung

▶ Einführung in das Thema der 6. Gruppenstunde

Mögliche Schwierigkeiten

▶ **Kritische Einwände bezüglich Punkteplänen.** Verweisen Sie die Eltern darauf, dass das Ziel der Gruppenstunde vorrangig die Diskussion über Punktepläne ist und es nicht darum geht, dass jede Familie den Raum an diesem Tag mit einem Punkteplan verlässt. Die Eltern sollen heute erweiterte Kenntnisse über die Entwicklung und Durchführung von Punkteplänen erwerben und Punktepläne zur richtigen Zeit als wirkungsvolle Intervention einsetzen können. Verlagern Sie die Diskussion, wenn möglich, auf spätere Folien.

Tipp

▶ Wenn Sie auf den Comic oben rechts klicken, gelangen Sie zu einem ausführlichen Fallbeispiel, das Ihnen den Einstieg in die Thematik des 6. Bausteins erleichtern kann.

▶ Nutzen Sie dieses Fallbeispiel vor allem in ruhigeren Gruppen oder wenn zunächst noch Unsicherheit in der Gruppe in Bezug auf das neue Thema besteht. Die Eltern haben das Fallbeispiel in der Vorbereitung für die Gruppenstunde bereits gelesen. Sie können also auch nur kurz darauf zu sprechen kommen, ohne die Folie aufzurufen.

Zielsetzung

▶ Einleitung des Themas der 6. Gruppenstunde
▶ Einführung eines Beispielfalls für sehr ruhige Gruppen
▶ Entlastung der Eltern durch Darstellung der »normalen« Probleme mit einem ADHS-Kind

Beispielfall

▶ Niklas muss morgens mehrfach geweckt werden, trödelt im Bad und hat dann keine Zeit mehr zu frühstücken (Beispiel für festgefahrene Problemsituation).
▶ Niklas strotzt nachmittags vor Energie und kommt nur vor dem Fernseher oder PC zur Ruhe (Beispiel für Schwierigkeiten in der angemessenen Freizeitgestaltung).

Tipp

▶ Wenn Sie auf den grauen Pfeil unten rechts klicken, gelangen Sie zurück zur Ausgangsfolie.

An welchem Teil des Teufelskreises setzt das heutige Thema an?

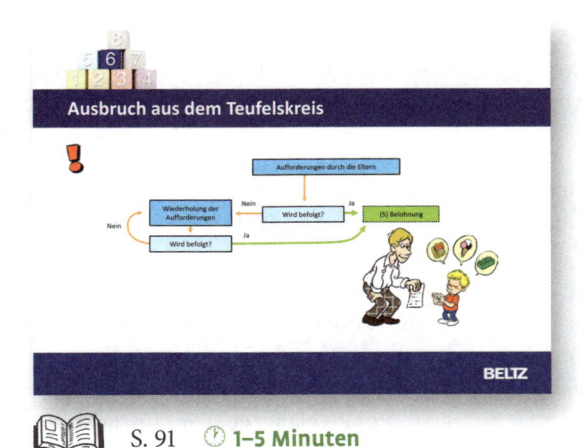

📖 S. 91   🕐 1–5 Minuten

Zielsetzung
- ▶ Einbettung des Themas der 6. Gruppenstunde in das Gesamt-Störungskonzept
- ▶ Aufzeigen von Wegen aus dem Teufelskreis durch Belohnung

Tipp
- ▶ Diese Folie stellt einen inhaltlichen Rückbezug auf den ersten Teil des 3. Bausteins dar, in dem der Teufelskreis und Wege aus dem Teufelskreis erläutert wurden. Auf dieser Folie ist nun nur derjenige Ausweg aus dem Teufelskreis herausgegriffen, der in Baustein 6 beschritten werden soll. Eine Gesamtübersicht über alle möglichen Wege aus dem Teufelskreis findet sich auf S. 45 des Elternarbeitsbuchs.

Übersicht Gruppenstunde 6

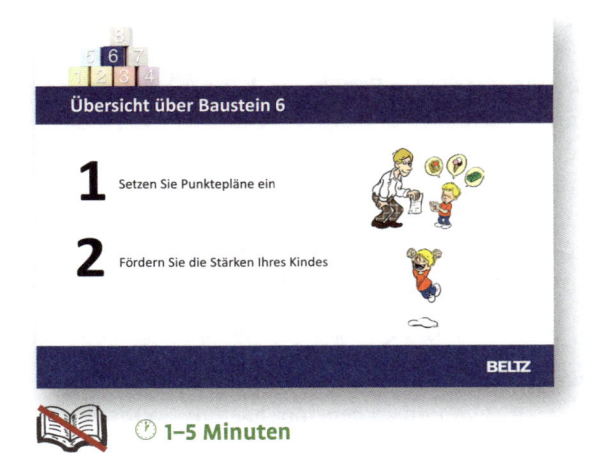

📖̸ 🕐 1–5 Minuten

Zielsetzung
- ▶ Übersicht über die inhaltlichen Teile dieser Gruppenstunde

Tipp
- ▶ Sie können die Kästen, in denen die beiden Teile dargestellt sind, anklicken und gelangen so zu dem jeweiligen Inhalt.

∞ zu Teil 1 und Teil 2

Einführung in Teil 1

📖 S. 92–102   🕐 1–5 Minuten

Zielsetzung
- ▶ Gliederung der Gruppenstunde
- ▶ Einführung in das erste Teilthema: Setzen Sie Punktepläne ein

Einführung in das Thema Punktepläne

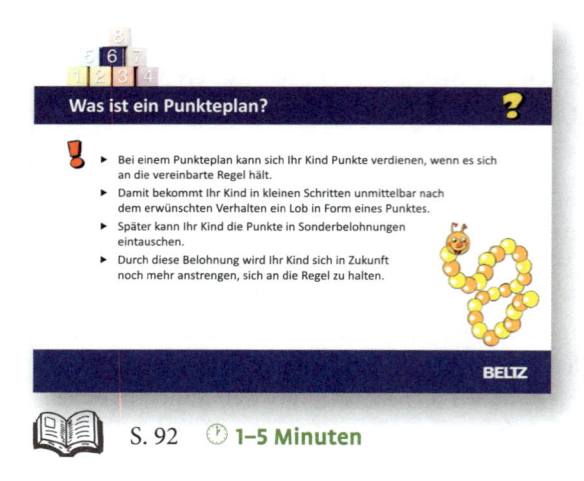

[Folie: Was ist ein Punkteplan?]
- Bei einem Punkteplan kann sich Ihr Kind Punkte verdienen, wenn es sich an die vereinbarte Regel hält.
- Damit bekommt Ihr Kind in kleinen Schritten unmittelbar nach dem erwünschten Verhalten ein Lob in Form eines Punktes.
- Später kann Ihr Kind die Punkte in Sonderbelohnungen eintauschen.
- Durch diese Belohnung wird Ihr Kind sich in Zukunft noch mehr anstrengen, sich an die Regel zu halten.

S. 92   1–5 Minuten

∞ Blitzumfrage

Zielsetzung
- Erläuterung des Wirkprinzips von Punkteplänen mit der Punktevergabe als besonderer Form eines Lobs
- Verdeutlichung der Zielsetzung von Sonderbelohnungen: Steigerung der Anstrengungsbereitschaft des Kindes im Gegensatz zum »Erkaufen« von Verhaltensänderungen

Tipp
- Auf der nächsten regulären Folie geht es um den Einwand des »erkauften« Verhaltens. Verschieben Sie eine eventuelle Diskussion darüber also möglichst an dieser Stelle.
- Wenn Sie auf das Fragezeichen oben rechts klicken, gelangen Sie zu einer Blitzumfrage zu den Erfahrungen der Eltern mit Punkteplänen. Diese Erfahrungen sollten Sie auf jeden Fall erfragen und auch die von den Eltern mitgebrachten früheren Punktepläne gemeinsam ansehen und bewerten. Diese Exploration können Sie anhand der verlinkten Folie zur Blitzumfrage oder auch frei gestalten.

Weiterführende Informationen
- Neben klassischen Punkteplänen, bei denen das Kind für erwünschtes Verhalten Punkte erhält, existieren auch sogenannte Verstärker-Entzugs-Systeme (Response-Cost-Verfahren). Hierbei steht dem Kind für eine definierte Zeit (z. B. das Abendessen) eine bestimmte Anzahl von Punkten (z. B. 10 Punkte) zur Verfügung. Jedes Mal, wenn das Kind ein genau definiertes Problemverhalten zeigt (z. B. vom Tisch aufsteht), wird ihm ein Punkt entzogen. Die am Ende verbliebenen Punkte erhält das Kind und kann sie in Sonderbelohnungen eintauschen. Anstatt mit Punkten kann dieses Verfahren auch mit direkten Belohnungen, z. B. Gummibärchen, durchgeführt werden. Verstärker-Entzugs-Systeme bieten sich vor allem bei sehr häufigem Problemverhalten an.

∞ **Blitzumfrage: Einstellung zu/Erfahrungen mit Punkteplänen (optional)**

[Folie: Was halten Sie davon?]
- Wie sind Ihre Erfahrungen mit Punkteplänen?
  - Haben Sie schon einmal einen Punkteplan gehabt?
  - Wie sah der Punkteplan genau aus?
  - Was hat gut geklappt, was nicht so gut?

5–10 Minuten

Zielsetzung
- Aufgreifen von Erfahrungen der Eltern mit Punkteplänen
  - zur Überprüfung möglicher Ursachen bei erfolgloser Durchführung
  - zur Sammlung positiver Erfahrungen von Teilnehmern, zur Stärkung der Compliance sowie als Ideensammlung für die Entwicklung und Durchführung von Punkteplänen
  - zur Sammlung möglicher Formen und Gestaltungsmöglichkeiten von Punkteplänen

Tipp
- Wenn Sie die Eltern in der letzten Gruppenstunde gebeten haben, frühere Punktepläne mitzubringen, kommen Sie nun darauf zu sprechen und sehen Sie sich gemeinsam mit den Eltern diese früheren Pläne an.

▶ Bitten Sie die Eltern, anhand der auf den nächsten Folien folgenden Informationen nach möglichen Ursachen für das Gelingen, aber auch für Probleme mit bereits durchgeführten Punkteplänen zu suchen und ihre Ergebnisse in die Gruppe einzubringen.

▶ Achten Sie darauf, ob die Eltern Punktepläne oder Verstärker-Entzugs-Systeme durchgeführt haben. Verweisen Sie darauf, dass an dieser Stelle aus Zeitgründen nur auf Punktepläne eingegangen werden kann.

▶ Wenn Sie auf den grauen Pfeil unten rechts klicken, gelangen Sie zurück zur Ausgangsfolie.

Häufige Einwände

S. 92 1–5 Minuten

Zielsetzung
▶ Entschärfen häufiger Einwände: »erkauftes« Verhalten

Mögliche Schwierigkeiten
▶ **Die Eltern befürchten, mit einem Punkteplan erwünschtes Verhalten zu »erkaufen«.** Häufig hängt dieser Einwand mit der Ansicht zusammen, dass Verhaltensänderungen aus Einsicht geschehen müssen. Dieser Einwand wurde in Baustein 5 bereits besprochen (vgl. S. 121).

▶ Sie können ergänzend darauf verweisen, dass bestimmte Verhaltensweisen kurzfristig für das Kind durchaus sinnvoll sind. Zum Beispiel macht es kurzfristig gesehen für das Kind mehr Sinn, mit seinen Freunden draußen zu spielen als die Hausaufgaben zu machen. Die Einsicht in langfristige Konsequenzen (Leistungsabfall) mag möglich sein, führt aber in der Regel nicht zu Verhaltensänderungen, wenn man bedenkt, dass gerade eine Schwierigkeit des Kindes aufgrund der Impulsivität darin besteht, abzuwarten, erst zu durchdenken und dann zu handeln.

Tipp
▶ Führen Sie hier bereits ein, dass neben materiellen Sonderbelohnungen insbesondere auch gemeinsame Unternehmungen und Aktivitäten (z. B. das Vorlesen einer zusätzlichen Geschichte) eingesetzt werden sollten. Solche Sonderbelohnungen sind gleichzeitig förderlich für die Eltern-Kind-Beziehung. Verweisen Sie darauf, dass Sie auf die Auswahl von Sonderbelohnungen später noch ausführlicher zu sprechen kommen.

Häufige Einwände

> **Häufige Einwände gegen Punktepläne**
>
> - Viele Familien haben bereits einmal einen Punkteplan oder ein Stempel-System durchgeführt, manche ohne Erfolg.
> - Nach unserer Erfahrung liegt das meist daran, dass …
>   - die Regeln unklar oder zu zahlreich waren.
>   - die Regeln nicht immer eingehalten wurden.
>   - der Plan zu schwierig war.
>   - die Belohnungen ungünstig gewählt waren.
>   - der Plan nicht rechtzeitig verändert wurde.
>   - der Plan nicht lange genug durchgeführt wurde.
> - Heute wird es darum gehen, wie Sie Punktepläne so entwerfen können, dass diese Probleme nicht auftreten.

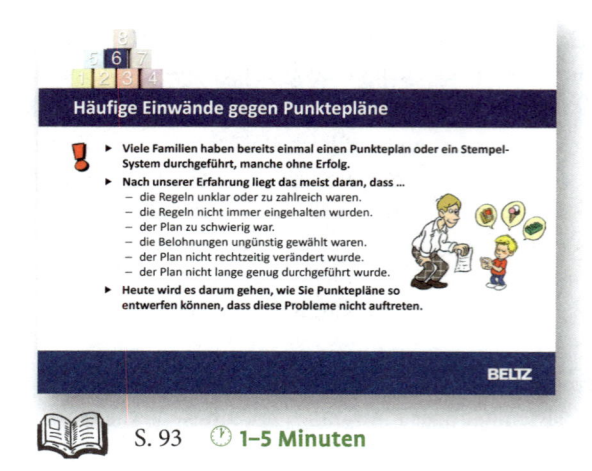

📖 S. 93   ⏱ 1–5 Minuten

Zielsetzung
- Entschärfen häufiger Einwände: erfolglose Durchführung von Punkteplänen

Weiterführende Informationen
- Anstrengungsbereitschaft kann nur gefördert werden, wenn das Kind genau weiß, welches Verhalten erwünscht wird und wofür es somit einen Punkt erhält. Schwierig sind daher unklare Formulierungen und zu viele Regeln, die sich vielleicht noch auf unterschiedliche Tagesabschnitte beziehen. Der Überblick bei Eltern und Kind geht verloren, beide Seiten können ihre Aufgaben nicht erfüllen. So wird mit dem Punkteplan nur zufälliges erwünschtes Verhalten, nicht aber gezielt angestrebtes Verhalten belohnt und eine Generalisierung kann somit nicht gelingen.
- Die im Punkteplan getroffenen Vereinbarungen müssen von beiden Seiten eingehalten werden. Dazu gehört, dass Punkte, die das Kind für angemessenes Verhalten bekommen hat, in keinem Fall wieder entzogen werden dürfen, unabhängig von seinem späteren Verhalten. Ebenso muss die Punktevergabe unter allen Umständen regelmäßig erfolgen und Sonderbelohnungen sollten zeitnah (spätestens am nächsten Wochenende) eingetauscht werden. Belohnungen, bei denen die Eltern eine zeitnahe Einlösung nicht garantieren können, sollten daher von vornherein außer Acht gelassen werden. Ebenso sollten keine Zusatzpunkte vergeben werden, denn diese »verwässern« den Plan und schmälern die Motivation des Kindes, das vereinbarte angemessene Verhalten zu zeigen, da das Kind im Sinne der intermittierenden Verstärkung die Hoffnung hat, vielleicht »doch noch irgendwie« einen Punkt zu bekommen, auch wenn es nicht das eigentlich vereinbarte Verhalten zeigt.

Tipp
- Hilfreich kann es an dieser Stelle sein, wenn Eltern, die bereits Punktepläne erfolglos durchgeführt haben, diese Punkte überprüfen und zur Diskussion stellen.
- Im Elternarbeitsbuch finden Sie an dieser Stelle noch ausführlichere Erläuterungen zu den einzelnen Einwänden (S. 39 f.). Ermutigen Sie die Eltern daher, sich auch im Nachhinein noch einmal mit diesem Abschnitt im Elternarbeitsbuch zu beschäftigen und kommen Sie ggf. zu Beginn der 7. Gruppenstunde oder in der 8. Gruppenstunde erneut auf das Thema zurück.

Der richtige Zeitpunkt

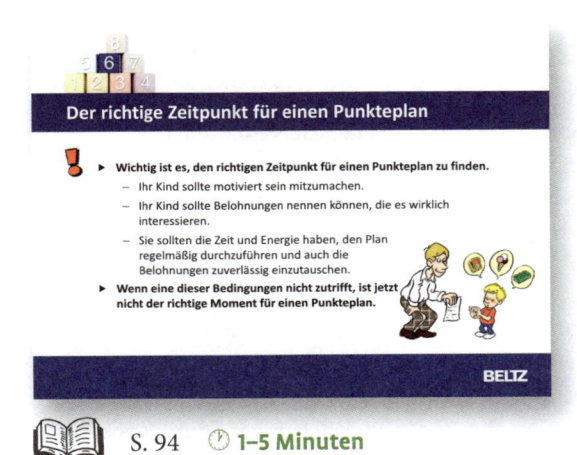

S. 94   1–5 Minuten

Zielsetzung
- Vermittlung von Bedingungen, die erfüllt sein müssen, damit ein Punkteplan erfolgversprechend eingesetzt werden kann.
- Verhinderung von Punkteplänen, die von vornherein nicht erfolgversprechend sind.

Blitzumfrage: Meinungsbild über die bisherigen Informationen

5–10 Minuten

Zielsetzung
- Überblick über die Meinung der Eltern zu den bisher besprochenen Einwänden gegen Punktepläne und zu den wichtigen Bedingungen für das Funktionieren eines solchen Plans

Tipp
- Besprechen Sie an dieser Stelle, ob die Eltern gern einen Punkteplan entwickeln möchten oder nicht, versuchen Sie aber, die konkrete Planung des Punkteplans hier noch abzubremsen, und verweisen Sie auf die folgenden Folien.

Checkliste Punkteplan

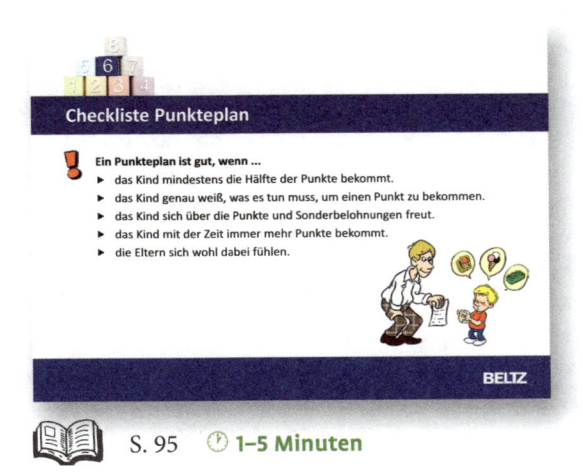

S. 95   1–5 Minuten

Zielsetzung
- Zusammenstellung der wichtigsten Merkmale eines guten Punkteplans

Tipp
- Diese Punkte sollten den Eltern möglichst in Erinnerung bleiben. In der nächsten Stunde haben Sie die Möglichkeit, diese Checkliste nochmals mit den Eltern durchzugehen, bevor Sie über die Anpassung und Beendigung von Punkteplänen sprechen.

Übersicht Memokarte 6, Teil 1: Entwicklung eines Punkteplans

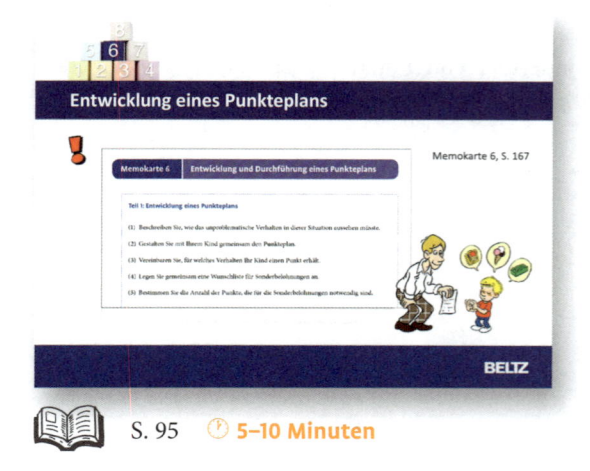

S. 95 5–10 Minuten

Memokarte 6, S. 167

Zielsetzung
- Überblick über die einzelnen Schritte zur Entwicklung eines Punkteplans

Weiterführende Informationen zu Punkt 1 der Memokarte 6, Teil 1 (genaue Beschreibung des Zielverhaltens)
- Die genaue Definition des erwünschten Verhaltens, d. h. der Verhaltensregel, ist für die spätere Punktevergabe sehr wichtig. Erinnern Sie die Eltern nochmals an die Checkliste: Das Kind muss genau wissen, was es tun muss, um einen Punkt zu bekommen, und es muss sich darauf verlassen können, dass es für dieses Verhalten immer einen Punkt erhält. Unklare Verhaltensregeln führen zu Definitionsspielräumen und zu Diskussionen bei der Punktevergabe. In diesem Fall kann der Punkteplan nicht wirken.
- Beispiel: »Mein Kind zieht sich nach einmaliger Aufforderung aus, wäscht sich und putzt sich die Zähne innerhalb von 15 Minuten und schreit dabei nicht herum« (statt: »Mein Kind gehorcht nicht, wenn es sich fertig machen soll«).

Tipp
- Fordern Sie die Eltern auf, Memokarte 6 hervorzuholen.
- Die folgenden Folien stellen sowohl Beispiele für die Gestaltung von Punkteplänen dar als auch Erläuterungen für die Oberpunkte 1–5 des Teils 1 von Memokarte 6. Sie können die Oberpunkte der Memokarte also an dieser Stelle nur kurz ansprechen und sie anhand der folgenden Beispielfolien vertiefen.

(1) Beschreibung des Zielverhaltens
(3) Festlegung der möglichen Punkte

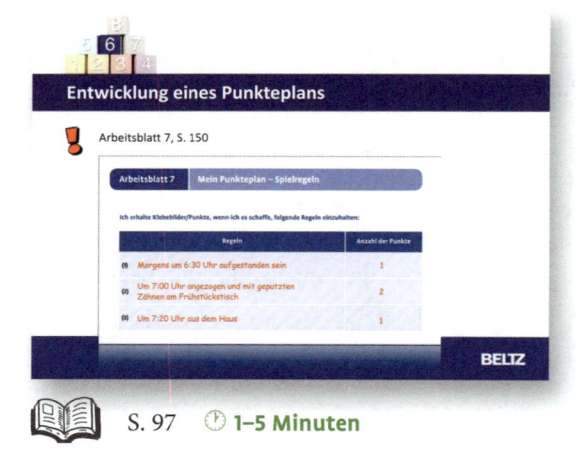

S. 97 1–5 Minuten

Arbeitsblatt 7, S. 150

Zielsetzung
- Veranschaulichung der Etablierung von Spielregeln des Punkteplans
- Beispiele für die Definition angemessenen Verhaltens
- Festlegung der erzielbaren Punkte bei Erfüllung der Voraussetzungen

Tipp
- Sollten einzelne Eltern aus der Gruppe aktuell einen Punkteplan entwickeln wollen, können Sie mit diesen exemplarisch die folgenden Punkte besprechen und ein Beispiel aus der Gruppe verwenden.
- Sollte niemand aus der Gruppe aktuell einen Punkteplan entwickeln wollen, können Sie die auf den Folien beschriebenen Beispiele verwenden.
- Die Verhaltensregeln sollten konkret mit dem Kind vereinbart und auf Arbeitsblatt 7 *Mein Punkteplan – Spielregeln* notiert bzw. in den gemeinsam gestalteten Punkteplan übertragen werden.

- Es hat sich als sinnvoll erwiesen, zunächst auch Teilschritte zum erwünschten Zielverhalten zu verstärken. Beispiel:
  - 1 Punkt: wenn das Kind nach einmaliger Aufforderung ins Kinderzimmer geht und sich auszieht;
  - 2 Punkte: wenn das Kind sich innerhalb von 15 Minuten gewaschen und die Zähne geputzt hat;
  - 1 Punkt: wenn das Kind keinen Krach macht (ggf. genauer definiert).
- Voraussetzung ist hierbei, dass die Eltern in der Situation dabei bleiben und jeden Teilschritt entsprechend belohnen.

(2) Entwicklung eines Punkteplans

Beispiel für eine Punkteschlange

Arbeitsblatt 8, S. 151

S. 96, Arbeitsblatt 8, S. 151

Beispiel für ein Punktekonto

Arbeitsblatt 9, S. 152

Arbeitsblatt 9, S. 152   1–5 Minuten

Zielsetzung
- Hinweise zur Gestaltung von Punkteplänen und Beispiele für unterschiedliche Formen von Punkteplänen

Weiterführende Informationen
- Das Kind sollte, wenn möglich, in die Gestaltung des Punkteplans einbezogen werden. Je besser der Plan dem Kind gefällt, desto mehr wird es sich auch über die Punkte freuen.
- Gestaltungsbeispiele und Vorlagen finden sich auf Arbeitsblatt 8 *Meine Punkteschlange* und Arbeitsblatt 9 *Mein Punkte-Konto*.
- Die Punkteschlange eignet sich eher für kleine Kinder, die noch nicht gut mit Zahlen und Mengen umgehen können.
- Als Punkte können Klebebildchen, Stempel, aber auch aufgemalte Zeichen dienen.

Setzen Sie Punktepläne ein und fördern Sie die Stärken Ihres Kindes

(3) und (4) Sonderbelohnungen

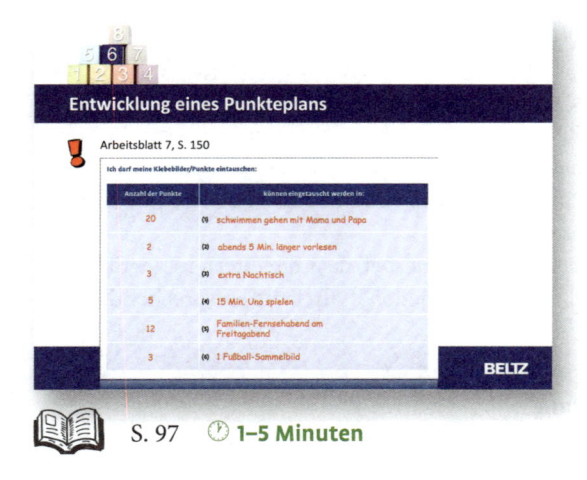

S. 97   1–5 Minuten

Zielsetzung
- Erstellung einer Liste mit Wünschen für Sonderbelohnungen gemeinsam mit dem Kind
- Festlegung der erforderlichen Punktzahl

Weiterführende Informationen
- Bereits die Punktevergabe stellt die Belohnung für das Kind dar. Meist reicht diese alleine aber nicht aus. Die Eltern sollen daher mit ihrem Kind Sonderbelohnungen vereinbaren.
- Im ersten Schritt sollten die Eltern dafür mit dem Kind gemeinsam alle Ideen des Kindes für mögliche Sonderbelohnungen notieren (ausgenommen sehr große materielle Wünsche des Kindes).
- Die Eltern sollten darauf achten, viele kleinere Belohnungen zu finden, die auch wiederholbar sein sollten (d.h. immer wieder für das Kind interessant sind). Günstiger als materielle Verstärker sind häufig auch Vergünstigungen (etwas länger aufbleiben dürfen) und gemeinsame Unternehmungen (etwas vorgelesen bekommen). Weitere Vorschläge finden sich im Elternarbeitsbuch, S. 98.
- Erst im zweiten Schritt erfolgt die Auswahl der Sonderbelohnungen, mit denen sowohl Kind als auch Eltern einverstanden sind. Dabei sollte es kleine, mittlere und größere (mindestens vier unterschiedliche) Belohnungen geben. Diese werden in Arbeitsblatt 7 *Mein Punkteplan – Spielregeln* unter die Spielregeln eingetragen.
- Im dritten Schritt schließlich wird die benötigte Punktzahl für die Sonderbelohnungen verhandelt. Diese ist abhängig von der maximal erreichbaren Punktzahl pro Tag. Die kleinste Belohnung sollte das Kind bekommen können, wenn es etwas mehr als die Hälfte der höchstmöglichen Punktzahl erreicht. Bei großen Sonderbelohnungen sollte die Punktzahl entsprechend höher sein. Bei der Einschätzung der benötigten Punktzahl sollten die Eltern sich fragen, wie häufig sie ihrem Kind diese Sonderbelohnung im Zweifelsfall geben könnten und wollten, wenn das Kind sich ab jetzt immer an die Regel hält. Da es vielen Kindern mit ADHS schwer fällt, auf größere Belohnungen zu warten, sollten vor allem zu Beginn gerade die kleinen Belohnungen zahlreich sein.

Durchführung eines Punkteplans

S. 99 5–10 Minuten (inl. verlinkter Folien)

∞
Blitzumfrage
Job der Woche
zur Übersicht über die Teilthemen

Zielsetzung
▶ Übersicht über die Durchführung eines Punkteplans

Weiterführende Informationen zu den Punkten 1–7 der Memokarte 6, Teil 2

(1) Als gut sichtbare Stelle eignen sich Türen im Kinderzimmer, der Küche, aber auch Schrankinnentüren, wenn das Kind nicht möchte, dass der Plan sichtbar für andere aufgehängt wird.

(2) Die Erinnerung sollte in der entsprechenden Situation ermutigend ausgesprochen werden (»Du schaffst das bestimmt!«) und das Kind sollte noch einmal daran erinnert werden, für welches Verhalten es einen Punkt erhält.

(3) Die Punktevergabe muss sofort erfolgen, das Kind sollte die Gelegenheit haben, den Punkt einzukleben oder aufzumalen, und die Eltern sollten sich dann möglichst mit dem Kind freuen und es loben, dass es sich so angestrengt hat. Falls das Kind keinen Punkt erhält, sollte es die Gründe in neutralem Ton kurz erläutert bekommen, gleichzeitig aber auch dazu ermutigt werden, sich beim nächsten Mal noch mehr anzustrengen.

(4) Das abendliche Rückmeldegespräch sollte nun auch um eine Rückmeldung der Erfolge mit dem Punkteplan erweitert werden. Eltern sollten ihr Kind für den nächsten Tag ermutigen. An dieser Stelle können Sie als Therapeut die Eltern auch noch einmal an diese abendliche Rückmeldung erinnern und die Eltern ermutigen, diese fortzuführen. Bisher sollten in dem Gespräch positive gemeinsame Erlebnisse mit dem Kind sowie Situationen, in denen das Kind Aufforderungen gut befolgt und Regeln eingehalten hat, erwähnt werden.

(5) Das Kind erhält seine Punkte für ein ganz bestimmtes erwünschtes Verhalten und es hat sich angestrengt, um an dieser Stelle die Erwartungen der Eltern zu erfüllen. Wenn es sich später unerwünscht verhält, dürfen ihm dennoch keine Punkte entzogen werden! Generell sollte der Punkteplan nie als negative Konsequenz für anderes Problemverhalten missbraucht werden, da er ansonsten nicht mehr nachvollziehbar ist, als ungerecht empfunden wird (die Eltern halten sich nicht an die Regeln) und nicht wirken kann.

(6) Das Kind entscheidet, welche Sonderbelohnungen es für seine erreichten Punkte einlösen möchte. Die Aufgabe der Eltern ist es, diese unbedingt einzulösen, in jedem Fall innerhalb der Woche und zu einem fest vereinbarten Termin, falls zeitliche Gründe gegen eine sofortige Einlösung sprechen (z. B. beim Eis-Eessen). Die eingelösten Punkte können abgehakt oder durchgestrichen werden. Auch wenn das Kind sich wiederholt für eine kleine unmittelbare Belohnung entscheidet, sollten die Eltern es nicht übermäßig ermutigen, für eine größere Belohnung zu sparen.

Setzen Sie Punktepläne ein und fördern Sie die Stärken Ihres Kindes

▶ Auch wenn der Punkteplan einfach aussieht, ist die Umsetzung oft schwierig, da es um eine Umstellung festgefahrener Gewohnheiten geht, sowohl für Kind als auch für Eltern. Leiten Sie die Eltern dazu an, sich auch selbst für diese besondere Anstrengung zu belohnen. In der ersten Woche sollte das Kind etwa die Hälfte der Punkte erhalten – das wäre dann bereits großer Fortschritt. Es sollte nicht erwartet werden, dass alle Punkte erreicht werden. Wenn das Kind allerdings in den ersten drei Tagen keinen einzigen Punkt erreicht, sollte der Plan zunächst abgebrochen und überarbeitet werden, um eine dauerhafte Misserfolgserfahrung zu vermeiden.

Tipp

▶ Wenn Sie auf das Fragezeichen oben rechts klicken, gelangen Sie zu einer Blitzumfrage, mit der die Eltern bei der konkreten Einführung eines Punkteplans unterstützt und mögliche Schwierigkeiten hierbei vorab thematisiert werden sollen. Nutzen Sie diese Blitzumfrage in solchen Gruppen, in denen Eltern aktuell einen Punkteplan einführen möchten, oder wenn genug Zeit ist, um allgemeine Fragen zur Umsetzung von Punkteplänen zu diskutieren.

▶ Wenn Sie auf das Symbol »Job der Woche« oben rechts klicken, gelangen Sie zu einer Folie, die die Aufgaben bei der Einführung eines Punkteplans konkretisiert. Nutzen Sie diesen Link in solchen Gruppen, in denen Eltern aktuell einen Punkteplan einführen möchten.

▶ Wenn Sie auf den grauen Kasten »Zur Übersicht« klicken, gelangen Sie zurück zur Übersicht über die Teilthemen des 6. Bausteins.

∞ Blitzumfrage: Meinungsbild über die bisherigen Informationen (optional)

Zielsetzung

▶ Begegnung potenzieller Umsetzungsschwierigkeiten
▶ Unterstützung bei der Umsetzung im Falle einer Einführung des Punkteplans

Tipp

▶ Wenn Sie auf den grauen Pfeil unten rechts klicken, gelangen Sie zurück zur Ausgangsfolie.

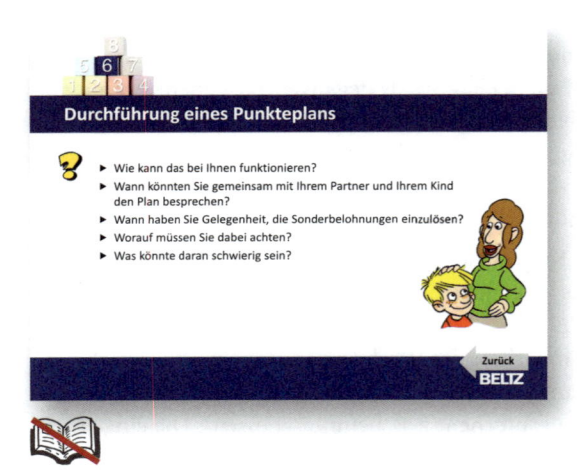

Job der Woche: Punkteplan (optional)

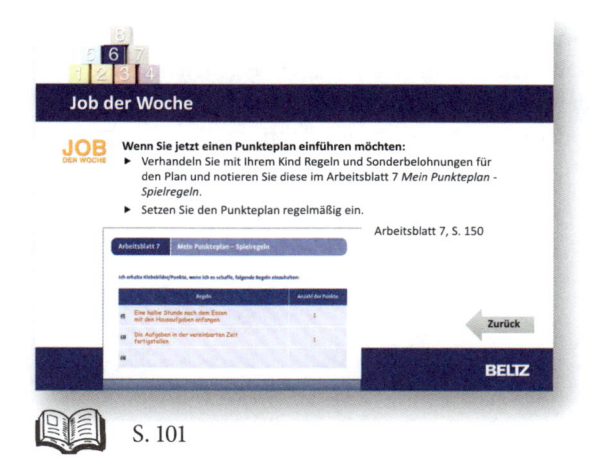

S. 101

Zielsetzung
- Ankündigung des Jobs der Woche im Falle der Einführung eines Punkteplans

Tipp
- Betonen Sie an dieser Stelle, dass der Job der Woche an dieser Stelle (anders als ansonsten in diesem Programm) nicht obligatorisch ist, d. h., dass nicht jede Familie zwangsläufig zur nächsten Gruppenstunde einen Punkteplan eingeführt haben sollte, sondern nur diejenigen, die sich nach der bisherigen Diskussion dafür entschieden haben.
- Wenn Sie auf den grauen Pfeil unten rechts klicken, gelangen Sie zurück zur Ausgangsfolie.

Hinweis

In der nächsten Gruppenstunde wird vor Bearbeitung des Bausteins 7 die Anpassung und die Beendigung von Punkteplänen thematisiert. Auf diese Weise haben die Eltern bereits erste Erfahrungen mit der Entwicklung und Durchführung des Punkteplans machen können. Zur Übersichtlichkeit erscheinen die dazugehörigen Folien im Elternarbeitsbuch bereits in Baustein 6 auf S. 102 als Ausblick auf die nächste Gruppenstunde. In diesem Manual finden Sie die dazu gehörigen Inhalte in Kapitel 16, das sich mit der 7. Gruppenstunde befasst.

Der folgende Abschnitt wurde von den Eltern vorbereitet!

Einführung in Teil 2

S. 103   1–5 Minuten

Zielsetzung
- Gliederung der Gruppenstunde
- Einführung in das zweite Teilthema: Fördern Sie die Stärken Ihres Kindes

Schieflage ausgleichen

[Folie: Ziel: Schieflage ausgleichen – (1) Sich wieder mögen lernen; (2) Fördern Sie die Stärken Ihres Kindes]

S. 103 — 1–5 Minuten

Zielsetzung
- Schaffen eines Ausgleichs zu den überwiegend negativ dominierten Interaktionen und Erfahrungen von Kindern mit ADHS durch Erleben der eigenen Stärken
- Förderung des Erlebens eigener Stärken durch Kanalisierung der Energie in sinnvolle Bahnen

Übersicht über die Teilthemen

[Folie: Was macht Ihr Kind gerne und wie können Sie das in den Alltag einbauen? – Sie können sich einzelne Tipps gemeinsam ansehen. Alle Tipps finden Sie aber auch im Arbeitsbuch (S. 104–114)!
- Liebt es, sich zu bewegen, ist aktiv und sportlich. → Zielloses Toben vermeiden, Energie kanalisieren.
- Unterhält sich gerne, unternimmt gerne etwas, ist spontan. → Abwechslung im Alltag, Leerzeiten nutzen, gemeinsam Spaß haben.
- Ist vielseitig interessiert. → Zu Beschäftigung anleiten.]

1–5 Minuten

[Folie: Was macht Ihr Kind gerne und wie können Sie das in den Alltag einbauen?
- Ist technisch interessiert und hat Ausdauer beim Spiel. → Das Medieninteresse in richtige Bahnen lenken und Zeiten sinnvoll einschränken.
- Spielt gerne Basketball, ist aktiv und sportlich. → Die Integration des Kindes in eine Gruppe fördern.
- Knüpft schnell Kontakte. → Das Kind unterstützen, Freundschaften zu pflegen.
? Über welche Themen möchten Sie mehr erfahren?]

1–5 Minuten

∞ folgende Themen

Zielsetzung
- Übersicht über die Teilthemen

Tipp
- Sie können die einzelnen Themenbereiche anklicken und geraten so zu weiterführenden Informationen über das jeweilige Thema.
- Die Übersichtsfolien finden sich in dieser Form nicht im Elternarbeitsbuch. Es finden sich jedoch umfangreiche Informationen zu den einzelnen Themenbereichen.
- Die Eltern haben diesen Abschnitt zu Hause vorbereitet, sodass Sie in der Gruppenstunde nicht auf jedes einzelne Unterthema ausführlich eingehen müssen, sondern gezielt Themen herausgreifen können, zu denen die Eltern noch Gesprächsbedarf haben.
- Alle einzelnen Punkte bedürfen einer ausführlichen Planung der Umsetzung und Durchführung. Die Folien dienen lediglich als Anstoß. Die Umsetzung sollte vorbereitet und Umsetzungsschwierigkeiten sollten diskutiert werden. Hierfür eignet sich unter Umständen auch die 8., themenoffene Gruppenstunde.

∞ **Zielloses Toben vermeiden, Energie kanalisieren**

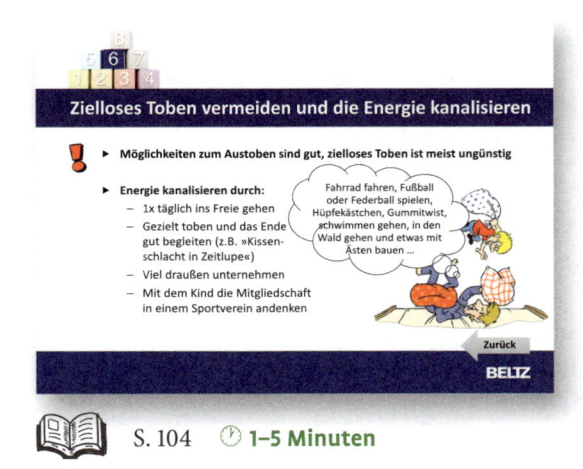

S. 104 1–5 Minuten

∞ zur Übersicht über die Teilthemen

Zielsetzung
- ▸ Vermeidung von zielloser Aktivität
- ▸ Einplanung von gezielten Möglichkeiten und Kanalisierung der Energie

Weiterführende Informationen
- ▸ Entgegen der häufigen Annahme führt zielloses Austoben nicht zur Verminderung, sondern oft zur Steigerung der Hyperaktivität. Die Kinder haben es schwer, sich im Anschluss wieder auf einem niedrigeren Aktivitätsniveau einzupendeln, und benötigen hierbei häufig Unterstützung.
- ▸ Hilfreich sind geregelte Zeiten zum Austoben durch regelmäßige und wetterunabhängige Aufenthalte im Freien, gezieltes Toben, dessen Ende gut begleitet wird (z. B. Kissenschlacht in Zeitlupe) sowie die Mitgliedschaft in einem Sportverein.

Tipp
- ▸ Wenn Sie auf den grauen Pfeil unten rechts klicken, gelangen Sie zurück zur Ausgangsfolie.

∞ **Abwechslung im Alltag**

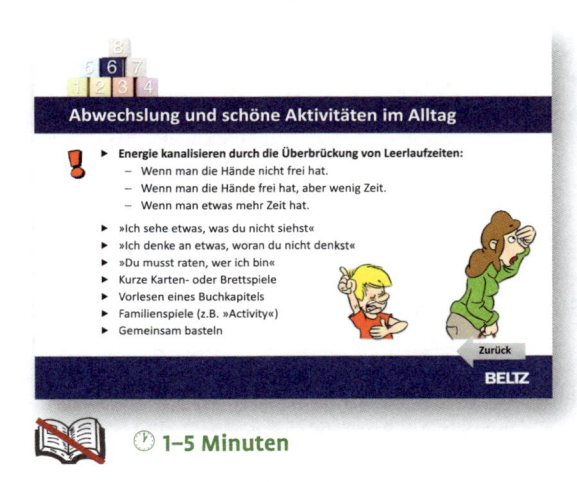

1–5 Minuten

∞ zur Übersicht über die Teilthemen

Zielsetzung
- ▸ Erarbeitung möglicher Beschäftigungsangebote im Alltag zur Überbrückung von Leerlaufzeiten

Weiterführende Informationen
- ▸ Feste Strukturen durch einen regelhaften Ablauf des Alltags helfen den Kindern, sich besser zurechtzufinden. Gleichzeitig ist eine ausreichende Flexibilität wichtig, wenn der Tag einmal anders abläuft oder wenn Leerlaufzeiten entstehen. Um aufkommende Unruhe in diesen Zeiten zu verhindern, ist es sinnvoll, Kindern kleine Spiele vorzuschlagen, wenn sie gerade mit ihrer Zeit selbst nichts anzufangen wissen.
- ▸ bei Beschäftigung der Eltern:
  - Ich sehe was, was du nicht siehst.
  - Ich denke an etwas, woran du nicht denkst.
  - Ich bin eine berühmte Person/Comicfigur, die wir kennen, und du musst raten, wer. (Es sind nur Fragen erlaubt, die man mit »Ja« oder »Nein« beantworten kann.)
  - *Wir denken uns lustige Sätze mit den Buchstaben auf den Nummernschildern aus.* – zum Beispiel: K – SW … wird zu »Kinder sind wunderbar« oder »Keiner sieht was«
- ▸ bei wenig Zeit, aber freien Händen:
  - kurze Karten- oder Brettspiele
  - Vorlesen eines Buchkapitels
  - Geschicklichkeitsspiele

Setzen Sie Punktepläne ein und fördern Sie die Stärken Ihres Kindes

- ▸ bei etwas mehr Zeit: unterschiedliche Familienspiele
  - Wenn das Kind Schwierigkeiten hat zu verlieren, kann in Teams gespielt werden.
  - Neue Regeln können sich ausgedacht werden (z. B.: nur Erwachsene dürfen bei *Mensch ärgere dich nicht* heraus geworfen werden).

Tipp
- ▸ Wenn Sie auf den grauen Pfeil unten rechts klicken, gelangen Sie zurück zur Ausgangsfolie.

∞ **Zu Beschäftigung anleiten**

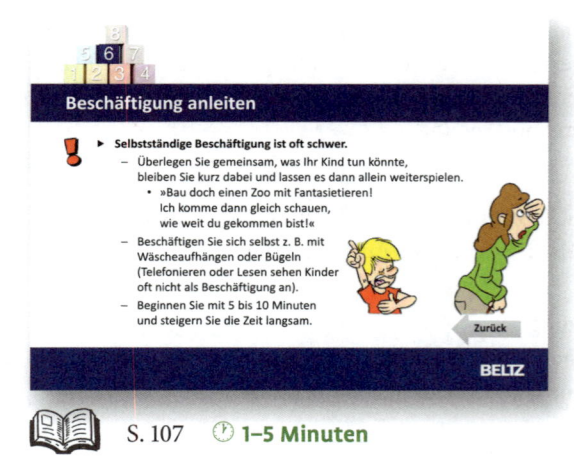

S. 107   1–5 Minuten

∞ zur Übersicht über die Teilthemen

Zielsetzung
- ▸ Anleitung zur Förderung selbstständiger Beschäftigung des Kindes

Weitere Informationen
- ▸ In eine Beschäftigung hinein- oder zurückzufinden, ist für Kinder mit ADHS oft schwer. Die Kinder benötigten häufig Unterstützung bei der Ideenfindung und müssen an die Beschäftigung zunächst herangeführt werden.
- ▸ Die Zeiten, in denen sich das Kind allein beschäftigen soll, sollten langsam gesteigert werden (zunächst 5 bis 10 Minuten).
- ▸ Positive Rückmeldungen der Eltern sind wichtig, wenn das Kind sich alleine beschäftigt, zu Beginn möglichst in kurzen Zeitabständen.
- ▸ Es ist besonders hilfreich, wenn auch Eltern in dieser Zeit einer Beschäftigung nachgehen, die das Kind als Beschäftigung wahrnimmt (z. B. Wäsche aufhängen, bügeln). Telefonieren und Lesen wird häufig von Kindern nicht als Beschäftigung wahrgenommen und somit eher vom Kind unterbrochen.
- ▸ Die Einrichtung von Übungszeiten ist hier sinnvoll.

Tipp
- ▸ Wenn Sie auf den grauen Pfeil unten rechts klicken, gelangen Sie zurück zur Ausgangsfolie.

∞ **Sinnvoller Medienkonsum**

Sinnvoller Medienumgang

- Ein Zuviel an Medien führt oft zu noch größerer Unruhe.
- Kenntnisse im Umgang mit Medien sind wichtig.
- Interessieren Sie sich dafür, was Ihr Kind am Computer macht und zeigen Sie dem Kind sinnvolle Seiten.
  - Mathe-Pirat, Antolin, Wikipedia
- Nehmen Sie Ihre Vorbildfunktion ernst.
- Informieren Sie sich über einen sinnvollen Medienumgang, z.B.
  - www.spielbar.de
  - www.spieleratgeber-nrw.de
  - www.bundespruefstelle.de

BELTZ

Sinnvoller Medienumgang

Richtwerte:
- 3–5 Jahre: ca. 30 Minuten
- 6–9 Jahre: ca. 60–90 Minuten
- 10–13 Jahre: ca. 90–120 Minuten
- Legen Sie für alle Medien zusammen eine Medienzeit fest:
  - Einheiten oder am Stück (evtl. Chips)
  - Planen Sie mit Ihrem Kind die Einlösung
  - Vereinbaren Sie genaue Zeiten
  - Abweichende Regeln für das Wochenende
  - Sorgen Sie für die Einhaltung der vereinbarten Zeit (Tipps im Arbeitsbuch)

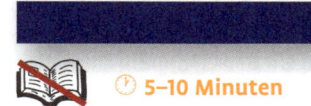

Zurück

BELTZ

🕐 5–10 Minuten

∞ zur Übersicht über die Teilthemen

Zielsetzung

▶ Anleitung zu einem sinnvollen Medienumgang
▶ Verdeutlichung der Modellfunktion der Eltern im angemessenen Umgang mit Medien
▶ in diesem Zusammenhang Überdenken des eigenen Medienumgangs der Eltern

Weiterführende Informationen

▶ Medienkonsum ist ein häufiges Konfliktthema in Familien. Das Thema wird daher im Elternarbeitsbuch ausführlich behandelt.
▶ Die Umsetzung der Tipps sollte bei diesem schwirigen Thema besonders gut mit den Eltern geplant werden.
▶ Die Eltern sollten den Medienkonsum ihres Kindes begleiten und anleiten, zeitlich beschränken und kontrollieren. Diesbezüglich werden im Elternarbeitsbuch weitere Tipps gegeben, die wie folgt unterteilt werden:
  (1) Lenken Sie das Medieninteresse Ihres Kindes in richtige Bahnen. Hier finden Eltern Hinweise, wie sie sich durch eigenes Interesse am Medienkonsum des Kindes einen Überblick darüber verschaffen können, wie ihr Kind aktuell Medien nutzt. Zudem werden die Eltern darin unterstützt, das Interesse ihres Kindes an Medien in sinnvolle Bahnen zu lenken, und erhalten Hinweise, wo sie sich weitere Informationen über einen sinnvollen Medienumgang holen können.
  (2) Legen Sie eine Tagesbeschränkung für die Medienzeit fest. Hier erhalten Eltern Richtwerte für verschiedene Altersstufen, Informationen darüber, wie die Medienzeit in den Tagesablauf eingeplant werden kann, sowie Strategien, wie sie für die Einhaltung der Medienzeit sorgen können.
▶ Darüber hinaus macht es Sinn, mit den Eltern auch ihren eigenen Medienkonsum noch einmal zu überdenken. Wann läuft in den Familien zum Beispiel der Fernseher? Wie viel Zeit verbringen die Eltern am Computer und was tun sie am Computer? Es gilt, die Eltern dafür zu sensibilisieren, dass sie mit ihrem eigenen Verhalten ein Vorbild für ihr Kind darstellen.

Tipp

▶ Die Diskussion dieses Themas in der Gruppe ist in den meisten Fällen sinnvoll. Bringen Sie dieses Thema ruhig auch dann in die Gruppe ein, wenn es nicht von den Eltern explizit gefordert wird.
▶ Wenn Sie auf den grauen Pfeil unten rechts klicken, gelangen Sie zurück zur Ausgangsfolie.

Setzen Sie Punktepläne ein und fördern Sie die Stärken Ihres Kindes

∞ **Integration in eine Gruppe**

Folie: Integration in eine Gruppe
- Gruppenzugehörigkeit nicht nur in der Schule, sondern auch in der Freizeit erleben.
- Durch Teilnahme in Vereinen
  - Energie kanalisieren
  - Erfolgserlebnisse erfahren
  - Wenn möglich, sollten Sie dafür sorgen, dass Ihr Kind in einem Verein aktiv ist.
    - Diverse Sportvereine, freiwillige Feuerwehr, Pfadfinder, Gemeindegruppen von Kirchen oder Jugendhilfe
  - Förderung der sozialen Interaktion

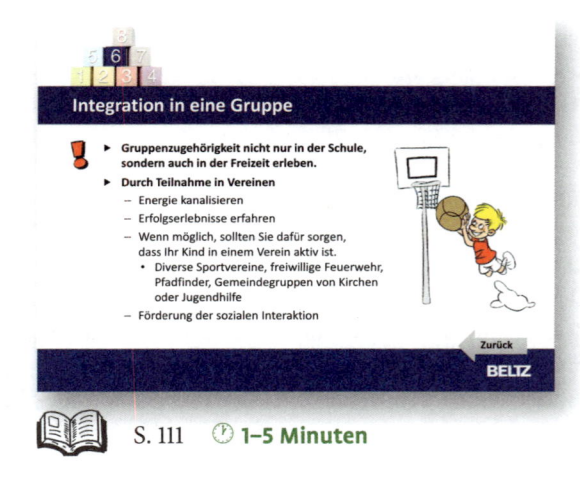

S. 111   1–5 Minuten

∞ zur Übersicht über die Teilthemen

Zielsetzung
▶ Stärkung einer Gruppenzugehörigkeit im Freizeitbereich

Weiterführende Informationen
▶ Die Aktivität in Vereinen ist sinnvoll. Die Kinder lernen, sich in eine Gruppe zu integrieren, können Erfolge erleben und sich so positiv wahrnehmen.
▶ Sportvereine bieten die Möglichkeit, nach bestimmten Regeln Energie abzubauen.
▶ Vereine wie die Pfadfinder oder die freiwillige Feuerwehr fördern besonders soziale Interaktionen.
▶ Motivieren Sie die Eltern dazu, ihrem Kind die Teilnahme an einem Verein zu ermöglichen.
▶ Während in manchen Familien unterschiedliche Vereinszugehörigkeiten in Freizeitstress ausarten, fehlen Freizeitangebote des Kindes in anderen Familien ganz. Wichtig ist es, ein gutes Maß zu finden.

Mögliche Schwierigkeiten
▶ **Das Kind wurde bereits wiederholt aus Vereinen ausgeschlossen.** Auch in Vereinen haben Kinder mit ADHS oftmals Schwierigkeiten, sich zu integrieren, sich an die Regeln zu halten und ihre Impulse zu kontrollieren. Das kann dazu führen, dass sie von den anderen Kindern oder auch den Leitern der Gruppe ausgeschlossen werden. Verständlicherweise scheuen die Eltern dann oft davor zurück, ihr Kind erneut in einem Verein anzumelden, um ihm eine weitere Misserfolgserfahrung zu ersparen. Hier ist ein Erfahrungsaustausch der Gruppenmitglieder untereinander oftmals hilfreich, weil andere Eltern möglicherweise Trainer oder Vereinsleiter kennen, die gut mit Kindern mit ADHS umgehen können, und eine Empfehlung geben können. Manchmal kann auch ein Vorgespräch mit der Vereinsleitung hilfreich sein, um im Vorfeld zu sondieren, ob das Kind in dieser Gruppe willkommen ist.

▶ **Das Kind verliert schnell das Interesse an Vereinen.** Viele Eltern berichten, ihr Kind bereits wiederholt in Vereinen angemeldet zu haben, das Kind sei aber nach kurzer Zeit nicht mehr hingegangen. Dennoch sollten die Eltern ihrem Kind immer wieder Angebote machen, seine Freizeit aktiv zu gestalten. Bei einer erneuten Anmeldung kann es aber sinnvoll sein, mit dem Kind im Voraus zu besprechen, wie lange es sich den Verein mindestens anschauen möchte, nach wie langer Zeit Anschaffungen für das neue Hobby möglich sind und wie es mit einer vorübergehenden Unlust umgehen kann.

Tipp
▶ Wenn Sie auf den grauen Pfeil unten rechts klicken, gelangen Sie zurück zur Ausgangsfolie.

∞ **Freundschaften aufbauen und pflegen**

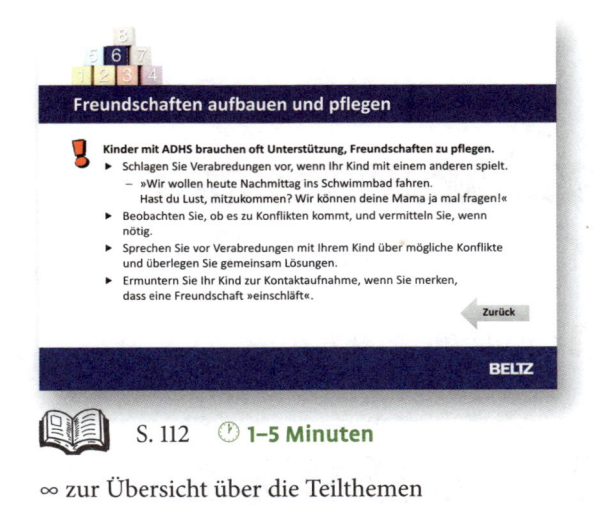

S. 112   🕐 **1–5 Minuten**

∞ zur Übersicht über die Teilthemen

Zielsetzung
▶ Förderung von Gleichaltrigenkontakten

Weiterführende Informationen
▶ Gleichaltrigenkontakte sind bei Kindern mit ADHS oft ein schwieriges Thema. Dabei fällt die Kontaktaufnahme häufig weniger schwer als das Aufrechterhalten der Sozialkontakte.
▶ Eltern werden bei diesem Thema daher dazu angeleitet,
  - das Kind zu unterstützen, regelmäßig Verabredungen zu treffen;
  - das Kind dazu zu motivieren, »einschlafende« Kontakte wieder aufzunehmen;
  - Konflikte im Gleichaltrigenkontakt zu beobachten und mit dem Kind nachzubesprechen bzw. mit dem Kind schwierige Situationen vor dem nächsten Kontakt durchzusprechen und mit ihm zu überlegen, wie es Streit verhindern kann.

Tipp
▶ Wenn Sie auf den grauen Pfeil unten rechts klicken, gelangen Sie zurück zur Ausgangsfolie.

Planung der Umsetzung

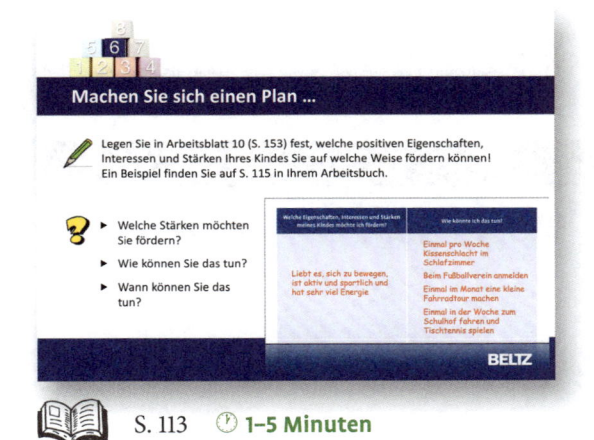

S. 113   🕐 **1–5 Minuten**

Zielsetzung
▶ Vorbereitung der Förderung von Stärken des Kindes

Tipp
▶ Wenn in Familien bereits zu viel Freizeitangebot besteht, kann dieser Zeitpunkt auch dazu genutzt werden, zu überlegen, welche Freizeitangebote nach Rücksprache mit dem Kind eventuell gestrichen werden könnten.

Zeitrahmen für Abschluss der Stunde: 🕐 **5–10 Minuten**

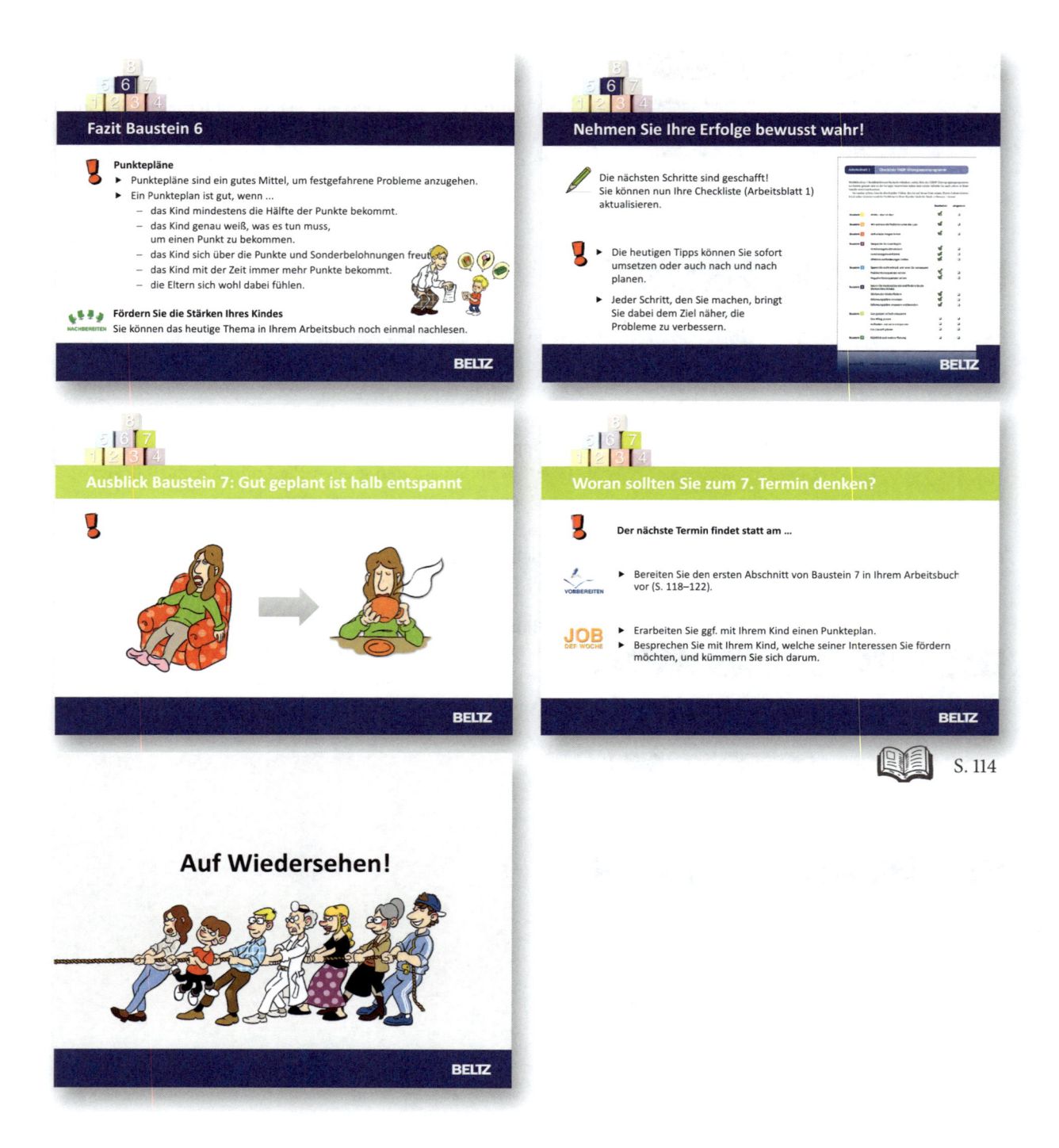

Fazit Baustein 6

Punktepläne
- Punktepläne sind ein gutes Mittel, um festgefahrene Probleme anzugehen.
- Ein Punkteplan ist gut, wenn …
  - das Kind mindestens die Hälfte der Punkte bekommt.
  - das Kind genau weiß, was es tun muss, um einen Punkt zu bekommen.
  - das Kind sich über die Punkte und Sonderbelohnungen freut.
  - das Kind mit der Zeit immer mehr Punkte bekommt.
  - die Eltern sich wohl dabei fühlen.

Fördern Sie die Stärken Ihres Kindes
NACHBEREITEN: Sie können das heutige Thema in Ihrem Arbeitsbuch noch einmal nachlesen.

Nehmen Sie Ihre Erfolge bewusst wahr!

Die nächsten Schritte sind geschafft! Sie können nun Ihre Checkliste (Arbeitsblatt 1) aktualisieren.

- Die heutigen Tipps können Sie sofort umsetzen oder auch nach und nach planen.
- Jeder Schritt, den Sie machen, bringt Sie dabei dem Ziel näher, die Probleme zu verbessern.

Ausblick Baustein 7: Gut geplant ist halb entspannt

Woran sollten Sie zum 7. Termin denken?

Der nächste Termin findet statt am …

- Bereiten Sie den ersten Abschnitt von Baustein 7 in Ihrem Arbeitsbuch vor (S. 118–122).
- Erarbeiten Sie ggf. mit Ihrem Kind einen Punkteplan.
- Besprechen Sie mit Ihrem Kind, welche seiner Interessen Sie fördern möchten, und kümmern Sie sich darum.

📖 S. 114

Auf Wiedersehen!

Tipp

Da es in der 7. Elternstunde um die elterlichen Ressourcen geht, ist es wünschenswert, wenn an dieser Stunde beide Elternteile teilnehmen können.

16 Gruppenstunde 7: Gut geplant ist halb entspannt

16.1 Übersicht über Gruppenstunde 7

Zielsetzung von Gruppenstunde 7
- Rückblick auf Gruppenstunde 6, allerdings hier mit teilweise neuen Informationen aus Baustein 6 zur Anpassung und Beendigung von Punkteplänen
- Erstellung einer klaren Tages- und Wochenstruktur als Strukturhilfe für das Kind und auch zur Schaffung neuer zeitlicher Freiräume für die Eltern
- Anleitung der Eltern dazu, ihre eigenen Ressourcen wieder mehr in den Blick zu nehmen
- Anregung einer Auseinandersetzung der Eltern mit ihrer eigenen Zukunftsperspektive

Teilbereiche von Gruppenstunde 7
- Rückblick auf Gruppenstunde 6: Anpassung und Beendigung von Punkteplanen
- Teil 1: Gut geplant ist halb entspannt
- Teil 2: So sorgen Sie für sich

Materialien zu Gruppenstunde 7
- Materialien für Therapeuten: Manual, S. 157–173
- Materialien für Eltern: Elternarbeitsbuch:
  - Anpassung und Beendigung von Punkteplänen aus Baustein 6, S. 102
  - Baustein 7, Teil 1, S. 117–130
  - Arbeitsblatt 11: *Mein Wochenplan – aktuell*, S. 154
  - Arbeitsblatt 12: *Mein Wochenplan – wie er sein soll*, S. 155
  - Arbeitsblatt 13: *Liste positiver Aktivitäten*, S. 156
- Arbeitsblatt 1: *Checkliste THOP-Elterngruppenprogramm*, S. 143
- Arbeitsblatt 4: Problemliste: *Verhaltensprobleme meines Kindes*, S. 147

Vorbereitung der Eltern für Gruppenstunde 7
- Rückblick auf Gruppenstunde 6: Anpassung und Beendigung von Punkteplänen (S. 102), darin:
  - Memokarte 7: *Gut geplant ist halb entspannt*, S. 168
  - Arbeitsblatt 11: *Mein Wochenplan – aktuell*, S. 154

Mögliche Schwierigkeiten bei der Bearbeitung von Gruppenstunde 7
- **Es wird eine sehr starke elterliche Belastung deutlich.** Bei der Bearbeitung dieses Bausteins wird bei manchen Eltern eine deutliche Belastung spürbar und teilweise lassen sich auch nicht unmittelbar Entlastungsmöglichkeiten aufzeigen, da die Familie z. B. sehr isoliert ist oder die finanziellen Mittel für eine Fremdbetreuung des Kindes fehlen. Hier bietet sich unter Umständen ein Einzelgespräch mit den Eltern an bzw. die Eltern sollten ermutigt werden, sich an anderer Stelle Unterstützung zu suchen.

- **Väter fühlen sich durch die Inhalte weniger angesprochen.** Die Inhalte dieser Gruppenstunde sind teilweise mehr auf Mütter als auf Väter zugeschnitten, da die Mütter auch zumeist diejenigen sind, die am THOP-Elterngruppenprogramm teilnehmen. Achten Sie also gezielt auch auf die Väter in der Gruppe und ermutigen Sie diese, die Inhalte auch auf ihre Situation anzuwenden und nach eigenen Entlastungsmöglichkeiten zu suchen.
- siehe außerdem Kapitel 8 *Häufige Schwierigkeiten* (S. 35ff.)

Tipp

- Da es in der 7. Elternstunde um das Aufstellen eines gemeinsamen Wochenplans für die Familie geht, ist es wünschenswert, wenn an dieser Stunde beide Elternteile teilnehmen können. So ist es deutlich wahrscheinlicher, dass ein Wochenplan aufgestellt werden kann, der später auch von beiden Eltern mitgetragen wird.

16.2 Durchführungsanleitung zu Gruppenstunde 7

Erinnerung Problemliste

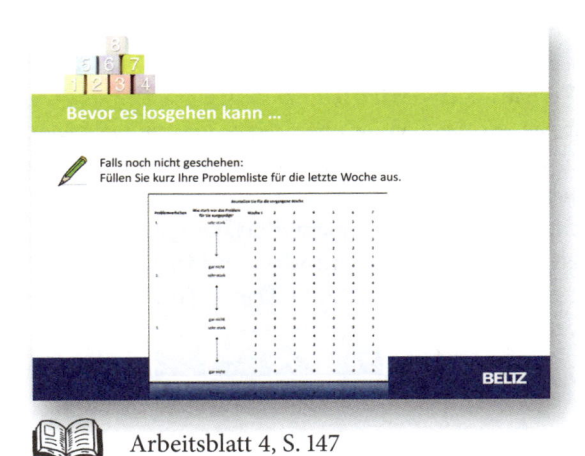

Arbeitsblatt 4, S. 147

Zielsetzung der Gruppenstunde
▶ Erinnerung an die Bearbeitung der individuellen Problemliste (AB 4)

Tipp
▶ Sie können diese Folie vor Beginn der Gruppenstunde bereits aufrufen, sodass die Eltern, wenn sie den Gruppenraum betreten und sich für die Stunde einrichten, noch einmal an die Problemliste (AB 4) erinnert werden und diese so vor Beginn der Stunde ausfüllen können.

Der folgende Abschnitt war Teil der Nachbereitung von Baustein 6!

Rückblick Baustein 6: Anpassung und Beendigung von Punkteplänen

S. 102   1–5 Minuten

Zielsetzung
▶ siehe Abschnitt 16.1

Rückblick Baustein 6

S. 89–115

ca. 10–15 Minuten (inkl. verlinkter Folien)

∞
Wissenstest
Rückblick Baustein 6, Teil 1 (Punkteplan)
Rückblick Baustein 6, Teil 2 (Stärken fördern)

∞ **Wissenstest (optional)**

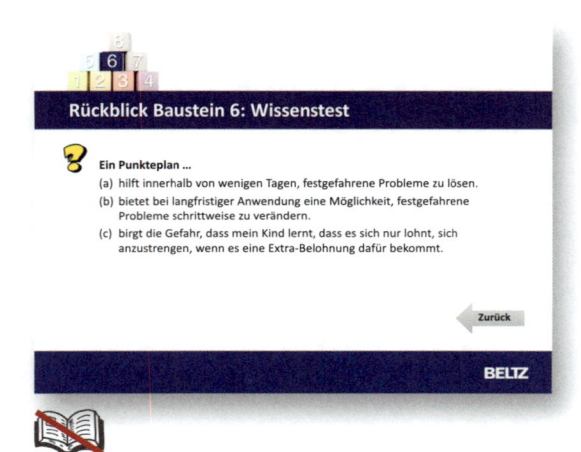

Zielsetzung
- kurze Wiederholung der Inhalte der 6. Gruppenstunde
- Klärung offener Fragen aus der letzten Stunde

Tipp
- Über das graue Kästchen rechts unten gelangen Sie zum Wissenstest. Der Wissenstest überprüft das Verständnis von Kernaussagen des letzten Bausteins.
- Wenn Sie auf die Comics oben rechts klicken, gelangen Sie zu einem ausführlicheren Rückblick auf die beiden Teilthemen des 6. Bausteins. Der Comic mit Niklas und seinem Vater führt zu einem Rückblick zum Thema Punktepläne, der Comic mit dem springenden Niklas führt zu einem Rückblick zum Thema *Fördern Sie die Stärken Ihres Kindes*.

Zielsetzung
- spielerischer Rückblick auf die Inhalte der letzten Gruppenstunde
- Klärung häufiger Missverständnisse

Tipp
- Die jeweils richtige(n) Antwort(en) wird/werden bei Klick unterstrichen.
- Wenn Sie auf den Pfeil rechts unten klicken, gelangen Sie zurück zum Rückblick auf Baustein 6.

∞ Ausführlicher Rückblick Baustein 6, Teil 1 (Punkteplan) (optional)

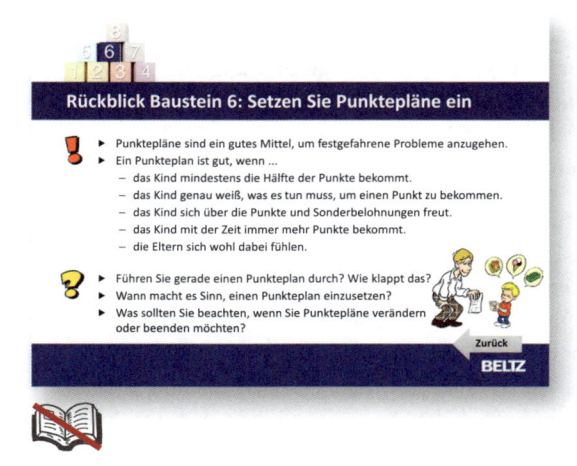

Zielsetzung
▶ Wiederholung der wichtigsten Inhalte des ersten Teils von Baustein 6 und damit auch des ersten Teils der 6. Gruppenstunde
▶ Wenn in der letzten Gruppenstunde Eltern gefehlt haben, können so noch einmal alle Teilnehmer kurz über die letzte Gruppenstunde informiert werden.

Tipp
▶ Wenn Sie auf den Pfeil unten rechts klicken, gelangen Sie zurück zur Ausgangsfolie.
▶ Diese Folie dient auch in Baustein 8, in dem jeder vorherige Baustein noch einmal kurz wiederholt wird, zur Zusammenfassung der Inhalte des ersten Teils von Baustein 6.

∞ Rückblick Baustein 6, Teil 2 (Stärken fördern) (optional)

Zielsetzung
▶ Wiederholung der wichtigsten Inhalte des zweiten Teils von Baustein 6 und damit auch des zweiten Teils der 6. Gruppenstunde
▶ Wenn in der letzten Gruppenstunde Eltern gefehlt haben, können so noch einmal alle Teilnehmer kurz über die letzte Gruppenstunde informiert werden.

Tipp
▶ Gehen Sie an dieser Stelle möglichst nicht noch einmal ausführlich auf einzelne Themen ein, sondern fragen Sie eher nur den Bedarf der Eltern ab, über eines oder mehrere dieser Themen noch einmal ausführlicher zu sprechen, und stellen Sie in Aussicht, diese Diskussion in der 8. Gruppenstunde zu führen.
▶ Wenn Sie auf den Pfeil unten rechts klicken, gelangen Sie zurück zur Ausgangsfolie.
▶ Diese Folien dienten auch in Baustein 6 dem Überblick über die Teilthemen dieser Intervention.
▶ Diese Folien werden zudem in Baustein 8, in dem jeder vorherige Baustein noch einmal kurz wiederholt wird, verwendet, um ggf. weitere Teilthemen des zweiten Teils von Baustein 6 zu besprechen oder auf besprochene Themen zurückzukommen.

S. 103

Rückblick Baustein 6

[Abbildung: Cover "Haben Sie mit Ihrem Kind einen Punkteplan entwickelt?" – BELTZ]

S. 92–101

Zielsetzung

▶ Diskussion über die ersten Erfahrungen der Eltern in der Umsetzung von Baustein 6
  - Erfahrungen mit eventuellen neuen Punkteplänen
  - Erfahrungen mit ersten Bemühungen, die Stärken des Kindes weiter zu fördern
▶ Überblick über die weitere Anwendung der Tipps aus den früheren Bausteinen

Auswertungsfragen

Falls die Eltern einen Punkteplan entwickelt haben, bitten Sie sie, diesen hervorzuholen:

▶ Haben Sie einen Punkteplan entwickelt? Wie viele Punkte konnte das Kind erreichen?
▶ Ist es Ihnen gelungen, den Punkt direkt nach dem erwünschten Verhalten zu geben und das Kind zu loben?
▶ Welche Sonderbelohnungen hat das Kind schon eingetauscht? Hat es sich über die Sonderbelohnungen gefreut?
▶ Wie stark variierte die erreichte Punktezahl von Tag zu Tag?
▶ Haben Sie auch einmal keinen Punkt vergeben? Was veranlasste Sie dazu?
▶ Gab es Meinungsverschiedenheiten bei der Punktevergabe?

Bitten Sie die Eltern, Arbeitsblatt 10 noch einmal hervorzuholen:

▶ Haben Sie gemeinsam mit Ihrem Partner noch einmal überlegt, welche Stärken und Interessen Ihres Kindes Sie fördern möchten?
▶ Haben Sie mit Ihrem Kind darüber gesprochen? Was wünscht sich Ihr Kind? Sind Sie sich mit Ihrem Kind einig über mögliche Veränderungen der Freizeitgestaltung? Wie hat Ihr Kind auf Ihre Vorschläge reagiert?
▶ Was möchten Sie noch in die Wege leiten, was konnten Sie schon erreichen?
▶ Wo gab es Schwierigkeiten bei der Umsetzung?
▶ Wie sind Sie in der letzten Woche mit Leerlaufzeiten umgegangen? Haben Sie einige der Tipps für sich umsetzen können?
▶ Hat sich im Umgang mit Medienzeit bei Ihnen verändert? Wie hat Ihr Kind reagiert? Wie konnten Sie neue Regelungen durchsetzen? Hat sich auch Ihr eigenes Medienverhalten verändert?
▶ Wie oft waren Sie in der letzten Woche mit Ihrem Kind draußen? Was haben Sie unternommen?

Frühere Jobs der Woche:
- ▶ Führen Sie noch die Positiv-Liste, geben den Kindern positive Rückmeldungen und besprechen abends die positiven Ereignisse?
- ▶ Gab es bereits einen weiteren Familienrat?
- ▶ Denken Sie noch daran,
    - Aufforderungen wirkungsvoll zu stellen
    - das Kind zu loben, wenn es einer Aufforderung nachkommt?
    - Führen Sie Konsequenzen unmittelbar und regelmäßig durch?

Anpassung von Punkteplänen

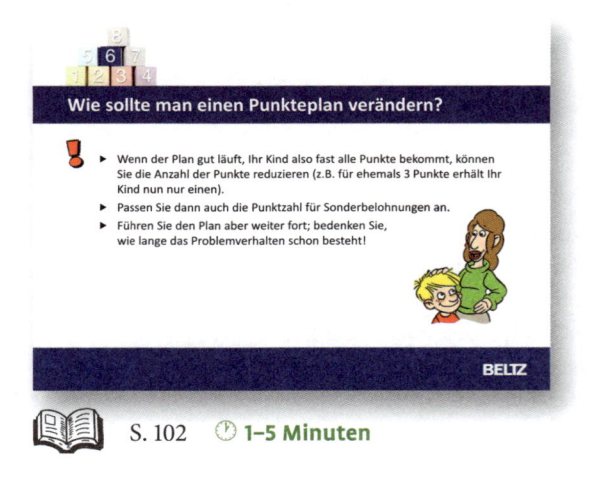

Wie sollte man einen Punkteplan verändern?

- ▶ Wenn der Plan gut läuft, Ihr Kind also fast alle Punkte bekommt, können Sie die Anzahl der Punkte reduzieren (z.B. für ehemals 3 Punkte erhält Ihr Kind nun nur einen).
- ▶ Passen Sie dann auch die Punktzahl für Sonderbelohnungen an.
- ▶ Führen Sie den Plan aber weiter fort; bedenken Sie, wie lange das Problemverhalten schon besteht!

S. 102 1–5 Minuten

Zielsetzung
- ▶ zeitgerechte Anpassung laufender Punktepläne, um die Attraktivität des Plans für das Kind zu erhalten

Tipp
- ▶ Achten Sie unbedingt darauf, dass die Eltern nicht nur die Hürde für das Erreichen eines Punktes hoch setzen, sondern auch den Wert der Sonderbelohnungen anpassen.
- ▶ Ermutigen Sie die Eltern, auch gut laufende Pläne dennoch zwei bis drei Monate fortzuführen.

Beendigung von Punkteplänen

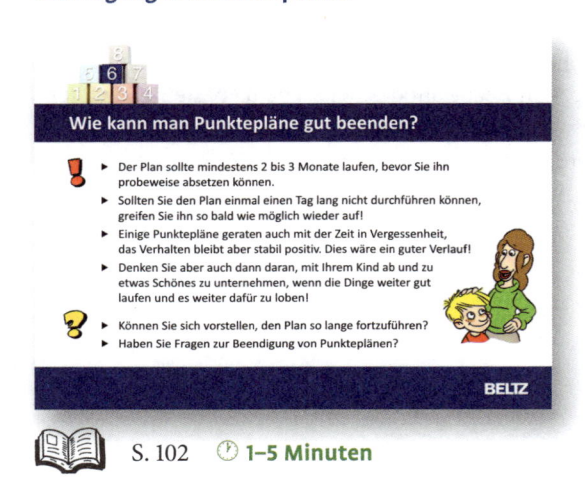

Wie kann man Punktepläne gut beenden?

- ▶ Der Plan sollte mindestens 2 bis 3 Monate laufen, bevor Sie ihn probeweise absetzen können.
- ▶ Sollten Sie den Plan einmal einen Tag lang nicht durchführen können, greifen Sie ihn so bald wie möglich wieder auf!
- ▶ Einige Punktepläne geraten auch mit der Zeit in Vergessenheit, das Verhalten bleibt aber stabil positiv. Dies wäre ein guter Verlauf!
- ▶ Denken Sie aber auch dann daran, mit Ihrem Kind ab und zu etwas Schönes zu unternehmen, wenn die Dinge weiter gut laufen und es weiter dafür zu loben!
- ▶ Können Sie sich vorstellen, den Plan so lange fortzuführen?
- ▶ Haben Sie Fragen zur Beendigung von Punkteplänen?

S. 102 1–5 Minuten

Zielsetzung
- ▶ gezielte Beendigung von Punkteplänen durch Ausschleichen oder probeweises Absetzen

Tipp
- ▶ Ein »Vergessen« des Punkteplans ist zwar (wenn das Zielverhalten weiterhin gezeigt wird) ein guter Verlauf. Das »Vergessen« sollte aber auf jeden Fall erst nach einer angemessenen Laufzeit des Plans erfolgen, also nach mindestens zwei Monaten. Ein früheres »Vergessen« führt mit hoher Wahrscheinlichkeit dazu, dass das Problemverhalten nach kurzer Zeit wieder auftritt und der Plan somit im Nachhinein als nicht hilfreich bewertet wird.
- ▶ Auch nach erfolgreicher Beendigung des Punkteplans sollten die Eltern darauf achten, dem Kind immer wieder positive Rückmeldungen zu dem erwünschten Verhalten zu geben.

Der folgende Abschnitt wurde von den Eltern vorbereitet!

Titelfolie Baustein 7

📖 S. 117 ⏱ **1–5 Minuten**

Zielsetzung von Baustein 7
- siehe Abschnitt 16.1

Was wollen wir heute erreichen?

📖 S. 119 ⏱ **1–5 Minuten (inkl. verlinkter Folie)**

∞ Kennen Sie das?

Zielsetzung
- Einführung in das Thema der 7. Gruppenstunde
- Motivierung der Eltern, über ihre Tagesstruktur sowie eigene Qualitätszeit nachzudenken
- Aktivierung der Eltern durch kurze Diskussion über die eigenen Ressourcen

Tipp
- Wenn Sie auf den Comic oben rechts klicken, gelangen Sie zu einem ausführlichen Fallbeispiel, das Ihnen den Einstieg in die Thematik des 7. Bausteins erleichtern kann.
- Nutzen Sie dieses Fallbeispiel vor allem in ruhigeren Gruppen oder wenn zunächst noch Unsicherheit in der Gruppe in Bezug auf das neue Thema besteht. Die Eltern haben das Fallbeispiel in der Vorbereitung für die Gruppenstunde bereits gelesen. Sie können also auch nur kurz darauf zu sprechen kommen, ohne die Folie aufzurufen.

∞ **Kennen Sie das? (optional)**

[Folie "Kennen Sie das?"]

S. 118

Übersicht Gruppenstunde 7

[Folie "Übersicht über Baustein 7" mit 1 Gut geplant ist halb entspannt und 2 So sorgen Sie für sich]

⏱ **1–5 Minuten**

∞ zu Teil 1 und Teil 2

Zielsetzung
- Einleitung des Themas der 7. Gruppenstunde
- Einführung eines Beispielfalls für sehr ruhige Gruppen
- Entlastung der Eltern durch Darstellung der »normalen« elterlichen Belastung bei einem ADHS-Kind

Beispielfall
- Die Mutter ist in ständiger »Habachtstellung«, weil immer etwas mit Niklas ist. Es bleibt keine Zeit mehr für sie selbst und ihre Hobbys.
- Sie hat kaum noch Sozialkontakte – ihre alten Freundinnen wollen sich nicht mehr mit ihr treffen, weil das mit Niklas so anstrengend ist (Beispiel für eine überlastete Mutter mit wenigen Ressourcen).

Tipp
- Wenn Sie auf den Pfeil unten rechts klicken, gelangen Sie zurück zur Ausgangsfolie.

Zielsetzung
- Übersicht über die inhaltlichen Teile dieser Gruppenstunde

Tipp
- Sie können die Kästen, in denen die beiden Teile dargestellt sind, anklicken und gelangen so zu dem jeweiligen Inhalt.

Einführung in Teil 1

Zielsetzung
▶ Gliederung der Gruppenstunde
▶ Einführung in das erste Teilthema: Gut geplant ist halb entspannt

📖 S. 120–126 🕐 **1–5 Minuten**

Memokarte 7: Gut geplant ist halb entspannt

📖 S. 121

Memokarte 7, S. 168

🕐 **1–5 Minuten (inkl. verlinkter Folie)**

∞ Gut geplant ist halb entspannt: Einführung

Zielsetzung
▶ Übersicht über die wichtigsten Punkte dieses inhaltlichen Teils
▶ Einführung von Memokarte 7 *Gut geplant ist halb entspannt*

Tipp
▶ Bitten Sie die Eltern an dieser Stelle, Memokarte 7 im Elternarbeitsbuch aufzuschlagen und sich mit Ihnen einen Überblick über die Punkte zu machen.
▶ Sie brauchen die einzelnen Punkte der Memokarte an dieser Stelle nicht ausführlich auszuführen, da die Punkte in den folgenden Folien noch einmal einzeln aufgegriffen werden.
▶ Über das Ausrufezeichen oben rechts gelangen Sie zu einer ausführlicheren Einführung in diesen Themenbereich. Nutzen Sie diese Einführung, wenn genug Zeit vorhanden ist, um den Eltern die Gründe zu erläutern, die für eine detaillierte Tages- und Wochenplanung sprechen.

∞ Gut geplant ist halb entspannt: Einführung (optional)

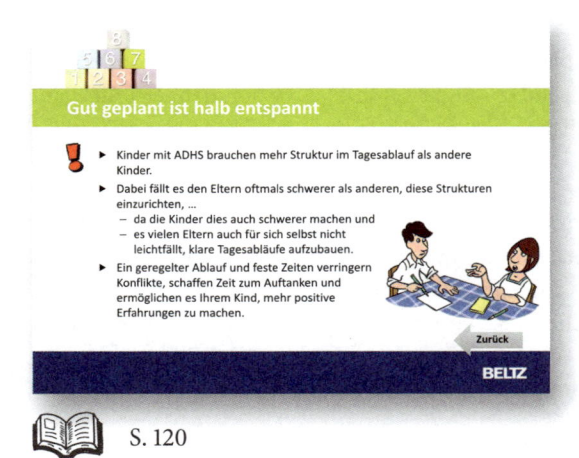

S. 120

Zielsetzung
- Betonung der Relevanz von Strukturierungshilfen im Alltag für Kinder mit ADHS, da diese Kinder große Schwierigkeiten in der Selbststeuerung haben und somit mehr Außensteuerung benötigen als andere Kinder
- Thematisierung der eigenen Selbstorganisationsprobleme vieler Eltern von Kindern mit ADHS
- Benennung der Vorteile eines strukturierten Tages- und Wochenablaufs (weniger Konflikte, mehr zeitliche Freiräume)

Weiterführende Information
- Im Elternarbeitsbuch wird als weiterer Vorteil einer klaren Tages- und Wochenstruktur der Eltern beschrieben, dass die Kinder hierdurch auch modellhaft Methoden der Selbstorganisation erlernen.

Tipp
- Wenn Sie auf den Pfeil unten rechts klicken, gelangen Sie zurück zur Ausgangsfolie.

Aktueller Wochenplan: Blitzumfrage

Arbeitsblatt 11, S. 154

⏱ **5–10 Minuten (inkl. verlinkter Folie)**

Zielsetzung
- Diskussion mit den Eltern über ihre aktuelle Zeiteinteilung und ihre Zufriedenheit mit dieser
- erster Schritt zur Selbststrukturierung der Eltern: Ist-Zustand

Tipp
- Die Erstellung des aktuellen Wochenplans war Aufgabe der Eltern zur Vorbereitung für diese Gruppenstunde.
- Wenn möglich sollten beide Eltern einen eigenen Wochenplan erstellen, damit mögliche gemeinsame Engpässe oder auch gegenseitige Entlastungsmöglichkeiten deutlich werden.
- Sollten mehrere Eltern die Vorbereitung des Wochenplans vergessen haben, gelangen Sie über das Symbol »Job der Woche« oben rechts zu einer Folie, die bei der nachträglichen Bearbeitung des Wochenplans unterstützen kann.

∞ (1) Erstellen eines Wochenplans

∞ (1) Erstellen eines Wochenplans (optional)

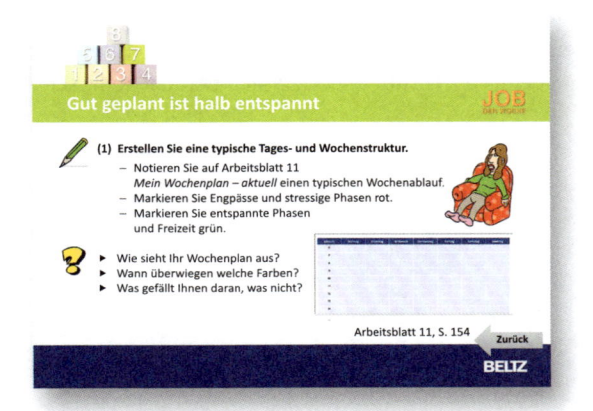

Zielsetzung
- Anleitung zur Erstellung eines Wochenplans – aktuell (AB 11)

Tipp
- Sollten mehrere Eltern den Wochenplan nicht im Vorfeld zu Hause borbereitet haben, können sie diese Aufgabe anhand dieser Folie nachholen.
- Wenn Sie auf den Pfeil unten rechts klicken, gelangen sie zurück zur Ausgangsfolie.

Der folgende Abschnitt wurde von den Eltern *nicht* vorbereitet!

(2) Engpässe entzerren

> **Gut geplant ist halb entspannt**
>
> **(2) Entzerren Sie Phasen, in denen es eng wird.**
> – Manchmal sind bestimmte Tageszeiten auch deshalb so stressig, weil vieles auf einmal passiert.
>
> ▸ Wie kann das klappen?
> ▸ Welche Termine können Sie auch mal verschieben oder streichen?

S. 123   1–5 Minuten

Zielsetzung
▸ Ermutigung, Zeitabschnitte, die von den Eltern im Wochenplan rot markiert wurden (d. h. die als besonders anstrengend empfunden werden), zu überdenken und wenn möglich zu entzerren

Tipp
▸ An dieser Stelle kann es sinnvoll sein, die Eltern dazu anzuleiten, bestimmte Aufgaben im Haushalt oder in anderen Kontexten auch einmal generell zu hinterfragen (z. B. Welche Wäschestücke müssen unbedingt gebügelt werden? Wie viele Ämter in Vereinen und Elternvertretungen sollten übernommen werden?).

Mögliche Schwierigkeiten
▸ **Die Eltern scheuen sich, konkrete Termine abzusagen.** Auch wenn Eltern vorher sehr deutlich ein Bedürfnis nach Entlastung und Entzerrung schwieriger Tagesabschnitte gezeigt haben, schrecken sie oftmals vor einer konkreten Planung zurück, insbesondere davor, Termine des Kindes abzusagen. Ermutigen Sie die Eltern in diesen Fällen, mit ihren Kindern Rücksprache zu halten, wie wichtig ihnen der betreffende Termin ist bzw. auf welchen Termin es am ehesten verzichten könnte.

(3) Aufgaben delegieren

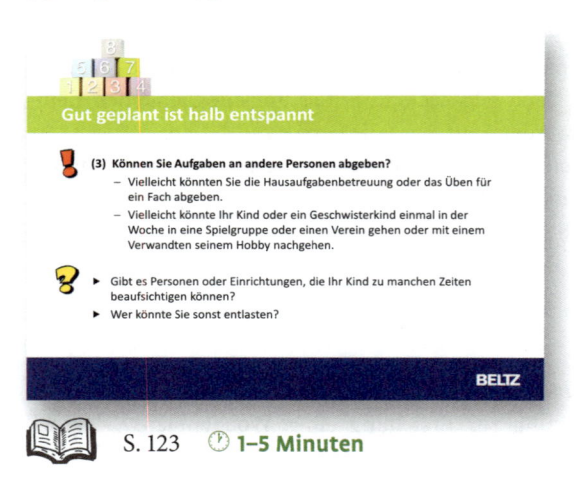

> **Gut geplant ist halb entspannt**
>
> **(3) Können Sie Aufgaben an andere Personen abgeben?**
> – Vielleicht könnten Sie die Hausaufgabenbetreuung oder das Üben für ein Fach abgeben.
> – Vielleicht könnte Ihr Kind oder ein Geschwisterkind einmal in der Woche in eine Spielgruppe oder einen Verein gehen oder mit einem Verwandten seinem Hobby nachgehen.
>
> ▸ Gibt es Personen oder Einrichtungen, die Ihr Kind zu manchen Zeiten beaufsichtigen können?
> ▸ Wer könnte Sie sonst entlasten?

S. 123   1–5 Minuten

Zielsetzung
▸ Aktivierung möglicher Unterstützungssysteme bzw. -personen
  - innerfamiliär (eigene Eltern, Geschwister, Paten des Kindes usw.)
  - im Freundes-/Bekanntenkreis
  - in sozialen Systemen (Vereine, Hausaufgabenbetreuung, Nachhilfe, evtl. auch Hilfen über das Jugendamt)

Weiterführende Informationen
▸ Über das Jugendamt können die Eltern eine sogenannte »Hilfe zur Erziehung« beantragen. Hierunter werden verschiedene Hilfsangebote subsumiert. In der Regel handelt sich dabei um eine aufsuchende Hilfe vor Ort, durch die Familien unterstützt werden, in denen es massive Belastungen gibt. Ermutigen Sie die Eltern im Zweifelsfall, sich einmal beim Jugendamt diesbezüglich beraten zu lassen.

(4) Aufbau klarer Strukturen

S. 124   Arbeitsblatt 12, S. 155

ca. 10–15 Minuten

Zielsetzung
- Erstellung eines Wochenplans »Wie er sein soll«, in dem stressige Zeitabschnitte entzerrt, Unterstützungen eingeplant und damit neue Freiräume entstanden sind

Tipp
- Wenn die Zeit schon weit vorangeschritten ist, können Sie die Überarbeitung des Wochenplans anhand von Arbeitsblatt 12 *Mein Wochenplan – wie er sein soll* an dieser Stelle auch nur vorbesprechen und die Eltern bitten, den neuen Wochenplan bis zur nächsten Gruppenstunde zu Hause zu entwerfen.

(5) Vorbereitung auf schwierige Phasen

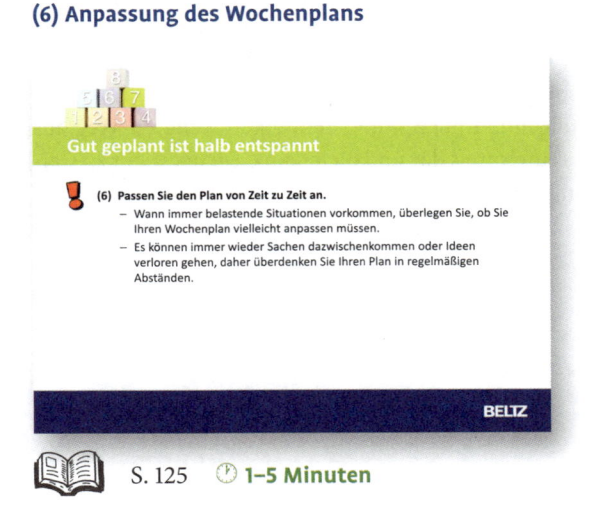

S. 125   1–5 Minuten

Zielsetzung
- Entwicklung von Strategien für Situationen, die auch nach allen bisherigen Bemühungen noch stressig geblieben sind
- Versuch, absehbare schwierige Situationen durch gute Vorplanung und Vorbereitung zu verbessern, z. B.:
  - Abends schon den Kaffee für morgens so weit vorbereiten, dass die Maschine nur angeschaltet werden muss
  - Einmal am Wochenende einen Großeinkauf machen, damit an den ohnehin verplanten Nachmittagen nicht noch regelmäßige Einkäufe getätigt werden müssen
  - An einem freien Tag für die folgenden Tage vorkochen

Tipp
- Bei diesem Thema können sich die Gruppenmitglieder oft auch untereinander wertvolle Tipps geben.

(6) Anpassung des Wochenplans

S. 125   1–5 Minuten

Zielsetzung
- regelmäßige Überprüfung und Anpassung des Wochenplans als Reaktion auf auftretende schwierige Situationen

Tipp
- Ermutigen Sie die Eltern, den Wochenplan auch dann, wenn keine Schwierigkeiten entstanden sind, regelmäßig zu überprüfen, da sich in der Zwischenzeit eventuell dennoch Optimierungsmöglichkeiten oder Raum für neue Freiräume ergeben haben könnten.

(7) Job der Woche: Besprechung des Wochenplans in der Familie

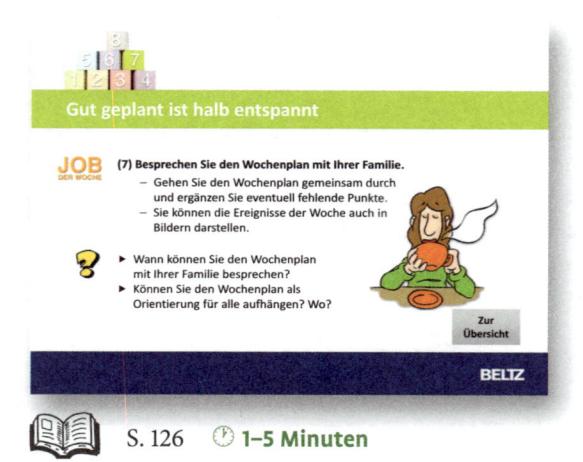

📖 S. 126   🕐 1–5 Minuten

∞ zur Übersicht über die Teilthemen

Zielsetzung
- ▶ Abstimmung des Wochenplans mit dem Partner/der Partnerin und den im Haushalt lebenden Kindern
- ▶ ggf. Modifikation bzw. Ergänzung um bisher vergessene Termine

Tipp
- ▶ Die Darstellung des Wochenplans in Bildern eignet sich vor allem für kleinere Kinder, die noch nicht sicher lesen können, damit auch diese anhand des Wochenplans die anstehenden Termine selbstständig ablesen können.
- ▶ Wenn Sie auf das graue Kästchen unten rechts klicken, gelangen Sie zurück zum Überblick über die Teilthemen dieses Bausteins.

Einführung in Teil 2

📖 S. 127   🕐 1–5 Minuten

Zielsetzung
- ▶ Gliederung der Gruppenstunde
- ▶ Einführung in das zweite Teilthema: So sorgen Sie für sich

Ziel: Schieflage ausgleichen

📖 S. 127   🕐 1–5 Minuten

Zielsetzung
- ▶ Verweisen Sie auf den Teufelskreis und die in ihm dargestellten negativen Interaktionen. Diese werden auch durch eine allgemeine hohe elterliche Anspannung bzw. Belastung begünstigt.
- ▶ Die folgende Intervention stellt einen weiteren Weg aus dem Teufelskreis dar und bietet ein Gegengewicht zu weiterhin bestehenden problematischen Situationen.

16 Gruppenstunde 7

Übersicht: So sorgen Sie für sich

Zielsetzung
▶ Übersicht über die Teilschritte dieses Themas

🕐 1–5 Minuten

(1) Mögliche positive Aktivitäten

Zielsetzung
▶ Erarbeitung möglicher positiver Aktivitäten

Weiterführende Informationen
▶ Arbeitsblatt 13 *Liste positiver Aktivitäten* wurde in Anlehnung an entsprechende Listen positiver Aktivitäten aus Manualen der Erwachsenentherapie bei Depression (z. B. Hautzinger, 2013) entwickelt.

Mögliche Schwierigkeiten
▶ **Die Eltern möchten in ihrer wenigen freien Zeit nicht weitere Aktivitäten planen, sondern lieber nur »entspannen«.** Ein gewisses Maß an unverplanter Zeit, die man zu Hause vor dem Fernseher oder auf der Couch verbringt, ist natürlich völlig in Ordnung. Dennoch weiß man aus der Forschung, dass aktiv verbrachte Freizeit, in der man positive Erlebnisse hat, auf Dauer einen stimmungsaufhellenden und aktivitätsfördernden Effekt hat.

S. 127   Arbeitsblatt 13, S. 156

🕐 ca. 10–15 Minuten

(2) Konkrete Planung positiver Aktivitäten

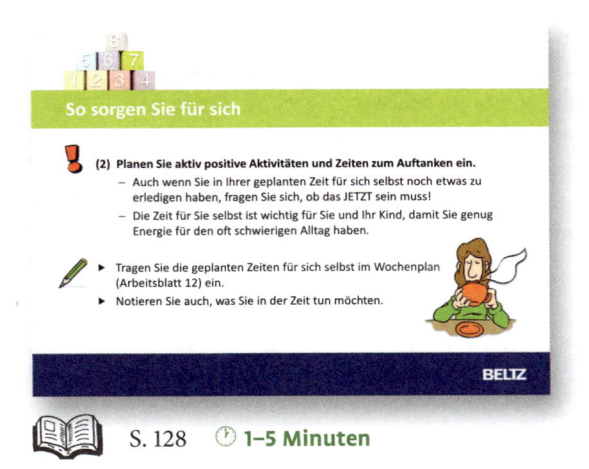

Zielsetzung
▶ Konkretisierung der Planung positiver Aktivitäten:
  - Festlegung von Zeitpunkt und Aktivität
  - Eintragung in den Wochenplan, um möglichst eine Kontinuität zu erzielen

S. 128   🕐 1–5 Minuten

Gut geplant ist halb entspannt

Job der Woche: 3 Positive Aktivitäten

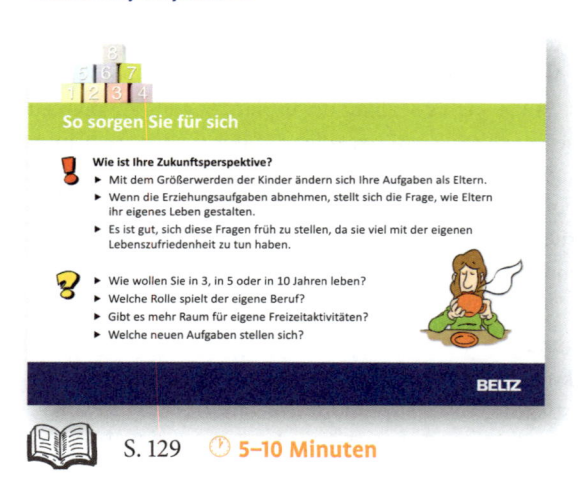

S. 129 — 1–5 Minuten

Zielsetzung
▶ Umsetzung dreier positiver Aktivitäten innerhalb der nächsten Woche

Mögliche Schwierigkeiten
▶ **Es fehlt die Zeit für drei Aktivitäten.** Ermutigen Sie die Eltern, ruhig auch kleinere positive Aktivitäten in den Alltag einzubauen. Wenn auch kleinste Aktionen, die nur wenige Minuten benötigen, einbezogen werden, ist dies in der Regel für die meisten Eltern machbar.
▶ **Die positiven Aktivitäten können nicht dauerhaft umgesetzt werden.** Im ersten Moment freuen sich viele Eltern an dieser Stelle über die »Erlaubnis«, in der nächsten Zeit so viel an sich zu denken. Nach anfänglicher Begeisterung verliert sich diese Idee aber häufig schnell wieder. Dies ist insbesondere deshalb ein Problem, weil dieser Baustein relativ am Ende des Elterngruppenprogramms besprochen wird und danach nur noch in einer Gruppenstunde die Möglichkeit besteht, das Thema in der Gruppe noch einmal aufzugreifen. Planen Sie mit den Eltern also möglichst schon an dieser Stelle, wie diese sich selbst an die Beibehaltung dieser Intervention erinnern können oder wer sie darin unterstützen kann.

Zukunftsperspektive

S. 129 — 5–10 Minuten

Zielsetzung
▶ Reflexion über die persönliche Zukunftsperspektive der Eltern in Anbetracht dessen, dass sich ihre Erziehungsaufgabe in den nächsten Jahren voraussichtlich verändern wird, wenn die Kinder ins Jugendalter eintreten und damit meist auch mehr Zeit und Entfaltungsmöglichkeit beruflicher und privater Art für die Eltern zur Verfügung stehen.

Tipp
▶ Mit dieser Folie stoßen Sie bei den Eltern noch einmal ein ganz neues Thema an, das natürlich in den meisten Fällen einen deutlich größeren Zeitrahmen benötigt als hier veranschlagt. Überlegen Sie also im Vorfeld, wie Sie die Reaktionen in einer konkreten Gruppe auf dieses Thema einschätzen, und belassen Sie es im Zweifelsfall bei der Aussage »Darüber sollten Sie sich in der nächsten Zeit einmal Gedanken machen« bzw. überlegen Sie mit den Eltern, in welchem Rahmen diese sich einmal mit ihrer Zukunftsperspektive auseinandersetzen könnten.

Zeitrahmen für Abschluss der Stunde: 🕐 5–10 Minuten

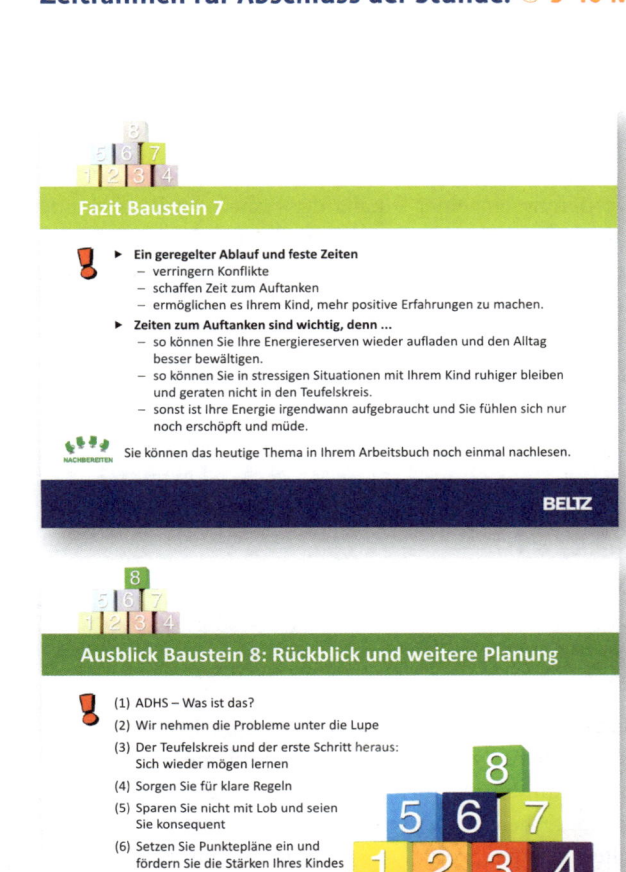

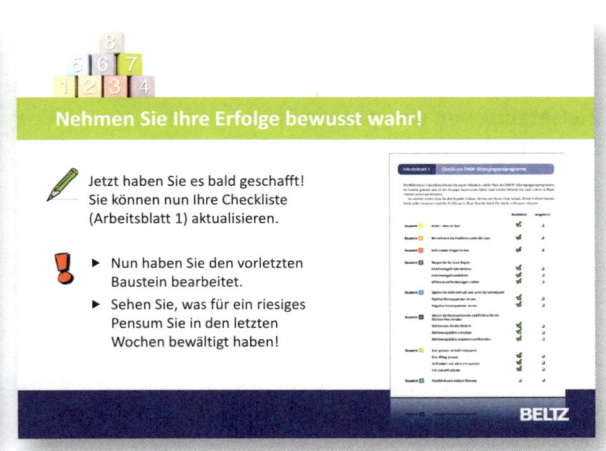

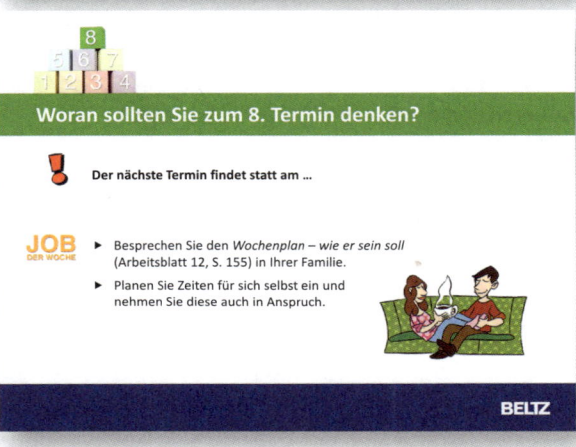

Fazit Baustein 7

❗ ▸ **Ein geregelter Ablauf und feste Zeiten**
- verringern Konflikte
- schaffen Zeit zum Auftanken
- ermöglichen es Ihrem Kind, mehr positive Erfahrungen zu machen.

▸ **Zeiten zum Auftanken sind wichtig, denn …**
- so können Sie Ihre Energiereserven wieder aufladen und den Alltag besser bewältigen.
- so können Sie in stressigen Situationen mit Ihrem Kind ruhiger bleiben und geraten nicht in den Teufelskreis.
- sonst ist Ihre Energie irgendwann aufgebraucht und Sie fühlen sich nur noch erschöpft und müde.

🌱 **NACHBEREITEN** Sie können das heutige Thema in Ihrem Arbeitsbuch noch einmal nachlesen.

Nehmen Sie Ihre Erfolge bewusst wahr!

✏️ Jetzt haben Sie es bald geschafft! Sie können nun Ihre Checkliste (Arbeitsblatt 1) aktualisieren.

❗ ▸ Nun haben Sie den vorletzten Baustein bearbeitet.
▸ Sehen Sie, was für ein riesiges Pensum Sie in den letzten Wochen bewältigt haben!

Ausblick Baustein 8: Rückblick und weitere Planung

❗ (1) ADHS – Was ist das?
(2) Wir nehmen die Probleme unter die Lupe
(3) Der Teufelskreis und der erste Schritt heraus: Sich wieder mögen lernen
(4) Sorgen Sie für klare Regeln
(5) Sparen Sie nicht mit Lob und seien Sie konsequent
(6) Setzen Sie Punktepläne ein und fördern Sie die Stärken Ihres Kindes
(7) Gut geplant ist halb entspannt
(8) Rückblick und weitere Planung

Woran sollten Sie zum 8. Termin denken?

❗ **Der nächste Termin findet statt am …**

JOB DER WOCHE ▸ Besprechen Sie den *Wochenplan – wie er sein soll* (Arbeitsblatt 12, S. 155) in Ihrer Familie.
▸ Planen Sie Zeiten für sich selbst ein und nehmen Sie diese auch in Anspruch.

📖 S. 130

Auf Wiedersehen!

Gut geplant ist halb entspannt

17 Gruppenstunde 8: Rückblick und weitere Planung

17.1 Übersicht über Gruppenstunde 8

Zielsetzung von Gruppenstunde 8
- Vertiefung einzelner Inhalte der bisherigen Bausteine je nach Bedarf der teilnehmenden Eltern
- ggf. Planung der Anschlussbehandlung bzw. Gespräch über mögliche weiterführende Hilfen

Teilbereiche von Gruppenstunde 8
- keine Teilbereiche (Rückblick und weitere Planung)

Materialien zu Gruppenstunde 8
- Materialien für Therapeuten: Manual, S. 174–187
- Materialien für Eltern: Elternarbeitsbuch, S. 131–141
- Arbeitsblatt 4: *Problemliste: Verhaltensprobleme meines Kindes*, S. 147
- Memokarte 8: *Weitere Planung*, S. 169

Vorbereitung der Eltern für Gruppenstunde 8
- keine

Mögliche Schwierigkeiten bei der Bearbeitung von Gruppenstunde 8
- **Es bestehen weiterhin Probleme.** Wenn neben den häuslichen Schwierigkeiten auch Schulprobleme oder Gleichaltrigenprobleme bei dem Kind bestehen, ist es unwahrscheinlich, dass nach der Teilnahme am THOP-Elterngruppenprogramm auch in diesen Lebensbereichen schon Verbesserungen erzielt werden konnten. Aber auch bei rein häuslichen Schwierigkeiten bestehen natürlich nach dem Ende der Elterngruppe teilweise noch weiterhin Schwierigkeiten. In dieser 8. Gruppenstunde besteht daher die Möglichkeit, mit den Eltern zu erarbeiten, welche weitere Unterstützung die Familie benötigt. Auch bei einem guten Verlauf kann eine niederfrequente weitere Elternberatung sinnvoll sein, um die Eltern darin zu unterstützen, die in der Gruppe erarbeiteten Erziehungsstrategien auch dauerhaft beizubehalten. Zur Konkretisierung der Planung des weiteren Unterstützungsbedarfs kann Memokarte 8 (S. 169) herangezogen werden.
- siehe außerdem Kapitel 8 *Häufige Schwierigkeiten* (S. 35 ff.)

Tipp
- In der Computerpräsentation zu Baustein 8 finden sich zahlreiche Verlinkungen zu den Präsentationen der früheren Bausteine. Sie können so entscheiden, wie stark Sie frühere Bausteine noch einmal vertiefen möchten. In den Original-Präsentationen der jeweiligen Bausteine finden Sie bei Baustein 8 immer wieder Zwischenfolien mit einer Box »zurück zu Baustein 8«. Klicken Sie auf eine solche Box, um zurück zu den zusammenfassenden Folien von Baustein 8 zu gelangen und mit der Wiederholung der anderen Bausteine fortzufahren.

17.2 Durchführungsanleitung zu Gruppenstunde 8

Erinnerung Problemliste

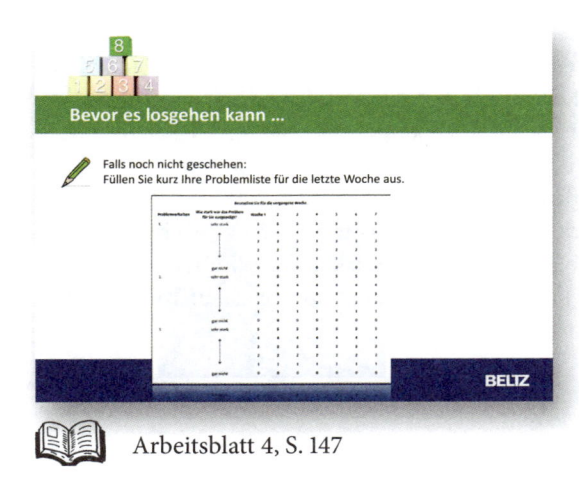

Arbeitsblatt 4, S. 147

Zielsetzung der Gruppenstunde
▶ Erinnerung an die Bearbeitung der individuellen Problemliste (AB 4)

Tipp
▶ Sie können diese Folie vor Beginn der Gruppenstunde bereits aufrufen, sodass die Eltern, wenn sie den Gruppenraum betreten und sich für die Stunde einrichten, noch einmal an die Problemliste (AB 4) erinnert werden und diese so vor Beginn der Stunde ausfüllen können.
▶ An dieser Stelle ist es sinnvoll, wenn Sie mit den Eltern den Verlauf der Probleme auf der Problemliste (AB 4) betrachten. Optimalerweise sollten die bearbeiteten Probleme sich bereits etwas vermindert haben. Analysieren Sie gemeinsam mit den Eltern mögliche Ursachen dafür, wenn sich Probleme nicht verändert haben, und planen Sie, wie eine weitere Reduktion in der Zukunft erzielt werden kann.

Titelfolie Baustein 8

1–5 Minuten

Zielsetzung der 8. Gruppenstunde
▶ siehe Abschnitt 17.1

Rückblick Baustein 7

S. 131–141

ca. 10–15 Minuten (inkl. verlinkter Folien)

∞
Wissenstest
Ausführlicher Rückblick auf Baustein 7

Zielsetzung
- kurze Wiederholung der Inhalte der 7. Gruppenstunde
- Klärung offener Fragen aus der 7. Stunde

Tipp
- Über das graue Kästchen rechts unten gelangen Sie zum Wissenstest. Der Wissenstest überprüft das Verständnis von Kernaussagen des letzten Bausteins.
- Wenn Sie auf die Comics oben rechts klicken, gelangen Sie zu einem ausführlicheren Rückblick auf die Inhalte von Baustein 7. Wenn Sie auf das Bild der Eltern im Gespräch klicken, gelangen Sie zu einem Rückblick auf Teil 1 (Wochenplan), beim Klick auf die Mutter mit der Teetasse kommen Sie zu einem Rückblick auf Teil 2 (Aufbau positiver Aktivitäten).

∞ Wissenstest (optional)

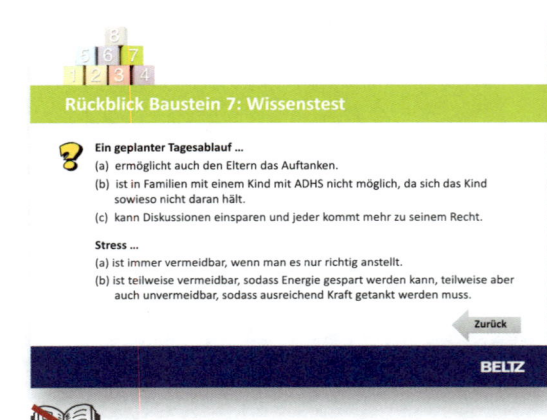

Zielsetzung
- spielerischer Rückblick auf die Inhalte der letzten Gruppenstunde
- Klärung häufiger Missverständnisse

Tipp
- Die jeweils richtige(n) Antwort(en) wird/werden bei Klick unterstrichen.
- Wenn Sie auf den Pfeil auf der linken Seite der Folie des Wissenstests klicken, gelangen Sie zurück zum Rückblick auf Baustein 7.

∞ Ausführlicher Rückblick auf Baustein 7, Teil 1 (optional)

Zielsetzung
- Wiederholung der wichtigsten Inhalte des ersten Teils von Baustein 7 und damit auch des ersten Teils der 7. Gruppenstunde
- Wenn in der letzten Gruppenstunde Eltern gefehlt haben, können so noch einmal alle Teilnehmer kurz über die letzte Gruppenstunde informiert werden.

Tipp
- Wenn Sie auf den Pfeil unten rechts klicken, gelangen Sie zurück zur Ausgangsfolie.
- Diese Folie erscheint auch im späteren Verlauf von Baustein 8 noch einmal, wenn die einzelnen Bausteine noch einmal wiederholt werden. Je nach Bedarf können Sie also an dieser Stelle oder später in dieser Gruppenstunde auf Baustein 7 zurückkommen.

∞ Ausführlicher Rückblick auf Baustein 7, Teil 2 (optional)

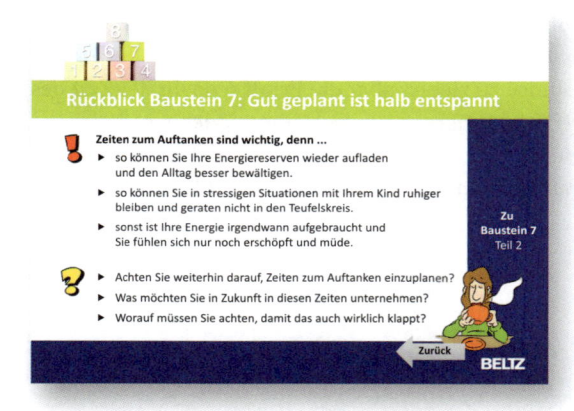

Zielsetzung
- Wiederholung der wichtigsten Inhalte des ersten Teils von Baustein 7 und damit auch des ersten Teils der 7. Gruppenstunde
- Wenn in der letzten Gruppenstunde Eltern gefehlt haben, können so noch einmal alle Teilnehmer kurz über die letzte Gruppenstunde informiert werden.

Tipp
- Wenn Sie auf den Pfeil unten rechts klicken, gelangen Sie zurück zur Ausgangsfolie.
- Diese Folie erscheint auch im späteren Verlauf von Baustein 8 noch einmal, wenn die einzelnen Bausteine noch einmal wiederholt werden. Je nach Bedarf können Sie also an dieser Stelle oder später in dieser Gruppenstunde auf Baustein 7 zurückkommen.

Rückblick Baustein 7

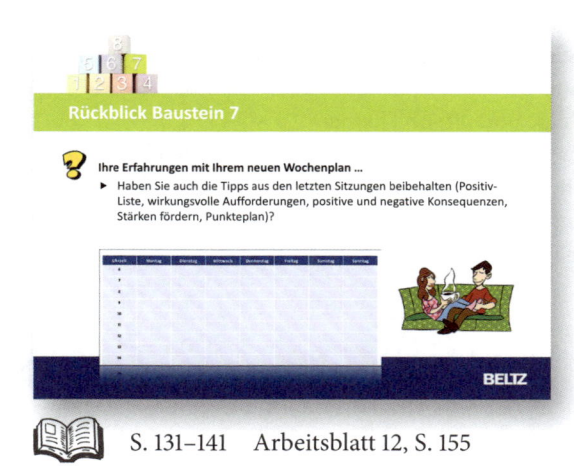

Zielsetzung
- Austausch über erste Erfahrungen mit der Umsetzung des neuen Wochenplans und der geplanten positiven Aktivitäten
- Rückbezug auf die früheren Interventionen, Erinnerung an und Austausch über deren weitere Umsetzung

Auswertungsfragen
- Haben Sie durch Ihren neuen Wochenplan Freiräume für sich schaffen können? Haben Sie diese Freiräume auch für sich genutzt?
- Welche Aktivitäten haben Sie in der letzten Woche nur für sich unternommen? Wie ging es Ihnen damit? Konnten Sie die Aktivitäten genießen? Haben Sie das Gefühl, durch diese Aktivitäten neue Kraft getankt zu haben?

S. 131–141   Arbeitsblatt 12, S. 155

5–10 Minuten

- Ist auch Ihr Partner dazu gekommen, Aktivitäten für sich einzuplanen? Gab es auch gemeinsame Aktivitäten?
- Haben Sie sich feste Aktivitäten eingeplant, die Sie regelmäßig fortführen werden?

Frühere Jobs der Woche:
- Führen Sie noch die Positiv-Liste, geben den Kindern positive Rückmeldungen und besprechen abends die positiven Ereignisse?
- Gab es bereits einen weiteren Familienrat?
- Denken Sie noch daran, Aufforderungen wirkungsvoll zu stellen und das Kind zu loben, wenn es einer Aufforderung nachkommt?
- Führen Sie Konsequenzen unmittelbar und regelmäßig durch?
- Haben Sie Stärken und Interessen des Kindes weiter fördern können?

Was wollen wir heute erreichen?

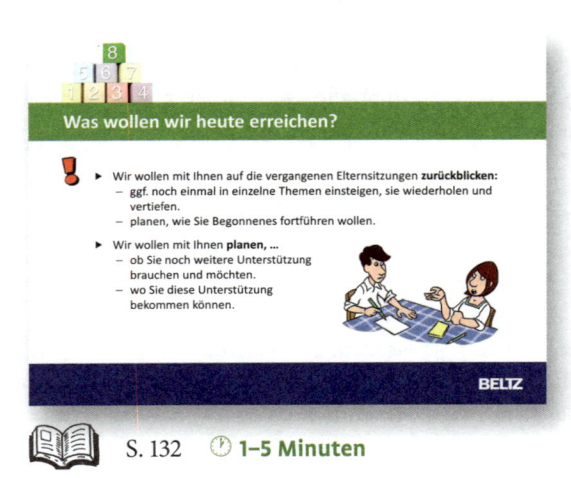

S. 132   1–5 Minuten

Zielsetzung
- Einführung in das Thema der 8. Gruppenstunde
- Motivierung der Eltern,
  - Resümee zu ziehen über die Erfolge, die in der Zeit des THOP-Elterngruppenprogramms erzielt wurden
  - weiterhin schwierige Situationen zu betrachten
  - ihren weiteren Hilfebedarf zu überdenken

Blitzumfrage

10–15 Minuten

Zielsetzung
- Gemeinsames Resümee des THOP-Elterngruppenprogramms
  - Erfolge und offene Themen
  - Was soll in Zukunft weiter verfolgt werden?
  - weiterer Unterstützungsbedarf
  - Feedback für den Therapeuten über die Zufriedenheit der Eltern

Rückblick Baustein 1

S. 133

⏱ **1–5 Minuten**
bei Vertiefung des Themas ggf. länger

Zielsetzung
▶ Rückblick auf Baustein 1:
  – Hauptsymptome von ADHS
  – häufige komorbide Symptome

Tipp
▶ Wenn Sie das blaue Feld »Zu Baustein 1« auf der rechten Seite anklicken, gelangen Sie zu der Folie mit den Hauptsymptomen von ADHS aus Baustein 1 und können die Symptomatik noch einmal besprechen.

Rückblick Baustein 1

S. 133

⏱ **1–5 Minuten**
bei Vertiefung des Themas ggf. länger

Zielsetzung
▶ Rückblick auf Baustein 1:
  – Ursachen von ADHS
  – Konzept der multimodalen Behandlung unter Einbezug des Patienten und seiner Hauptbezugspersonen

Tipp
▶ Wenn Sie das blaue Feld »Zu Baustein 1« auf der rechten Seite anklicken, gelangen Sie zu der Folie zu den Ursachen von ADHS aus Baustein 1 und können diesen Teil noch einmal vertiefen.

Rückblick und weitere Planung

Rückblick Baustein 2

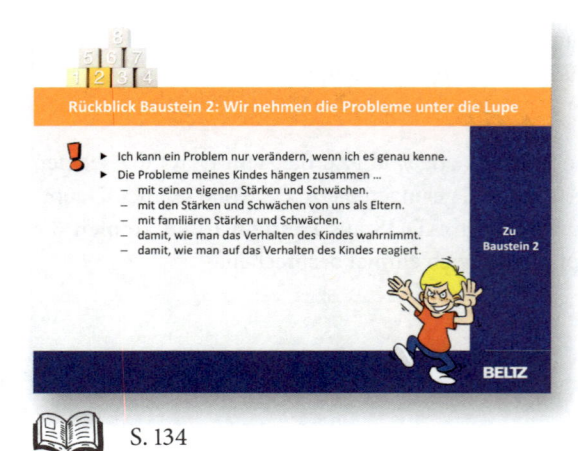

[Folie: Rückblick Baustein 2: Wir nehmen die Probleme unter die Lupe]

S. 134

⏱ **1–5 Minuten**
bei Vertiefung des Themas ggf. länger

Zielsetzung
▶ Rückblick auf Baustein 2:
  - Notwendigkeit der Problemanalyse als Voraussetzung zur Problemänderung
  - Entwicklung eines gemeinsamen Störungskonzepts unter Einbezug eigener, kindlicher und familiärer Stärken und Schwächen

Tipp
▶ Wenn Sie das blaue Feld »Zu Baustein 2« auf der rechten Seite anklicken, gelangen Sie zu der Präsentation über Baustein 2 und können diesen Baustein noch einmal vertiefen.

Rückblick Baustein 3

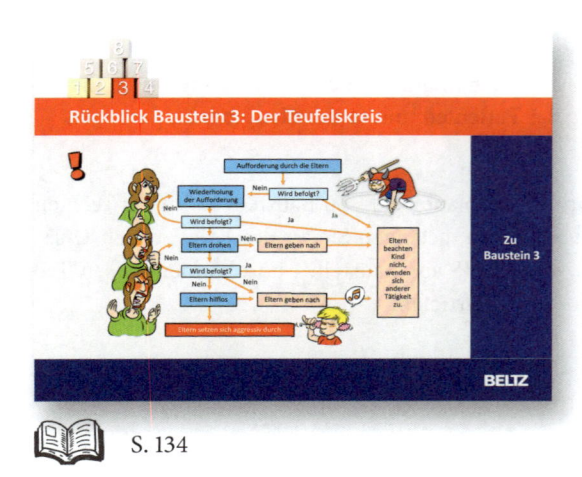

[Folie: Rückblick Baustein 3: Der Teufelskreis]

S. 134

⏱ **1–5 Minuten**
bei Vertiefung des Themas ggf. länger

Zielsetzung
▶ Rückblick auf Baustein 3:
  - Teufelskreis als wichtiges Modell zur Erklärung der Aufrechterhaltung und Chronifizierung der Symptome sowie als Ansatzpunkt für die erarbeiteten Interventionen

Tipp
▶ Wenn Sie das blaue Feld »Zu Baustein 3, Teil 1« auf der rechten Seite anklicken, gelangen Sie zu der Präsentation über den ersten Teil von Baustein 3, der sich ausführlich mit dem Teufelskreis beschäftigt, und können diesen Teil noch einmal vertiefen.

Rückblick Baustein 3

📖 S. 135

🕐 **1–5 Minuten**
bei Vertiefung des Themas ggf. länger

Zielsetzung
▶ Rückblick auf Baustein 3:
  – Rückblick auf die Positiv-Liste

Tipp
▶ Wenn Sie das blaue Feld »Zu Baustein 3, Teil 2« auf der rechten Seite anklicken, gelangen Sie zu der Präsentation über diesen Teil des 3. Bausteins und können diesen noch einmal vertiefen.
▶ Besprechen Sie mit den Eltern an dieser Stelle, inwieweit diese die Positiv-Liste nach wie vor führen. Falls dies nicht der Fall sein sollte, erklären Sie den Eltern noch einmal die Relevanz dieser Intervention (ggf. unter Rückbezug auf die Materialien aus dem Baustein) und ermutigen Sie sie erneut, diese Intervention fortzuführen. In vielen Fällen ist es allerdings nicht notwendig, dass die Eltern die positiven Erlebnisse mit dem Kind weiterhin kleinschrittig protokollieren. Die aktive Wahrnehmung dieser Erlebnisse und Rückmeldung an das Kind sollte aber unbedingt so lange beibehalten werden, bis dies ganz selbstverständlich erfolgt.

Rückblick Baustein 4

📖 S. 135

🕐 **1–5 Minuten**
bei Vertiefung des Themas ggf. länger

Zielsetzung
▶ Rückblick auf Baustein 4:
  – Begründung für die Relevanz von Regeln
  – Setzen von Prioritäten und Beschränkung auf wenige wichtige Regeln

Tipp
▶ Wenn Sie die blauen Felder »Zu Baustein 4« auf der rechten Seite anklicken, gelangen Sie zu der Präsentation über den ersten bzw. zweiten Teil von Baustein 4 und können diese Teile noch einmal vertiefen.

Rückblick Baustein 4

📖 S. 136

🕐 **1–5 Minuten**
bei Vertiefung des Themas ggf. länger

Zielsetzung
▶ Rückblick auf Baustein 4:
  – wirkungsvolle Aufforderungen

Tipp
▶ Wenn Sie das blaue Feld »Zu Baustein 4, Teil 3« auf der rechten Seite anklicken, gelangen Sie zu der Präsentation über den dritten Teil von Baustein 4 und können diesen Teil noch einmal vertiefen.

Rückblick Baustein 5

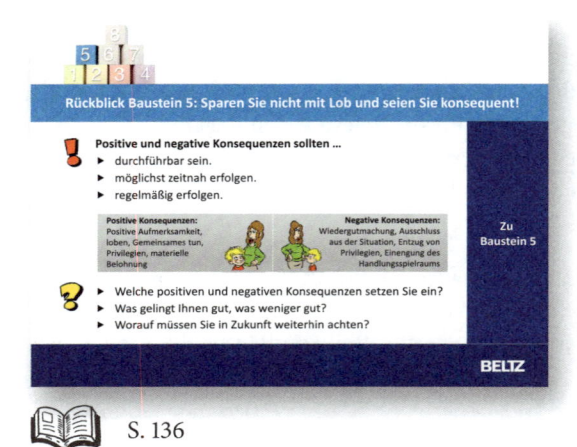

📖 S. 136

🕐 **1–5 Minuten**
bei Vertiefung des Themas ggf. länger

Zielsetzung
▶ Rückblick auf Baustein 5:
  – positive und negative Konsequenzen

Tipp
▶ Wenn Sie das blaue Feld »Zu Baustein 5« auf der rechten Seite anklicken, gelangen Sie zu der Präsentation über Baustein 5 und können diesen Baustein noch einmal vertiefen.

Rückblick Baustein 6

[Folie: Rückblick Baustein 6: Setzen Sie Punktepläne ein]

S. 137

⏱ **1–5 Minuten**
bei Vertiefung des Themas ggf. länger

Zielsetzung
▶ Rückblick auf Baustein 6:
  - Punktepläne

Tipp
▶ Wenn Sie das blaue Feld »Zu Baustein 6, Teil 1« auf der rechten Seite anklicken, gelangen Sie zu der Präsentation über den ersten Teil von Baustein 6 und können diesen Teil noch einmal vertiefen.

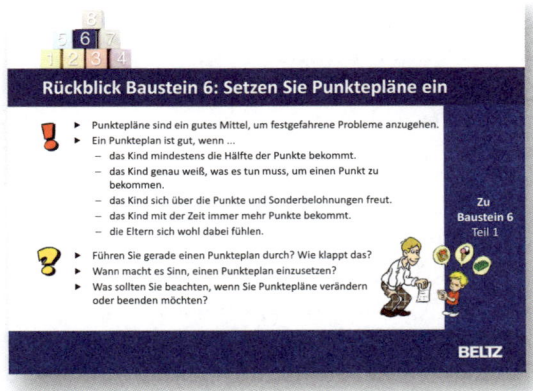

Rückblick Baustein 6

[Folie: Rückblick Baustein 6: Fördern Sie die Stärken Ihres Kindes]

S. 137

⏱ **1–5 Minuten**
bei Vertiefung des Themas ggf. länger

Zielsetzung
▶ Rückblick auf Baustein 6: Förderung der Stärken des Kindes
  - Kanalisierung körperlicher Unruhe
  - Nutzung von Freiräumen, Kreativität und Gesprächigkeit
  - Anleitung zu ausdauernder und zielgerichteter Beschäftigung

Tipp
▶ Wenn Sie auf die einzelnen Themenfelder klicken, kommen Sie zu hinterlegten detaillierteren Informationen zu dem jeweiligen Thema, genau wie in Baustein 6 auch.
▶ Wenn dieser Teil in der 6. Gruppenstunde aus Zeitgründen nur kurz thematisiert werden konnte, kann es sinnvoll sein, einzelne der aufgeführten Themen in der 8. Gruppenstunde noch einmal zu vertiefen.

Rückblick Baustein 6

[Folie: "Rückblick Baustein 6: Fördern Sie die Stärken Ihres Kindes"]

S. 138

🕐 **1–5 Minuten**
bei Vertiefung des Themas ggf. länger

Zielsetzung
▶ Rückblick auf Baustein 6: Förderung der Stärken des Kindes
- Umgang mit Medienkonsum
- Integration in Vereine
- Freundschaften aufbauen

Tipp
▶ Wenn Sie auf die einzelnen Themenfelder klicken, kommen Sie zu hinterlegten detaillierteren Informationen zu dem jeweiligen Thema, genau wie in Baustein 6 auch.
▶ Wenn dieser Teil in der 6. Gruppenstunde aus Zeitgründen nur kurz thematisiert werden konnte, kann es sinnvoll sein, einzelne der aufgeführten Themen in der 8. Gruppenstunde noch einmal zu vertiefen.

Rückblick Baustein 7

[Folie: "Rückblick Baustein 7: Gut geplant ist halb entspannt"]

S. 138

🕐 **1–5 Minuten**
bei Vertiefung des Themas ggf. länger

Zielsetzung
▶ Rückblick auf Baustein 7:
- Vorteile eines Tages- und Wochenplans als Strukturhilfe

Tipp
▶ Wenn Sie das blaue Feld »Zu Baustein 7, Teil 1« auf der rechten Seite anklicken, gelangen Sie zu der Präsentation über den ersten Teil von Baustein 7 und können diesen Teil noch einmal vertiefen.
▶ Bereits zu Beginn der 8. Stunde erfolgte ein kurzer Rückblick auf Baustein 7. Hierbei bestand bereits die Möglichkeit, auf diese Folie zuzugreifen. Sollten Sie die 7. Stunde zu Beginn der 8. Stunde noch einmal ausführlich wiederholt haben, können Sie die Wiederholung hier überspringen.

Rückblick Baustein 7

📖 S. 139

🕐 **1–5 Minuten**
bei Vertiefung des Themas ggf. länger

Zielsetzung
▶ Rückblick auf Baustein 7:
  – Relevanz eigener elterlicher Qualitätszeit

Tipp
▶ Wenn Sie das blaue Feld »Zu Baustein 7, Teil 2« auf der rechten Seite anklicken, gelangen Sie zu der Präsentation über den zweiten Teil von Baustein 7 und können diesen Teil noch einmal vertiefen.
▶ Bereits zu Beginn der 8. Stunde erfolgte ein kurzer Rückblick auf Baustein 7. Hierbei bestand bereits die Möglichkeit, auf diese Folie zuzugreifen. Sollten Sie die 7. Stunde zu Beginn der 8. Stunde noch einmal ausführlich wiederholt haben, können Sie die Wiederholung hier überspringen.

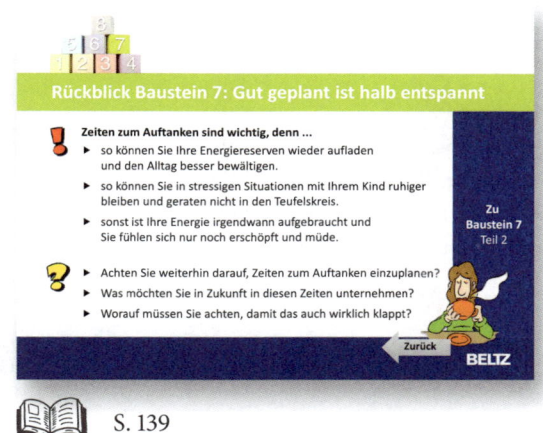

THOP-Elterngruppenprogramm: Zusammenfassung

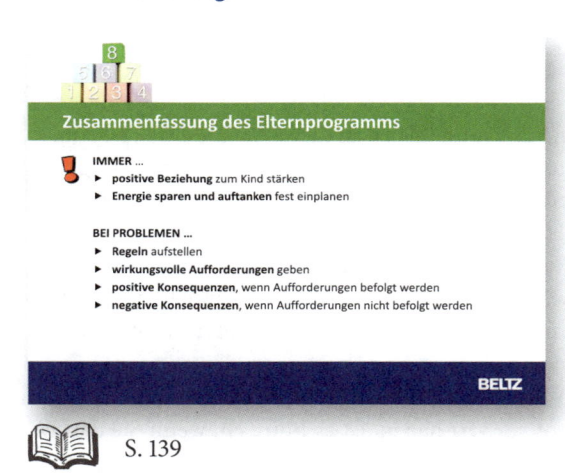

📖 S. 139

🕐 **1–5 Minuten**

Zielsetzung
▶ kurze Zusammenfassung der wichtigsten Programminhalte

Tipp
▶ Diese sehr kurze Zusammenfassung eignet sich ggf. auch für die Eltern als Gedankenstütze, damit sie im Alltag immer mal wieder an die Interventionen denken (z. B. als Post-it am Kühlschrank).

**THOP-Elterngruppenprogramm:
Zusammenfassung**

[Abbildung: Zusammenfassung des Elternprogramms – Weitere Unterstützung sollten Sie einholen, …]

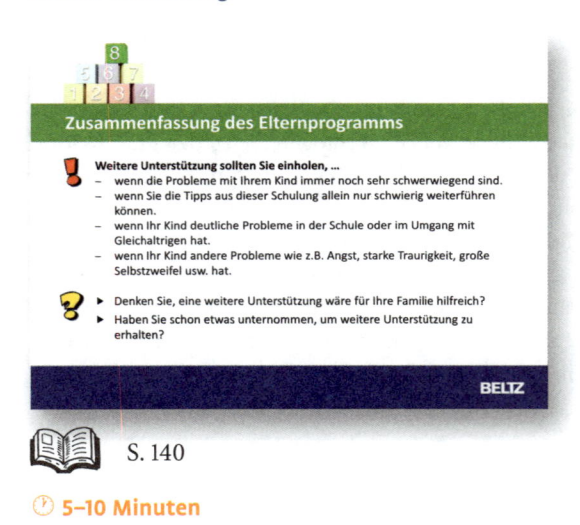

📖 S. 140

🕒 **5–10 Minuten**

Zielsetzung
▶ Aufzeigen von Situationen und Bedingungskonstellationen, in denen die Eltern weitere Hilfe in Anspruch nehmen bzw. erneut Hilfe suchen sollten

Tipp
▶ Betonen Sie, dass es eher die Regel als die Ausnahme ist, dass Familien mit Kindern mit ADHS nach einer zwar intensiven, aber doch nur relativ kurz andauernden Elterngruppe weiter Unterstützung benötigen.

**THOP-Elterngruppenprogramm:
Zusammenfassung**

[Abbildung: Zusammenfassung des Elternprogramms – Unterstützungsmöglichkeiten bieten]

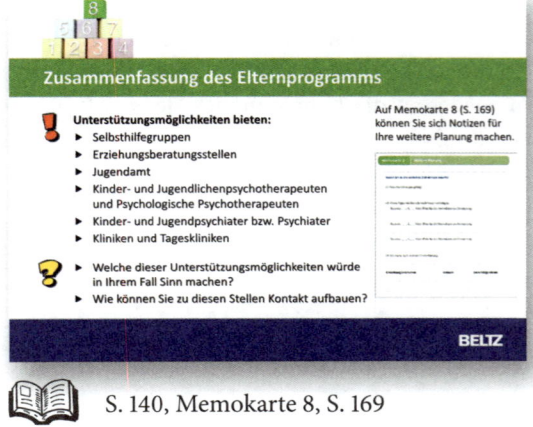

📖 S. 140, Memokarte 8, S. 169

🕒 **5–10 Minuten**
bei Vertiefung des Themas ggf. länger

Zielsetzung
▶ Übersicht über das mögliche therapeutische und beraterische Angebot zur Weiterbehandlung

Tipp
▶ Ermutigen Sie die Eltern an dieser Stelle zum Erfahrungsaustausch über andere Hilfen. Vielleicht haben einige Familien schon Unterstützung durch einen Psychotherapeuten, das Jugendamt oder eine Erziehungsberatungsstelle und können diese Hilfe empfehlen. Je konkreter die Eltern wissen, an wen sie sich wenden können, desto wahrscheinlicher werden sie dieses Angebot in Anspruch nehmen.
▶ Wenn Sie als Therapeut einen Überblick über das Hilfsangebot vor Ort haben, ist es hilfreich, wenn Sie den Eltern konkrete Kollegen oder Anlaufstellen empfehlen und eine Weiterbehandlung organisieren.

Abschiedsrunde

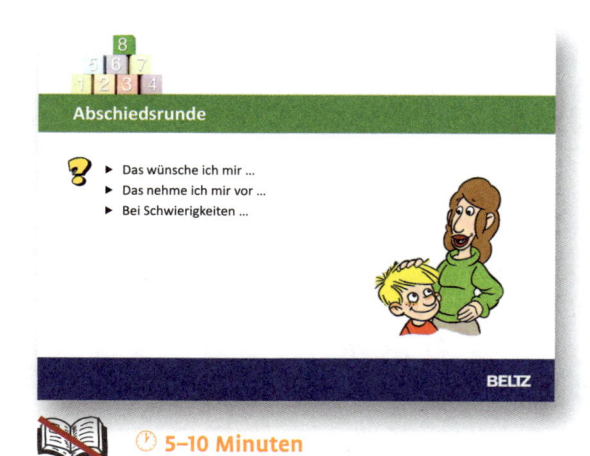

⏱ 5–10 Minuten

Zielsetzung
- Formulierung zentraler Zielvorstellungen der Eltern für die Zeit nach der Elterngruppe
- Reflexion über den Umgang mit künftigen Schwierigkeiten

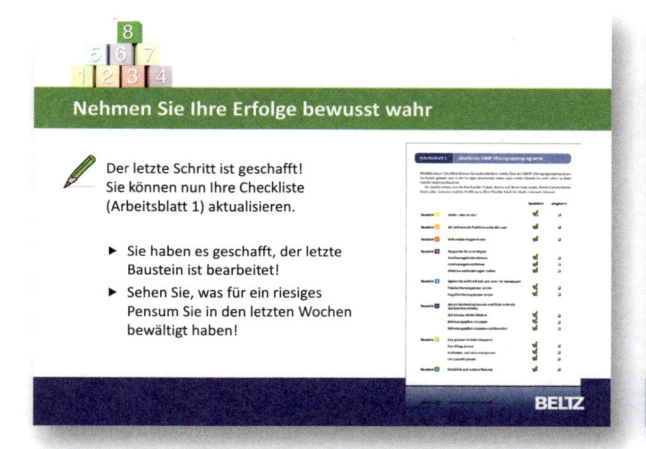

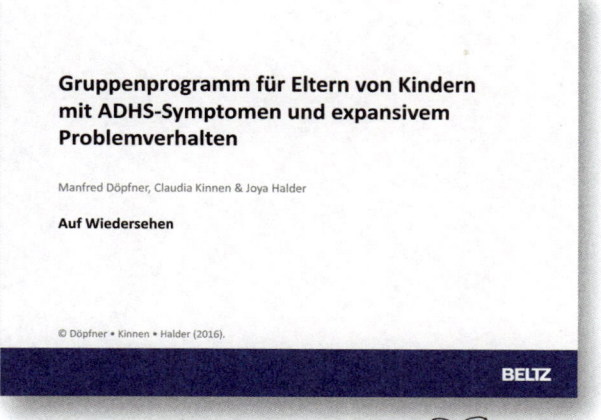

S. 141

Rückblick und weitere Planung

IV Anhang

Arbeitsblätter

Literatur

Sachwortverzeichnis

Arbeitsblatt | **THOP-Elterngruppenprogramm: Teilnehmerliste**

Name	Adresse	Telefonnummer	E-Mail-Adresse	Name und Alter des Kindes

Arbeitsblatt | THOP-Elterngruppenprogramm: Gruppenregeln

! Liebe Eltern,

damit sich alle Teilnehmer in dieser Elterngruppe offen äußern können und jeder die Möglichkeit hat, sich einzubringen, beachten Sie bitte die folgenden Gruppenregeln für diese Elterngruppe:

(1) Verschwiegenheit
Bitte behandeln Sie alle Themen, die in der Gruppe besprochen werden, strengstens vertraulich und geben Sie sie keinesfalls an Dritte weiter!

(2) Respektvoller Umgang
Begegnen Sie den anderen Gruppenmitgliedern mit Respekt, das heißt:
- lassen Sie einander ausreden,
- nehmen Sie die Äußerungen und Gefühle der anderen ernst und stellen Sie sie nicht infrage,
- bleiben Sie bei sich und schildern Sie Ihre eigenen Gefühle und Wahrnehmungen (Ich-Botschaften).

(3) Pünktlichkeit, Anwesenheit
Bitte erscheinen Sie pünktlich zu den Gruppenstunden, damit wir die wenige Zeit, die wir gemeinsam haben, möglichst optimal nutzen können. Sollten Sie einmal verhindert sein, teilen Sie dies bitte möglichst frühzeitig Ihrem Therapeuten/Gruppenleiter mit.

Arbeitsblatt | **Informationen zum THOP-Elterngruppenprogramm**

! Liebe Eltern,

herzlich Willkommen im **THOP-Elterngruppenprogramm für Eltern von Kindern mit ADHS!**

Das THOP-Elterngruppenprogramm ist ein Gruppenprogramm für Eltern von Kindern im Grundschulalter mit ADHS. In den nächsten Stunden erfahren Sie mehr zu folgenden Themen:

Stunde ...	am	Thema
		ADHS – Was ist das?
		Wir nehmen die Probleme unter die Lupe
		Stärken Sie die positive Beziehung zu Ihrem Kind
		Sorgen Sie für klare Regeln
		Sparen Sie nicht mit Lob und seien Sie konsequent
		Setzen Sie Punktepläne ein und fördern Sie die Stärken Ihres Kindes
		Auftanken und sich selbst nicht vergessen
		Rückblick und weitere Planung

Treffpunkt und Uhrzeit:

Sollten Sie noch Fragen haben oder einmal verhindert sein, dann melden Sie sich bitte bei:

....

....

Tel.: ....

E-Mail: ....

Arbeitsblatt — Verhaltensprobleme in der Familie: Übersicht

Name der Eltern	Name des Kindes	Erprobung der Interventionen des Programms an folgenden Verhaltensproblemen
		(1)
		(2)
		(3)
		(1)
		(2)
		(3)
		(1)
		(2)
		(3)
		(1)
		(2)
		(3)
		(1)
		(2)
		(3)
		(1)
		(2)
		(3)
		(1)
		(2)
		(3)

Literatur

APA/Falkai, P., Wittchen, H.-U., Döpfner, M., Gaebel, W., Maier, W., Rief, W., Saß, H. & Zaudig, M. (Hrsg.). (2015). Diagnostisches und Statistisches Manual Psychischer Störungen, DSM-5® Göttingen: Hogrefe.

Arbeitsgruppe Deutsche Child Behavior Checklist. (2002a). Elternfragebogen für Klein- und Vorschulkinder (CBCL/ 1½-5). Deutsche Bearbeitung der Child Behavior Checklist 1½-5; bearbeitet von Julia Plück und Manfred Döpfner. Köln: Arbeitsgruppe Kinder-, Jugend- und Familiendiagnostik (KJFD).

Arbeitsgruppe Deutsche Child Behavior Checklist. (2002b). Fragebogen für ErzieherInnen von Klein- und Vorschulkindern (CTRF/ 1½-5). Deutsche Bearbeitung der Caregiver-Teacher Report Form; bearbeitet von Julia Plück und Manfred Döpfner. Köln: Arbeitsgruppe Kinder-, Jugend- und Familiendiagnostik (KJFD).

Berk, E., Plück, J. & Döpfner, M. (2008). Zufriedenheit der Eltern mit Elterngruppen auf der Grundlage des Therapieprogramms THOP in der klinischen Versorgung von Kindern mit ADHS-Symptomatik. Verhaltenstherapie mit Kindern und Jugendlichen – Zeitschrift für die psychosoziale Praxis, 4, 99-108.

Biederman, J. & Faraone, S.V. (2005). Attention-deficit hyperactivity disorder. Lancet, 366, 237-248.

Breuer, D., Wolff Metternich, T. & Döpfner, M. (2009). Die Erfassung von Merkmalen von Aufmerksamkeitsdefizit-/Hyperaktivitätsstörungen (ADHS) anhand von Lehrerurteilen. Zur Validität und Reliabilität des FBB-HKS. Zeitschrift für Kinder- und Jugendpsychiatrie und Psychotherapie, 37, 431-440.

Comer, J.S., Chow, C., Chan, P.T., Cooper-Vince, C. & Wilson, L.A. (2013). Psychosocial treatment efficacy for disruptive behavior problems in very young children: a meta-analytic examination. Journal of the American Academy of Child and Adolescent Psychiatry, 52, 26-36.

Daley, D., van der Oord, S., Ferrin, M., Danckaerts, M., Döpfner, M., Cortese, S., Sonuga-Barke, E. & on behalf of the European ADHD Guidelines Group (2014). Behavioral interventions in attention-deficit/hyperactivity disorder: A meta-analysis of randomized controlled trials across multiple outcome domains. Journal of the American Academy of Child and Adolescent Psychiatry, 53, 835-847.

Dilling, H., Mombour, W. & Schmidt, M.H. (Hrsg.). (2015). Internationale Klassifikation psychischer Störungen ICD-10 Kapitel V (F). Klinisch-diagnostische Leitlinien (10. Aufl.). Bern: Huber.

Dilling, H., Mombour, W., Schmidt, M.H. & Schulte-Markwort, E. (Hrsg.). (2011). Internationale Klassifikation psychischer Störungen. ICD-10 Kapitel V (F). Diagnostische Kriterien für Forschung und Praxis (5. Aufl.). Bern: Huber.

Döpfner, M. & Görtz-Dorten, A. (2016). Diagnostik-System für psychische Störungen nach ICD-10 und DSM-5 für Kinder- und Jugendliche (DISYPS-III). Bern: Huber.

Döpfner, M. & Petermann, F. (2012). Diagnostik psychischer Störungen im Kindes- und Jugendalter. Leitfaden Kinder- und Jugendpsychotherapie, Band 2 (3. Aufl.). Göttingen: Hogrefe.

Döpfner, M. & Steinhausen, H.-C. (2012). Kinder-Diagnostik-System (KIDS), Band 3: Störungsübergreifende Verfahren zur Diagnostik psychischer Störungen. Göttingen: Hogrefe.

Döpfner, M., Berner, W., Breuer, D., Fleischmann, T. & Schmidt, M.H. (2016). Verhaltensbeurteilungsbogen für Vorschulkinder (VBV) (2. Aufl. mit Kurzformen). Göttingen: Hogrefe.

Döpfner, M., Berner, W., Flechtner, H., Lehmkuhl, G. & Steinhausen, H.-C. (1999). Psychopathologisches Befund-System für Kinder und Jugendliche (CAS-CAP-D): Befundbogen, Glossar und Explorationsleitfaden. Göttingen: Hogrefe.

Döpfner, M., Breuer, D., Schürmann, S., Wolff Metternich, T., Rademacher, C. & Lehmkuhl, G. (2004). Effectiveness of an adaptive multimodal treatment in children with Attention-Deficit Hyperactivity Disorder – global outcome. European Child and Adolescent Psychiatry, 13 Suppl 1, I117-129.

Döpfner, M., Breuer, D., Wille, N., Erhart, M., Ravens-Sieberer, U. & Bella Study Group (2008a). How often do children meet ICD-10/DSM-IV criteria of attention deficit-/hyperactivity disorder and hyperkinetic disorder? Parent based prevalence rates in a national sample – results of the BELLA study. European Child and Adolescent Psychiatry, 17, 59-70.

Döpfner, M., Frölich, J. & Lehmkuhl, G. (2013a). Aufmerksamkeitsdefizit-/Hyperaktivitätsstörungen (ADHS). Leitfaden Kinder- und Jugendpsychotherapie, Band 1. (2. Aufl.). Göttingen: Hogrefe.

Döpfner, M., Frölich, J. & Wolff Metternich, T. (2007b). Ratgeber ADHS. Informationen für Betroffene, Eltern, Lehrer und Erzieher. Ratgeber Kinder- und Jugendpsychotherapie, Band 1 (2. Aufl.). Göttingen: Hogrefe.

Döpfner, M., Görtz-Dorten, A. & Lehmkuhl, G. (2008). DISYPS-II. Diagnostik-System für psychische Störungen nach ICD-10 und DMS-IV für Kinder und Jugendliche – II. Bern: Huber.

Döpfner, M., Ise, E., Breuer, D., Rademacher, C., Wolff Metternich-Kaizman, T. & Schürmann, S. (2016). Long-term effects of adaptive multimodal treatment for children with Attention-Deficit-/Hyperactivity Disorder: Results of a follow-up 6 to 12 Years after treatment. Journal of Attention Disorders.

Döpfner, M., Ise, E., Wolff Metternich-Kaizman, T., Schürmann, S., Rademacher, C. & Breuer, D. (2015). Adaptive multimodal treatment for children with Attention-Deficit-/Hyperactivity Disorder: An 18 month follow-up. Child Psychiatry & Human Development, 46, 44–56.

Döpfner, M., Lehmkuhl, G. & Steinhausen, H. C. (2006). Kinder-Diagnostik-System (KIDS), Band 1: Aufmerksamkeitsdefizit- und Hyperaktivitätsstörungen (ADHS). Göttingen: Hogrefe.

Döpfner, M., Lehmkuhl, G., Schepker, R. & Frölich, J. (2007). Hyperkinetische Störungen (F90). In Deutsche Gesellschaft für Kinder- und Jugendpsychiatrie Psychosomatik und Psychotherapie, Bundesarbeitsgemeinschaft Leitender Klinikärzte für Kinder- und Jugendpsychiatrie Psychosomatik und Psychotherapie & Berufsverband der Ärzte für Kinder- und Jugendpsychiatrie Psychosomatik und Psychotherapie (Hrsg.), Leitlinien zur Diagnostik und Therapie von psychischen Störungen im Säuglings-, Kindes- und Jugendalter (3. Aufl., S. 239-254). Köln: Deutscher Ärzte Verlag.

Döpfner, M., Plück, J., Kinnen, C. für die Arbeitsgruppe Deutsche Child Behavior Checklist (2014). Manual deutsche Schulalter-Formen der Child Behavior Checklist von Thomas M. Achenbach. Elternfragebogen über das Verhalten von Kindern und Jugendlichen, (CBCL/ 6-18R), Lehrerfragebogen über das Verhalten von Kindern und Jugendlichen (TRF/6-18R), Fragebogen für Jugendliche (YSR/11-18R). Göttingen: Hogrefe.

Döpfner, M., Schürmann, S. & Frölich, J. (2013b). Therapieprogramm für Kinder mit hyperkinetischem und oppositionellem Problemverhalten (THOP) (5. Aufl.). Weinheim: Beltz.

Döpfner, M., Schürmann, S. & Lehmkuhl, G. (2011). Wackelpeter und Trotzkopf. Hilfen für Eltern bei ADHS-Symptomen, hyperkinetischem und oppositionellem Verhalten (4. Aufl.). Weinheim: Beltz.

Dose, C., Hautmann, C., Gail, M., Schürman, S., Woitecki, K. & Döpfner, M. (2016). Does telephone-assisted self-help for parents of children with attention-deficit/hyperactivity disorder enhance the effects of methylphenidate treatment? – A randomized controlled trial. Submitted.

Dreiskörner, T. (2006). Wirksamkeit verhaltenstherapeutischer Gruppenprogramme bei Kindern mit Aufmerksamkeitsdefizit-/Hyperaktivitätsstörungen (ADHS). Kindheit und Entwicklung, 15, 255-266.

DuPaul, G.J., McGoey, K.E., Eckert, T.L. & VanBrakle, J. (2001). Preschool children with attention-deficit/hyperactivity disorder: impairments in behavioral, social, and school functioning. Journal of the American Academy of Child and Adolescent Psychiatry, 40, 508–515.

Erhart, M., Döpfner, M., Ravens-Sieberer, U. & Bella Study Group (2008). Psychometric properties of two ADHD questionnaires: comparing the Conners' scale and the FBB-HKS in the general population of German children and adolescents – results of the BELLA study. European Child and Adolescent Psychiatry, 17, 106-115.

Fabiano, G.A., Pelham, W.E., Coles, E.K., Gnagy, E.M., Chronis-Tuscano, A. & O'Connor, B.C. (2009). A meta-analysis of behavioral treatments for attention-deficit/hyperactivity disorder. Clinical Psychology Review, 29, 129-140.

Faraone, S.V., Biederman, J. & Mick, E. (2006). The age-dependent decline of attention deficit hyperactivity disorder: a meta-analysis of follow-up studies. Psychological Medicine, 36, 159-65.

Frölich, J., Döpfner, M. & Banaschewski, T. (2014). ADHS in Schule und Unterricht. Pädagogisch-didaktische Ansätze im Rahmen des multimodalen Behandlungskonzepts. Stuttgart: Kohlhammer.

Görtz-Dorten, A. & Döpfner, M. (2010). Therapieprogramm für Kinder mit aggressivem Verhalten (THAV). Göttingen: Hogrefe.

Görtz-Dorten, A. & Döpfner, M. (2016). Soziales computerunterstütztes Training für Kinder mit aggressivem Verhalten (ScouT). Göttingen: Hogrefe.

Hanisch, C., Freund-Braier, I., Hautmann, C., Jänen, N., Plück, J., Brix, G., Eichelberger, I. & Döpfner, M. (2010a). Detecting effects of the indicated Prevention programme for Externalizing Problem behaviour (PEP) on child symptoms, parenting, and parental quality of life in a randomised controlled trial. Behavioural and Cognitive Psychotherapy, 38, 95-112.

Hanisch, C., Hautmann, C., Eichelberger, I., Plück, J. & Döpfner, M. (2010b). Die klinische Signifikanz des Präventionsprogramms für Expansives Problemverhalten (PEP) im Langzeitverlauf Verhaltenstherapie 20, 265-274.

Hanisch, C., Plück, J., Meyer, N., Brix, G., Freund-Braier, I., Hautmann, C. & Döpfner, M. (2006). Kurzzeiteffekte des indizierten Präventionsprogramms für Expansives Problemverhalten (PEP) auf das elterliche Erziehungsverhalten und auf das kindliche Problemverhalten. Zeitschrift für Klinische Psychologie und Psychotherapie, 35, 117-126.

Hautmann, C., Eichelberger, I., Hanisch, C., Plück, J., Walter, D. & Döpfner, M. (2010). The severely impaired do profit most: Short-term and long-term predictors of therapeutic change for a parent management training under routine care conditions for children with externalizing problem behavior. European Child and Adolescent Psychiatry, 19, 419-430.

Hautmann, C., Hanisch, C., Mayer, I., Plück, J. & Döpfner, M. (2008). Effectiveness of the prevention program for externalizing problem behaviour (PEP) in children with symptoms of attention-deficit/hyperactivity disorder and oppositional defiant disorder-generalization to the real world. Journal of Neural Transmission, 115, 363-370.

Hautmann, C., Hanisch, C., Mayer, I., Plück, J., Walter, D. & Döpfner, M. (2009a). Does parent management training for children with externalizing problem behavior in routine care result in clinically significant changes? Psychotherapy Research, 19, 224-233.

Hautmann, C., Hoijtink, H., Eichelberger, I., Hanisch, C., Plück, J., Walter, D. & Döpfner, M. (2009b). One-year follow-up of a parent management training for children with externalizing behavior problems in the real world. Behavioural and Cognitive Psychotherapy, 29, 379-396.

Hautmann, C., Stein, P., Eichelberger, I., Hanisch, C., Plück, J., Walter, D. & Döpfner, M. (2011). The severely impaired do profit most: Differential effectiveness of a parent management training for children with externalizing behavior problems in a natural setting. Journal of Child and Family Studies, 20, 424-435.

Hautzinger, M. (2013). Kognitive Verhaltenstherapie bei Depression (7. Aufl.). Weinheim: Beltz.

Ise, E., Kierfeld, F. & Döpfner, M. (2015). One-year follow-up of guided self-help for parents of preschool children with externalizing behaviour. The Journal of Primary Prevention, 36, 33-40.

Jans, T., Jacob, C., Warnke, A., Zwanzger, U., Gross-Lesch, S., Matthies, S., Borel, P., Hennighausen, K., Haack-Dees, B., Rosler, M., Retz, W., von Gontard, A., Hanig, S., Sobanski, E., Alm, B., Poustka, L., Hohmann, S., Colla, M., Gentschow, L., Jaite, C., Kappel, V., Becker, K., Holtmann, M., Freitag, C., Graf, E., Ihorst, G. & Philipsen, A. (2015). Does intensive multimodal treatment for maternal ADHD improve the efficacy of parent training for children with ADHD? A randomized controlled multicenter trial. Journal of Child Psycholoy and Psychiatry, 56, 1298-1313.

Jensen, P.S., Martin, D. & Cantwell, D.P. (1997). Comorbidity in ADHD: Implications for research, practice, and DSM-V. Journal of the American Academy of Child and Adolescent Psychiatry, 36, 1065-1079.

Johnston, C. (1996). Parent characteristics and parent-child interactions in families of nonproblem children and ADHD children with higher and lower levels of oppositional-defiant behavior. Journal of Abnormal Child Psychology, 24, 85-104.

Keown, L.J. & Woodward, L.J. (2002) Early parent-child relations and family functioning of preschool boys with pervasive hyperactivity. Journal of Abnormal Child Psychology, 30, 541-553.

Kierfeld, F. & Döpfner, M. (2006). Bibliotherapie als Behandlungsmöglichkeit bei Kindern mit externalen Verhaltensstörungen. Zeitschrift für Kinder- und Jugendpsychiatrie und Psychotherapie, 34, 377-386.

Kierfeld, F., Ise, E., Hanisch, C., Görtz-Dorten, A. & Döpfner, M. (2013). Effectiveness of telephone-assisted parent-administered behavioural family Intervention for preschool children with externalizing problem behaviour: A randomized controlled trial. European Child and Adolescent Psychiatry, 22, 553-565.

Kinnen, C., Halder, J. & Döpfner, M. (2016). THOP-Elternprogramm. Gruppenprogramm für Eltern von Kindern mit ADHS-Symptomen und expansivem Problemverhalten. Weinheim: Beltz.

Kinnen, C., Rademacher, C. & Döpfner, M. (2015). Wackelpeter und Trotzkopf in der Pubertät. Wie Eltern und Jugendliche Konflikte gemeinsam lösen können. Weinheim: Beltz.

Lauth, G.W., Kausch, T.W.E. & Schlottke, P.F. (2005). Effekte von eltern- und kindzentrierten Interventionen bei Hyperkinetischen Störungen. Zeitschrift für Klinische Psychologie und Psychotherapie, 34, 248-257.

Leijten, P., Raaijmakers, M. A., de Castro, B. O. & Matthys, W. (2013). Does socioeconomic status matter? A meta-analysis on parent training effectiveness for disruptive child behavior. Journal of Clinical Child and Adolescent Psychology, 42(3), 384-392

McCart, M. R., Priester, P. E., Davies, W. H. & Azen, R. (2006). Differential effectiveness of behavioral parent-training and cognitive behavioral therapy for antisocial youth: A meta analysis. Journal of Abnormal Psychology, 34, 527-543.

Mokros, L., Benien, N., Mütsch, A., Kinnen, C., Schürmann, S., Wolf Metternich-Kaizman, T., Breuer, D., Hautmann, C., Ravens-Sieberer, U., Klasen, F. & Döpfner, M. (2015). Angeleitete Selbsthilfe für Eltern von Kindern mit Aufmerksamkeitsdefizit-/Hyperaktivitätsstörung: Konzept, Inanspruchnahme und Effekte eines bundesweiten Angebotes – eine Beobachtungsstudie. Zeitschrift für Kinder- und Jugendpsychiatrie und Psychotherapie, 43, 275-288.

Patterson, G.R. (1982). Coercive Family Process. Eugene, OR: Castalia.

Patterson, G.R., DeBaryshe, B.D. & Ramsey,E. (1989). A developmental perspective on anti-social behavior. American Psychologist, 44, 329–335.

Pelham, W. E. & Fabiano, G. A. (2008). Evidence-Based Psychosocial Treatments for Attention-Deficit/Hyperactivity Disorder. Journal of Clinical Child & Adolescent Psychology, 37, 184-214.

Petermann, F., Döpfner, M. & Görtz-Dorten, A. (2016). Aggressiv-oppositionelles Verhalten im Kindesalter. Leitfaden Kinder- und Jugendpsychotherapie, Band 3 (3. Aufl.). Göttingen: Hogrefe.

Pliszka, S.R. (1998). Comorbidity of attention-deficit/hyperactivity disorder with psychiatric disorder: an overview. Journal of Clinical Psychiatry, 59, 50-58.

Plück, J., Wieczorrek, E., Wolff Metternich, T. & Döpfner, M. (2006). Präventionsprogramm für Expansives Problemverhalten (PEP). Ein Manual für Eltern- und Erziehergruppen. Göttingen: Hogrefe.

Salbach, H., Lenz, K., Huss, M., Vogel, R., Felsing, D. & Lehmkuhl, U. (2005). Die Wirksamkeit eines Gruppentrainings für Eltern hyperkinetischer Kinder. Zeitschrift für Kinder- und Jugendpsychiatrie und Psychotherapie, 33, 59-68.

Schürmann, S., Breuer, D., Metternich-Kaizman, T. W. & Döpfner, M. (2011). Die Entwicklung intellektueller Fähigkeiten bei Kindern mit ADHS im Langzeitverlauf – Ergebnisse der 8,5 Jahre-Katamnese der Kölner Adaptiven Multimodalen Therapiestudie (KAMT). Zeitschrift für Neuropsychologie, 22, 7-20.

Sonuga-Barke, E.J.S., Brandeis, D., Cortese, S., Daley, D., Ferrin, M.T., Holtmann, M., Stevenson, J., Danckaerts, M., van der Oord, S., Döpfner, M., Dittmann, R., Simonoff, E., Zuddas, A., Banaschewski, T., Buitelaar, J., Coghill, D., Hollis, C., Konofal, E., Lecendreux, M., Wong, I., Sergeant, J. & on behalf of European ADHD Guidelines Group (2013). Non-pharmacological interventions for Attention-Deficit/Hyperactivity Disorder: Systematic review and meta-analyses of randomised controlled trials of dietary and psychological treatments. American Journal of Psychiatry, 170, 275-289.

Taylor, E., Döpfner, M., Sergeant, J., Asherson, P., Banaschewski, T., Buitelaar, J., Coghill, D., Danckaerts, M., Rothenberger, A., Sonuga-Barke, E., Steinhausen, H. C. & Zuddas, A. (2004). European clinical guidelines for hyperkinetic disorder – first upgrade. European Child and Adolescent Psychiatry, 13 Suppl 1, I7-30.

Van der Oord, S., Prins, P.J., Oosterlaan, J. & Emmelkamp, P.M. (2008). Efficacy of methylphenidate, psychosocial treatments and their combination in school-aged children with ADHD: A meta-analysis. Clinical Psychology Review, 28(5), 783-800.

Yoshimasu, K., Barbaresi, W.J., Colligan, R.C., Voigt, R.G., Killian, J.M., Weaver, A.L. & Katusic, S.K. (2012). Childhood ADHD is strongly associated with a broad range of psychiatric disorders during adolescence: a population-based birth cohort study. Journal of Child Psychology and Psychiatry, 53, 1036-1043.

Weiterführende Informationen

App

ADHS-Kids: Eltern helfen ihren hyperkinetischen und trotzigen Kindern von Manfred Döpfner (2016). App für iOS- und Android-Betriebssysteme. Erhältlich in App-Stores.

Websites

www.zentrales adhs-netz.de
Website des zentralen adhs-netzes, die Informationen für Fachleute, Informationen zu aktuellen Themen sowie Informationen über regionale Versorgungsmöglichkeiten für Betroffene bietet.

www.adhs.info
Das Informationsportal des zentralen adhs-netzes zum Thema Aufmerksamkeitsdefizit-/Hyperaktivitätsstörung (ADHS) richtet sich insbesondere an Menschen mit ADHS sowie an deren Bezugspersonen. Es bietet Kindern, Jugendlichen und Erwachsenen mit ADHS sowie Eltern und Pädagogen unabhängige Informationen rund um das Thema ADHS, die zielgruppenspezifisch aufbereitet sind.

Allgemeine Übersicht über ADHS

Barkley, R.A. (2006). Attention-deficit hyperactivity disorder: a handbook for diagnosis and treatment. New York: Guilford Press.

Döpfner, M., Banaschewski, T. & Sonuga-Barke, E.J.S. (2008). Aufmerksamkeitsdefizit-/Hyperaktivitätsstörung (ADHS). In F. Petermann (Hrsg.), Lehrbuch der klinischen Kinderpsychologie (6. Aufl., S. 257-276). Göttingen: Hogrefe.

Döpfner, M., Frölich, J. & Lehmkuhl, G. (2012). Hyperkinetische Störungen. Leitfaden Kinder- und Jugendpsychotherapie, Band 1. (2. Aufl.). Göttingen: Hogrefe.

Steinhausen, H.-C., Rothenberger, A. & Döpfner, M. (Hrsg.). (2010). Handbuch ADHS. Grundlagen, Klinik, Therapie und Verlauf der Aufmerksamkeitsdefizit-Hyperaktivitätsstörung. Stuttgart: Kohlhammer.

Therapieleitlinien und Durchführungsprotokolle

Döpfner, M., Lehmkuhl, G., Schepker, R. & Frölich, J. (2007). Hyperkinetische Störungen (F90). In Deutsche Gesellschaft für Kinder- und Jugendpsychiatrie Psychosomatik und Psychotherapie, Bundesarbeitsgemeinschaft Leitender Klinikärzte für Kinder- und Jugendpsychiatrie Psychosomatik und Psychotherapie & Berufsverband der Ärzte für Kinder- und Jugendpsychiatrie Psychosomatik und Psychotherapie (Hrsg.), Leitlinien zur Diagnostik und Therapie von psychischen Störungen im Säuglings-, Kindes- und Jugendalter (3. Aufl., S. 239-254). Köln: Deutscher Ärzte Verlag.

Taylor, E., Döpfner, M., Sergeant, J., Asherson, P., Banaschewski, T., Buitelaar, J., Coghill, D., Danckaerts, M., Rothenberger, A., Sonuga Barke, E., Steinhausen, H.-C. & Zuddas, A. (2004). Clinical guidelines for hyperkinetic disorder – first upgrade. European Child & Adolescent Psychiatry, 13, Supplement 1, I/7-I/30.

Zentrales adhs-netz (Hrsg.). (2012). Diagnostik und Therapie von ADHS bei Kindern und Jugendlichen. Leitlinienbasiertes Protokoll. Göttingen: Hogrefe.

Hinweise zum Download der Arbeitsmaterialien

Die zu diesem Buch gehörende PowerPoint-Präsentation und die Arbeitsblätter stehen für Sie online zum Download bereit. Sie kommen zu diesen Materialien, indem Sie auf die Seite des Titels gehen, den Link zu den Materialien anklicken und dann folgendes Passwort eingeben: ReKxbAKf (Groß- und Kleinschreibung beachten). Dann können Sie die gewünschten Arbeitsmaterialien öffnen und herunterladen. Da die Arbeitsmaterialien nur so lange online zur Verfügung stehen, wie das Buch lieferbar ist, empfehlen wir Ihnen, sich die gesamten Materialien herunterzuladen und auf dem eigenen Rechner zu speichern.

Sachwortverzeichnis

Abschiedsrunde 187
Aktivitäten, positive 171, 177
Aktivitäts- und Aufmerksamkeitsstörung 11
Angeleitete Selbsthilfe 25
Aufforderungen, wirkungsvolle 107, 115, 118, 178
Aufmerksamkeitsstörung 50

Beispielfall 84, 101, 116, 138, 165

Diagnosen 49
Diagnostik 17
Differenzialdiagnostik 55
DSM-5 11

Eltern
  Belastung 157
  dissimulierende 35
  drängende 36
  eigene ADHS-Symptomatik 37
  externalisierende 35
  mit Depressionen 37
  mit Paarkonflikten 37
  mit Schuldgefühlen 35
  Motivierung 178
Elternarbeitsbuch 33
Erwartungshaltungen 36
Exploration 17

Familie 76, 77
Familienrat 104, 105, 114, 163, 178
Familienregeln 103, 105, 114

Geschwister 117
Gleichaltrigenkontakte 155
Grenzen 103
Gruppendynamik 37
Gruppenregeln 41, 191

Hyperaktivität 51
Hyperkinetischen Störung 12
Hyperkinetische Störung des Sozialverhaltens 11

ICD-10 11
Impulsivität 52

Job der Woche 92, 106, 109, 115, 149, 170, 172

Kernsymptomatik 50
Komorbidität 12, 56
Konsequenzen
  natürliche 121, 129

Lob 111, 119, 124

Medienkonsum 153, 162
Medikamentöse Therapie 65
Motivierung der Eltern 178

Oppositionelles Verhalten 57

Positivliste 115, 163, 178
Präsentation 33
Präventionsprogramm für Expansives Problemverhalten PEP 24
Problemliste 82, 97, 112, 135, 159, 175
Psychoedukation 47
Punkteplan 133, 140, 162, 163

Regeln 95, 103
Rollenspiel 39, 121, 131
Rückblick 69, 84, 98, 99, 113, 114, 136, 159, 174, 176
Rückmeldung 119, 120, 163

Sonderbelohnungen 146
Standardisierte Fragebögen 19
Störungskonzept 35

Teilnehmerliste 190
Teufelskreis 86, 101, 116, 139
  Ausbruch 88
Therapieprogramm für Kinder mit hyperkinetischem und oppositionellem Problemverhalten THOP 21
THOP-Elterngruppenprogramm
  Gruppengröße 31
  Indikation 28
  Programmaufbau 31
  Zielgruppe 31
  Zusammenfassung 185

Vorstellungsrunde 40

Wissenstest 83, 98, 136, 160, 176
Wochenplan 167, 177
Wochenstruktur 157

Zukunftsperspektive 172

Damit Erziehung nicht nur ein guter Vorsatz bleibt!

Manfred Döpfner
ADHS-Kids: Eltern helfen ihren hyperaktiven und trotzigen Kindern
2016. € 4,99 D
erscheint: Ende 2016

Die neue App ist eng an das erfolgreiche Elternbuch »Wackelpeter & Trotzkopf« von Manfred Döpfner und Kollegen angelehnt. Für die fünf wichtigsten Problemsituationen, die im Familienalltag auftreten (Aufstehen/Morgenchaos, Mahlzeiten, Hausaufgaben, Geschwisterrivalität, Wutausbrüche) gibt es hilfreiche Erziehungstipps. Schritt für Schritt werden die Eltern dazu angeleitet, diese in den konkreten Situationen umzusetzen. Erinnerungs- und Protokollfunktionen unterstützen sie dabei. Abgerundet wird die App durch Informationen zu ADHS und den wichtigsten Erziehungstricks.

Eltern von Kindern mit ADHS sind stark belastet. Oft fällt es ihnen schwer, konsequent Erziehungsregeln zu formulieren und dem Kind gegenüber durchzusetzen. Dabei ist genau das bereits eine große Hilfe im Alltag von Familien mit einem ADHS-Kind und trägt sehr zur Entlastung aller Familienangehörigen bei. Die neue App unterstützt sie beim konsequenten Erziehungsverhalten. Eltern erhalten Informationen und können anhand der App schwierige Situationen mit ihrem Kind protokollieren und damit in den Griff bekommen.

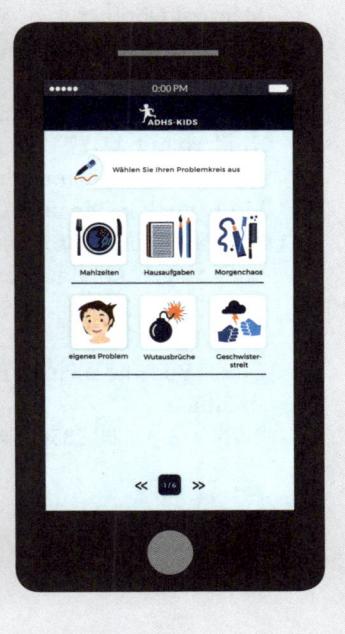

Verlagsgruppe Beltz • Postfach 100154 • 69441 Weinheim • www.beltz.de

THOP – Das Arbeitsbuch zum Gruppenprogramm

Bei der Behandlung von Kindern mit ADHS spielen die Eltern eine wichtige Rolle. Dieses Elterngruppenprogramm, basierend auf dem erfolgreichen *Therapieprogramm für Kinder mit hyperkinetischem und oppositionellem Problemverhalten THOP*, ist ein wichtiger Baustein für die erfolgreiche Therapie der betroffenen Kinder.

Das THOP-Elterngruppenprogramm besteht aus 8 Doppelstunden. Mit Hilfe des Arbeitsbuches können Sie in konkreten Situationen aus Ihrem Familienalltag die Prinzipien des Elterngruppenprogramms anwenden und protokollieren. So können Sie bereits Erlerntes wiederholen und sich weiter vorbereiten.

Das Arbeitsmaterial steht zum Download zur Verfügung.

Claudia Kinnen • Joya Halder
Manfred Döpfner
**THOP-Elternprogramm –
Arbeitsbuch für Eltern**
Gruppenprogramm für Eltern von
Kindern mit ADHS-Symptomen und
expansivem Problemverhalten.
Mit E-Book inside und Arbeitsmaterial
2016. 169 Seiten. Broschiert.
Mit farbigen Abbildungen.
ISBN 978-3-621-28346-5

Dieses Buch ist auch als E-Book
erhältlich.
ISBN 978-3-621-28369-4 (PDF)

Aus dem Inhalt:
▶ Baustein 1: ADHS – Was ist das?
▶ Baustein 2: Wir nehmen die Probleme unter die Lupe
▶ Baustein 3: Der Teufelskreis und der erste Schritt heraus: Sich wieder mögen lernen
▶ Baustein 4: Sorgen Sie für klare Regeln
▶ Baustein 5: Sparen Sie nicht mit Lob und seien Sie konsequent
▶ Baustein 6: Setzen Sie Punktepläne ein und fördern Sie die Stärken Ihres Kindes
▶ Baustein 7: Gut geplant ist halb entspannt
▶ Baustein 8: Rückblick und weitere Planung